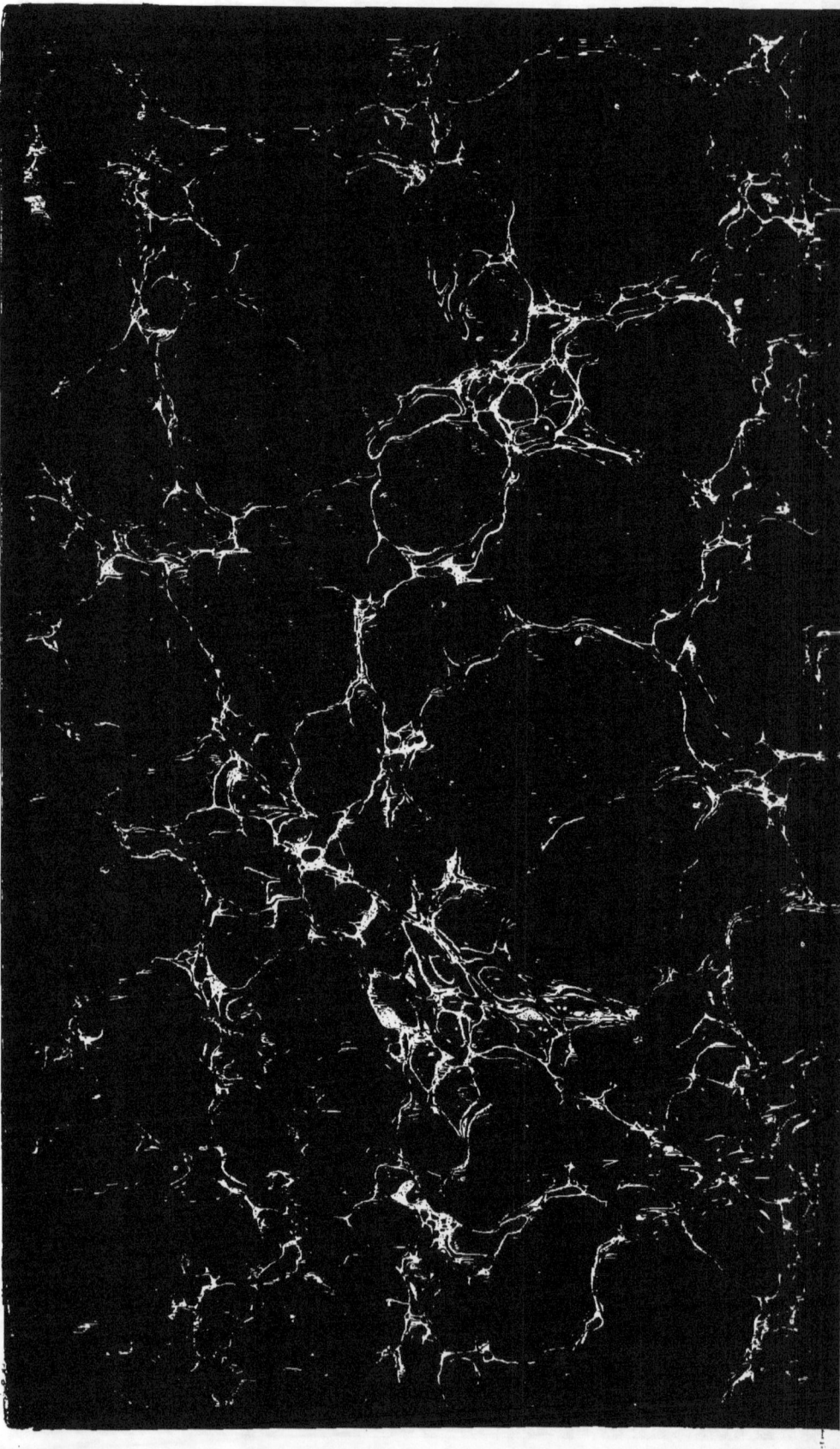

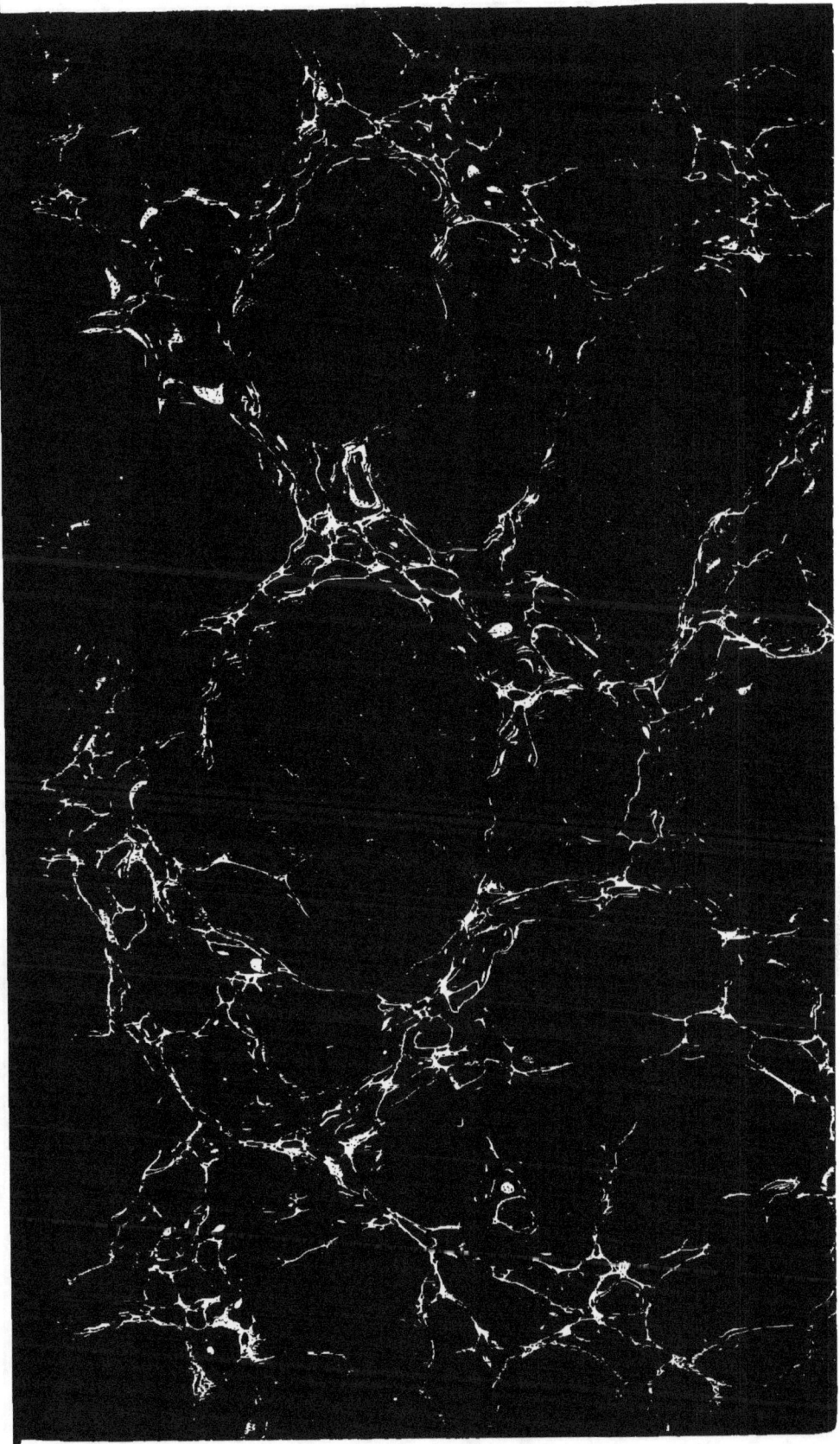

COLLECTION D'HISTORIENS CONTEMPORAINS

HISTOIRE

DU

DIX-NEUVIÈME SIÈCLE

DEPUIS LES TRAITÉS DE VIENNE

IMPRIMERIE POUPART-DAVYL ET Cᵉ, RUE DU BAC, 30.

G.-G. GERVINUS

PROFESSEUR A L'UNIVERSITÉ DE HEIDELBERG

HISTOIRE

DU

DIX-NEUVIÈME SIÈCLE

DEPUIS LES TRAITÉS DE VIENNE

TRADUIT DE L'ALLEMAND

PAR J.-F. MINSSEN

PROFESSEUR AGRÉGÉ AU LYCÉE DE VERSAILLES
PROFESSEUR ADJOINT A L'ÉCOLE MILITAIRE DE SAINT-CYR

TOME TREIZIÈME

SEULE ÉDITION AUTORISÉE PAR L'AUTEUR

———o•o✱o•o———

PARIS

LIBRAIRIE INTERNATIONALE

15, BOULEVARD MONTMARTRE

A. LACROIX, VERBOECKHOVEN ET Cie, ÉDITEURS

A Bruxelles, à Leipzig et à Livourne

1866

HISTOIRE

DU

DIX-NEUVIÈME SIÈCLE

VII. — INSURRECTION ET RÉGÉNÉRATION DE LA GRÈCE (SUITE)

---

3. — SOULÈVEMENT DES GRECS (SUITE)

C. — PREMIÈRE PÉRIODE DES NÉGOCIATIONS DIPLOMATIQUES AU SUJET DES DIFFÉRENDS ENTRE LA RUSSIE ET LA PORTE

L'ultimatum russe communiqué aux puissances.

Nous avons vu plus haut que, dans son ultimatum du 28 juin 1821, le cabinet russe avait menacé l'existence ultérieure de la Porte dans le cercle des États européens, et qu'elle l'avait fait dépendre de la sûreté des sujets chrétiens de la Turquie que le czar se considérait comme obligé par les traités de garantir. Le cabinet russe avait

adressé à cette époque des déclarations semblables à
toutes les puissances alliées. Dans les Notes et les dépêches (22 juin 1821), concernant cette affaire, la Russie
avait posé deux questions bien précises, sur lesquelles
l'empereur désirait avoir l'opinion de ses alliés. La première était : quelle serait l'attitude que prendraient les
autres puissances, si la guerre venait à éclater entre la
Russie et la Porte? et la seconde : quel serait le système
que proposeraient les puissances pour remplacer la domination turque, si, par suite de cette guerre, elle venait
à être renversée?

Ces communications étaient accompagnées de trois
documents ; le premier était le résumé du baron Stroganov, destiné à éclairer les cours sur la nature et sur la
marche des complications entre l'ambassade russe et la
Porte; le second était une petite dissertation savante qui
devait prouver que, de tout temps, dans toutes les relations des puissances chrétiennes avec la Porte, celles-ci
avaient imposé aux Turcs le devoir de protéger la religion chrétienne, et enfin le troisième consistait dans un
écrit (1) où le cabinet de Saint-Pétersbourg examinait
en détail les rapports particuliers entre la Russie et la
Porte depuis la paix de Koutchouk-Kainardjy. Il y était
dit qu'en concluant cette paix, après que, dans la guerre
précédente, les Grecs des îles et du Péloponèse avaient
été sous les armes à côté de la Russie, cette dernière
puissance, par suite d'une juste réciprocité, s'était crue
obligée de stipuler pour ces peuples des avantages particuliers. C'était de ce traité, disait-on, que datait l'intérêt que la Russie avait le droit de prendre au sort de

---

(1) Tous les trois documents manuscrits. MS.

la Grèce, « puisque ce traité contenait les titres primitifs
« de cette influence salutaire dont le gouvernement im-
« périal se plaisait à faire sentir les heureux effets aux
« chrétiens de l'empire turc ». De cette manière, outre
la Grèce et les Principautés danubiennes, la Servie aussi,
ajoutait-on, était devenue, en 1812, l'objet d'une stipu-
lation particulière dans la paix de Boukharest, et les
clauses des deux traités avaient peu à peu compris les
Serbes, les Moldaves, les Valaques, les Grecs de l'archipel, et « *par extension* » *les Grecs en général !*

Autant le ton de cette déduction et de cette « extension » de l'influence russe sur les destinées de la Grèce
était frivole et d'une pétulance presque facétieuse, autant
la franchise était insouciante avec laquelle on accentuait,
dans toutes les dépêches, le point relatif à la coexistence
de la Porte qui, disait-on, avait eu toujours pour condition la sécurité des rayas chrétiens. L'empereur, écrivit-
on au cabinet de Vienne (1), demandait à la Porte qu'elle
changeât son système de destruction des Grecs qui en-
traînerait sa propre ruine, contre un autre système qui
lui permettrait de continuer encore à exister à côté des
autres États de l'Europe.

Dans ces manifestations nonchalantes sur la puissance
russe et sur l'impuissance turque, on entendait toujours
l'orgueilleux autocrate qui venait de rentrer chez lui de
ses triomphes à Laybach. De même, dans la demande
qu'exprimaient ces dépêches, et d'après laquelle on devait entendre les vues et les résolutions des puissances
dont aucune, disait-on, ne saurait rester indifférente aux

---

(1) Dépêche adressée au comte Golovkine, en date du 22 juin
1821. MS.

événements de l'Orient, il était facile de reconnaître
l'assurance franchement avouée du fier fondateur de la
Sainte-Alliance qui venait de remporter des victoires en
Italie.

« L'empereur, écrivait-on (1), ne désirait agir ni avec
« des intentions exclusives, ni sans s'être entendu avec
« ses alliés : l'armée russe était, au contraire, destinée
« et prête à exécuter les décisions des puissances ;
« aujourd'hui, comme auparavant, et comme elle le ferait
« dans des circonstances ultérieures, elle ne marcherait
« pas pour reculer les limites de l'empire russe, mais
« pour ramener la paix et pour consolider l'équilibre de
« l'Europe. »

Cependant la seule cour de Berlin, dans l'expression
de ses sentiments, répondit à l'attente si pleine d'assurance du czar. Le grand chancelier de Prusse estima (2)
comme un grand bonheur la disposition de l'empereur
à traiter en question européenne celle de la Grèce,
ainsi qu'on l'avait fait pour les questions italienne et
espagnole. Aussitôt (21 juillet), à la plus grande satisfaction de la cour russe, Hardenberg fit remettre au
comte Alopeus, représentant de la Russie, un Mémoire (3)
dans lequel il entrait complétement dans les idées russes,
en invoquant l'accord de l'Europe et en proposant une
réunion de plénipotentiaires, réunion qui, disait-il, n'at-
teindrait son but que si la France et l'Angleterre y
prenaient part ouvertement et sans réserve. Mais ces deux
cours ne se prêtèrent pas avec autant de promptitude aux

---

(1) Dépêche adressée au comte Alopeus à Berlin, en date du
22 juin. MS.
(2) Le prince Hardenberg au roi, 22 juillet. MS.
(3) Du comte Bernstorff, 21 juillet. MS.

ouvertures de la Russie ; au contraire, les communications du cabinet de Saint-Pétersbourg semblèrent y causer autant de consternation que de surprise.

Autant les épanchements de la Russie étaient chaleureux, autant l'accueil qu'ils trouvaient à Londres était glacial, et même froid à Vienne. C'est pourquoi le czar écrivit (23 juillet) encore personnellement à l'empereur François (1), dans l'espoir d'effacer ces premières impressions. Dans sa lettre, il touchait les cordes de la frayeur qu'inspirait la révolution ; le cabinet de Vienne allait bientôt lui répondre sur le même air, mais avec des accents bien plus lamentables. « Alexandre croyait, écri-« vait-il à l'empereur d'Autriche, que les révolutionnaires « avaient provoqué cette nouvelle commotion en Orient, « afin de pousser la Russie dans les voies d'une politique « séparatiste et de désunir ainsi les puissances ; mais, « ajoutait-il, l'union des princes, qui avait vaincu la ré-« volution en Italie, la vaincrait aussi en Orient. Il ne « doutait pas, disait-il, que la cour de Vienne ne fût « convaincue de la pureté de ses intentions ; mais il dé-« sirerait aussi que toutes les autres puissances parta-« geassent cette conviction ; c'est pourquoi il osait « espérer que l'empereur d'Autriche n'hésiterait pas à se « porter auprès d'elles garant de ces intentions de son « allié, dans le cas où la Porte le forcerait à prendre des « mesures militaires qui ne viseraient cependant jamais à « un but exclusivement russe, mais *qui, au contraire,* « *laisseraient toujours aux puissances la liberté de faire* « *en Orient tout le bien que ces beaux pays attendaient de* « *leur sagesse.* »

---

(1) Czarskoeselo, 11/23 juillet. MS.

L'empereur Alexandre.

D'après cette lettre, l'empereur Alexandre semblait croire très-nécessaire que les puissances eussent des garanties pour être rassurées sur ses intentions, bien que récemment sa politique se fût montrée très-loyale dans toutes les affaires de révolution. Aux premières nouvelles du mouvement dans les Principautés, et dans ses préoccupations inquiètes au sujet de l'issue de la guerre à Naples et de la révolte en Piémont, le czar avait abandonné à Laybach les traditions politiques de la Russie; au lieu de se jeter dans les entreprises et de vouloir s'agrandir comme l'auraient demandé ces traditions, Alexandre les sacrifia au sentiment de ce qu'exigeaient, dans ce moment, les besoins et les intérêts de l'Europe. Dans ces jours-là, Metternich l'avait complétement dominé.

Robert Gordon écrivait de Laybach à Castlereagh que l'Autriche n'aurait pu parler d'une manière plus tranchante, si la Russie avait été changée en province autrichienne.

En se séparant à Laybach, les deux empereurs s'étaient fait la promesse solennelle de n'agir dans les affaires grecques que d'après des conventions réciproques. A cette époque, personne ne voyait dans l'insurrection grecque autre chose qu'un chaînon de ces plates conspirations qui, par leur manque de ressources, fondaient d'elles-mêmes; Alexandre avait été compromis par Ypsilantis d'une manière trop criante pour que lui, ou même son ambassadeur à Constantinople, eût pu hésiter un instant à se déclarer contre la levée de boucliers si irréfléchie dans les Principautés. C'est pourquoi les premières ouvertures franches de la Russie avaient complétement satisfait la Porte elle-même, pourtant si soupçonneuse à l'égard de cette puissance.

Les règles de conduite que la politique impériale avait adoptées à l'égard des principes défendus par les révolutionnaires avaient été placées par ces ouvertures dans le même jour éclatant dans lequel Alexandre s'efforçait de les montrer à l'Occident à chaque occasion. Il voyait l'Europe sortir d'une école révolutionnaire de cinquante ans et s'abandonner à toute une génération qui ne voulait plus se soumettre aux anciennes institutions; il la voyait livrée à une jeunesse élevée dans les faux principes qui avaient eu cours pendant un demi-siècle; enfin, il la voyait dominée par une secte d'ouvriers de révolte qui se servaient de ces masses comme d'instruments pour leurs projets.

« Tout le mal qui s'était produit dans les derniers « temps, avait dit Alexandre au général Krusemark en « partant de Laybach, venait d'une seule et même source : « selon lui le projet des sectes était d'amener une révolu- « tion générale; il en était d'autant plus convaincu qu'il « savait que leurs ramifications s'étendaient déjà sur tous « les pays, sans en excepter probablement ses propres « États. » L'insurrection grecque aussi était à ses yeux l'œuvre secrète des conspirateurs, des mêmes hommes qui, en 1815, avaient renversé le nouvel ordre de choses en France; qui, en 1819, avaient travaillé les esprits de la Confédération germanique, et qui, en 1820, avaient jeté l'Espagne et l'Italie dans l'abîme; c'étaient les membres de ces sectes qu'Alexandre avait juré de détruire.

Jusque-là la position du czar à Laybach était claire et bien précise, et ses résolutions semblaient être dégagées

de tout doute et de tout scrupule. La peur de la révolu
tion était trop grande en lui, ou, comme on le disait plus
élégamment, l'intérêt moral de l'Europe avait, à ses
yeux, une trop grande importance pour que l'idée cût
pu lui venir de jeter encore de l'huile sur le feu de l'insurrection grecque. Néanmoins, le czar n'était pas arrivé
à prendre cette première attitude, telle qu'il l'avait
montrée à Laybach, sans avoir eu à soutenir des luttes
douloureuses avec lui-même. En effet, dans cette cause
grecque, dans ces complications soudaines en Orient, il
y avait un conflit d'intérêts et de considérations contra-
dictoires qui aurait pu jeter le plus grand trouble dans
un esprit beaucoup plus fort que celui du czar.

L'insurrection grecque offrait une occasion inattenduc
et agréable de reprendre les anciens projets de la Russie
contre la Turquie; la jalousie que la puissance de plus
en plus forte de la Russie inspirait à tout le monde paraissait à peine pouvoir offrir un obstacle suffisant pour
empêcher les Russes de profiter de cette occasion. La
Russie ne pouvait désirer que, dans cette insurrection, les
Grecs obtinssent leur indépendance ; toutes leurs prétentions à cet égard lui venaient donc fort mal à propos.
Cependant il était difficile au czar d'abandonner et de
sacrifier un peuple qui, par ses rapports déjà si anciens
avec la Russie et par les encouragements que les Russes
lui avaient prodigués si longtemps, avait été habitué à
considérer le czar comme son protecteur naturel. Si ce
dernier ne pouvait tolérer le triomphe d'une révolution
qui devait être le résultat inévitable de la victoire des
Grecs, il ne pouvait pourtant pas non plus permettre la
destruction totale de ce peuple chrétien, conséquence
fatale, comme il était à craindre, de la victoire des Turcs.

L'empereur de Russie avait à éviter même les apparences
d'un pareil abandon, par égard pour les masses bigotes
de son propre peuple ; en effet, les souffrances infligées à
ses coreligionnaires par les Turcs fanatiques avaient
animé les Russes d'une haine non moins fanatique contre
les Turcs. Si la froideur entre la Russie et la Porte et la
guerre dans l'intérieur de l'empire entre Turcs et Grecs
eussent duré plus longtemps, les plus grands intérêts, au
point de vue du commerce et de la navigation des plus
belles provinces de la Russie, auraient été engagés ; c'est
pourquoi on présenta sans cesse à l'empereur les raisons
les plus graves pour le déterminer à déclarer la guerre
à la Porte.

Dans l'armée, il y avait dans tous les rangs un parti
violemment disposé à la guerre. A ce parti appartenait le
général Yermolov, qui, après son retour de Laybach,
n'avait caché à personne ses dispositions d'esprit, et qui
ne parlait de l'exécution du patriarche qu'en faisant le
signe de la croix. Comme s'ils brûlaient d'impatience de
se mettre en marche contre Constantinople, tous les officiers
supérieurs à Odessa faisaient entendre à plaisir les discours les plus violents et les plus inconvenants. La Porte
ne distinguait pas entre les menées de ces agitateurs,
qui faisaient tout pour amener une rupture, et les sentiments pacifiques du czar ; elle pouvait d'autant moins
les distinguer, que tout ce qui lui parvenait depuis juin
de Saint-Pétersbourg prenait un ton de plus en plus roide
et hostile. C'est ce qui explique pourquoi elle opposa à
la fierté et à l'accusation l'insolence et les récriminations ;
ce fut ainsi que les partisans de la guerre en Russie
eurent plus de facilité pour exciter la vanité de l'empereur, dans le cœur duquel il n'y avait pas de corde

plus sensible que la susceptibilité d'un sentiment de
dignité blessée.

Ce qui devenait encore plus dangereux pour le czar
que ce parti qui le poussait par saccades, c'était l'action
systématique des hommes d'État dans son gouvernement
et dans sa diplomatie qui voulaient contrecarrer l'influence de Metternich. Le plus actif de tous était Pozzo di
Borgo ; par son talent et par l'attention infatigable qu'il
prêtait à tout ce qui se passait en Europe, il jouissait à
Saint-Pétersbourg, comme dans toutes les autres cours
alliées, d'une égale considération. A Paris, où il jouait,
pour ainsi dire, le rôle d'un précepteur ou d'un tuteur
du gouvernement français, il occupait une espèce de
position exceptionnelle, n'exécutant de ses instructions
que ce qui servait ses projets, appuyé également par la
confiance de l'empereur, son maître, comme par la
docilité de Nesselrode.

De cette manière, il était seul en état de combattre
avec succès et de tenir en équilibre la toute-puissance que
Metternich exerçait sur le czar. Il n'est guère probable
qu'à ce moment Pozzo di Borgo eût déjà un plan tout
préparé et une idée bien nette relativement à la question
grecque, si ce n'est qu'il désirait voir le gouvernement
russe adopter une politique active et indépendante et
suivre une marche qui ne serait pas inspirée par les influences autrichiennes. Son bras droit dans cette affaire
était Stroganov, son bras gauche Kapodistrias, dont les
sympathies pour ses compatriotes s'étaient, immédiatement après le retour de l'empereur à Saint-Pétersbourg,
trouvées en conflit avec les dispositions que le czar avait
manifestées à Laybach.

Metternich savait bien que, dans cette question si

grosse d'incertitudes, le faible czar n'aurait pas assez de fermeté pour résister à la forte action de ce triumvirat. Miner la puissance de ces trois hommes et leur faire perdre leurs places et leur influence, c'était donc le but constant des efforts du grand chancelier jaloux. Celui-ci se donnait bien l'air de mépriser Pozzo comme un aventurier politique, mais en réalité, il le considérait comme son mauvais génie. Il jalousait et redoutait en lui un heureux rival, poussé par l'ambition à primer partout, et possesseur d'une grande fortune qui lui permettait de s'obstiner à soutenir ses propres idées avec d'autant plus d'indépendance, même en face de l'autocrate, son maître.

Dans Kapodistrias, Metternich haïssait le révolutionnaire sans conscience qui, d'après lui, engageait son maître, trop confiant, dans un labyrinthe périlleux, ou qui le poussait vers un précipice du bord duquel le secours de ses alliés pourrait seul le retirer. Il est vrai qu'au premier moment, Metternich ne réussit pas à paralyser les forces de ces hommes d'État; cependant il y avait, dans le cabinet même de l'empereur, des ministres qui contre-balançaient puissamment leur influence. Le comte Nesselrode, qui, depuis bien longtemps, s'était identifié avec les principes d'un Metternich et d'un Castlereagh, partageait leurs craintes au sujet des conséquences incalculables que pourrait entraîner, dans cette affaire, une seule démarche précipitée. Parmi les généraux russes, il y avait des hommes très-influents, tels que Diebitsch, qui s'adressaient à ce côté dans le caractère de l'empereur que Metternich appelait son bon génie.

Par ces influences diverses, l'empereur, si peu indépendant, était jeté de doutes en doutes, de résolutions en résolutions, et ballotté presque violemment entre son amour pour les Grecs et sa crainte des révolutions. Toute l'histoire d'Alexandre dans les années suivantes n'est presque autre chose que la succession de ces variations lamentables de dispositions incertaines et vacillantes, déterminées toujours par ce qu'on appelait les intérêts moraux de l'Europe, toutes les fois que le czar se trouvait enveloppé de l'atmosphère brumeuse d'un entourage autrichien, mais reprenant immédiatement la saveur des intérêts politiques de la Russie, dès que l'empereur revenait dans les cercles de son propre pays.

Tel fut le cas, lorsqu'il revint de Laybach à Saint-Pétersbourg. On remarqua aussitôt dans toutes les démarches du cabinet russe les influences opposées de différents partis, d'où l'on pouvait conclure qu'il devait y avoir une lutte continuelle dans l'esprit de l'empereur lui-même. Il était évident qu'à Saint-Pétersbourg on balançait entre deux systèmes, entre celui d'un accommodement et celui d'une rupture, entre la guerre et la paix. Dans les demandes qu'on adressait à la Porte, on balançait aussi entre deux systèmes, entre celui qui était conforme aux intérêts russes et celui qui répondait aux intérêts européens. La Russie parlait avec plus d'énergie à la Turquie, tantôt de ses droits stipulés dans les traités au sujet des Principautés, tantôt de la conduite nouvelle de la Turquie à l'égard de ses sujets turcs, conduite de laquelle devait dépendre l'existence ultérieure de l'empire ottoman : tantôt les quatre articles semblaient être un véritable ultimatum, tantôt seulement les préliminaires de négociations nouvelles.

On était frappé des mêmes variations dans le langage que la Russie tenait aux puissances européennes. A

Laybach, l'empereur s'était exprimé avec la plus grande
décision sur les affaires grecques, qu'il avait qualifiées de
manœuvres étourdies, tramées par le parti révolutionnaire
répandu dans tous les pays; mais déjà, dans les dépêches
qui accompagnaient les Notes du 22 juin, il n'y avait
plus, à entendre l'empereur, qu'une possibilité douteuse
que cette insurrection se rattachât « peut-être » aux
menées odieuses qui minaient les autres États! Dans le
principe, le czar partageait l'opinion générale, en croyant
que ce feu ne pourrait pas durer longtemps; mais, au
moment actuel, son cabinet proclama partout avec une
énergie très-grande, que les Turcs n'étaient pas en état de
vaincre la révolution avec leurs propres ressources!

Quand l'empereur s'étendait longuement sur les intérêts russes mis en péril, il paraissait vouloir pousser son
esprit de sacrifice et sa longanimité jusqu'aux dernières
limites, avant d'en venir à une guerre particulière pour
sauvegarder ses droits; quand il considérait les choses
sous le point de vue européen, rien ne lui semblait plus
pressant que de venir au secours de la Porte dans sa
perplexité, en lui proposant une expédition russe entreprise sur la demande de l'Europe. On aurait dit que,
pour récompenser la vertu dont il avait fait preuve au
début et pour reconnaître non-seulement sa condamna-
tion de l'insurrection grecque, mais encore sa coopération offerte en vue de l'étouffer dans les Principautés, les
autres puissances lui devaient naturellement leur confiance entière, et qu'elles étaient obligées de le laisser
agir dorénavant dans cette affaire tout à fait comme il
l'entendrait.

Le czar avait laissé à l'Autriche une liberté d'action
complète en Italie; c'est pourquoi il attendait, sans

l'ombre d'un doute, que cet allié, du moins, lui laisserait
les mains également libres en Orient où il s'agissait
entièrement des intérêts les plus élevés de la Russie, de
sa religion, de sa marine et de son commerce, et que
l'Autriche irait au-devant de ses vœux sans réserve
aucune. Il est possible qu'Alexandre s'y attendît avec
d'autant plus de confiance, qu'à Saint-Pétersbourg on
avait de tout temps beaucoup compté sur l'Autriche,
« parce que, comme Alexandre lui-même l'écrivit en
« 1812, cette puissance voyait toujours dans ses rela-
« tions avec la Russie une protection pour elle-même
« comme pour l'Europe ».

Il était impossible, du reste, qu'on se fût fait une idée
bien claire du but que cette intervention, pour exécuter
les décrets des puissances européennes, devait atteindre.
On avait lancé le mot hardi de la coexistence de la Turquie. Fallait-il croire que le Projet grec occupât de nouveau le czar d'une manière sérieuse? La Russie ne peut
prendre en main ces grands projets qu'à la faveur de
l'une ou de l'autre de deux hypothèses : il faut que les
puissances occidentales soient en guerre entre elles, ou
bien qu'elles soient prêtes à appuyer elles-mêmes les
desseins de la Russie. Les agrandissements qu'elle avait
pu obtenir jusqu'alors n'avaient été possibles que parce
que les puissances occidentales avaient été toujours en
guerre entre elles au moment où la Russie exécutait ses
desseins. Encore en 1807, Alexandre était prêt à exploiter dans ce même sens la guerre entre la France et
l'Angleterre; mais, au moment actuel, son opinion paraissait être qu'il devait supposer la réalisation de la seconde
hypothèse, et qu'il aurait à profiter de sa puissante
autorité dans le monde pour déterminer la Sainte-

Alliance à coopérer avec lui, afin de réaliser les projets russes.

Bientôt, cependant, les agents diplomatiques du czar à Vienne nièrent que, dans la pacification proposée de la Turquie, l'empereur eût *seulement* l'intention de donner peut-être à la Grèce les formes d'une demi-indépendance, telle qu'elle existait en Servie. Mais ceci prouva uniquement qu'à Saint-Pétersbourg on n'avait pas encore une idée très-claire sur le but de l'intervention européenne qu'on désirait provoquer, ou bien qu'on ne voulait pas s'exprimer clairement à ce sujet. Le cabinet russe semblait avoir des idées encore moins claires sur ce qu'il ferait, et être plus incertain encore sur les résolutions qu'il prendrait dans le cas où la Russie serait seule en guerre avec la Turquie, et qu'elle ne serait appuyée par personne. Kapodistrias ne put jamais décider le czar à entreprendre une pareille guerre. Alexandre se trouvait, sous ce rapport, dans une position tout à fait analogue à celle du sultan Mahmoud.

Pour les deux souverains, les intérêts les plus grands étaient en jeu : pour l'un, il s'agissait d'attaquer les grands objets de l'ancienne ambition russe au sujet de la Turquie, en profitant de l'insurrection grecque, venue si à propos ; pour l'autre, il s'agissait de détourner cette attaque, de maintenir sa position en Europe et d'étouffer promptement la révolte grecque, venue si mal à propos. Mais les considérations les plus impérieuses empêchaient, des deux côtés, ces princes de tenter toute démarche précipitée et hasardée. D'un côté, il y avait les principes si connus et si nettement prononcés de la politique impériale par rapport à toutes les révolutions, et de l'autre les troubles intérieurs en Turquie ; d'un côté la crainte de

rencontrer la résistance des puissances alliées, et de
l'autre l'absence de tout espoir de trouver la moindre
assistance auprès d'elles ; puis, en dernier lieu, l'épuisement des puissances après les guerres qui venaient d'avoir
lieu, et le dénûment de la Porte qui n'avait pas même
assez de ressources pour pouvoir triompher des troubles
dans l'intérieur de son empire.

De cette manière, il s'éleva entre les deux empires,
non pas une émulation de grands projets et de grandes
actions, mais une lutte où ils montraient de faibles velléités d'agir. On y voyait éclater l'orgueil et l'opiniâtreté
insolente, l'irritabilité et les susceptibilités de deux princes
puissants, mais également impuissants pour agir, lutte
oratoire qui ne conduisit que sous le successeur d'Alexandre à des actes peu fertiles en résultats. Il s'éleva une
guerre diplomatique dans laquelle toutes les puissances
se prononcèrent, de la manière la plus vive, *pour* chacune
des parties en lutte et *contre* chacune d'elles, guerre
rendue encore infiniment plus difficile et plus longue par
le grand inconvénient des distances énormes entre les six
capitales des cours intéressées. C'est une histoire de
paroles très-étendue que nous avons à raconter au sujet
de cette guerre et à laquelle nous attacherions très-peu
d'importance, si, dans le cas qui nous occupe, les complications qui, pendant dix ans, ont troublé l'Orient,
n'avaient été, en définitive, aplanies presque plus par
des paroles que par des actes.

L'Autriche et l'Angleterre.

En considérant toutes ces incertitudes de la cour de
Saint-Pétersbourg, les gouvernements des grandes puissances pouvaient espérer d'un côté que l'empereur vacil-
lant n'arriverait pas à prendre des résolutions, du moins

pas des résolutions périlleuses; mais, de l'autre côté, ils pouvaient aussi craindre que cet homme, si peu indépendant, ne se laissât entraîner à quelque acte précipité et irréfléchi. Comprenant ainsi la situation morale du czar, lord Londonderry (Castlereagh) y conforma sa conduite dans l'accomplissement de sa tâche. Dès le premier moment, il comprit que, dans cette question bien plus importante pour l'Angleterre que les questions italienne et espagnole, il lui fallait, à tout prix, marcher de concert avec l'Autriche, celle des puissances qui était la plus liée d'amitié avec la Russie, afin de tenir le czar en bride et de l'empêcher, par tous les moyens, de se jeter dans la guerre.

C'est pourquoi, déjà à Laybach, il avait fait un mouvement de conversion dans sa position à l'égard des puissances continentales. Qu'il ait été réellement si effrayé de l'extension qu'avait prise le mouvement italien en pénétrant dans le Piémont, ou qu'il s'en soit seulement donné l'air, en tout cas il profita de cet événement pour adoucir l'attitude un peu roide de l'Angleterre. Il fit verbalement à l'ambassadeur d'Autriche, le prince Esterhazy, l'aveu (en juin) que, bien que l'Angleterre n'eût pu adhérer publiquement à la déclaration de Laybach, elle rendait néanmoins volontiers justice à la vérité et à la justesse des principes qui y avaient été proclamés. Il est vrai qu'une déclaration semblable avait été déjà donnée par lui-même dans sa circulaire (Cf. t. XI, p. 49) écrite avant l'explosion de l'insurrection grecque, mais à cette époque elle avait été plus que paralysée par les démarches qui l'accompagnaient.

Au moment actuel, cette déclaration fut répétée dans des circonstances telles qu'à Vienne même on ne crut pas

« pouvoir demander davantage » ; on y prit les vues de légitimité exprimées par Londonderry au sujet de la Grèce, et les instructions données par lui à lord Strangford qui devait se mettre sur la même ligne d'action que l'internonce, pour une conversion sincère aux maximes de la sagesse politique de Metternich. Les instructions données par le grand chancelier à l'internonce (17 juillet) indiquaient le moyen le plus simple et le plus efficace à l'aide duquel on croyait pouvoir, au meilleur compte, atteindre le but qu'on se proposait, c'est-à-dire la conservation de la paix. On lui disait que ce moyen était la résolution de prendre le parti du plus fort contre le plus faible ; le cabinet de Vienne enjoignit donc à son ambassadeur de reconnaître auprès de la Porte la justice des demandes russes et de les y appuyer.

Les instructions données par le cabinet anglais à lord Strangford (7 juillet) concordaient, il est vrai, avec les instructions de Metternich ; mais, tout en l'exhortant à s'entendre avec l'internonce, lord Londonderry prescrivit pourtant à cet ambassadeur de maintenir ferme l'unique principe de la politique anglaise à l'égard de la Sainte-Alliance, c'est-à-dire de ne se laisser déterminer à aucune démarche collective. En même temps qu'il prit ces premières mesures pour se mettre, autant que possible, d'accord avec l'Autriche, Londonderry essaya de prendre personnellement l'empereur russe par les voies de la douceur, de la flatterie et de la persuasion.

Le ministre anglais fit usage d'une permission que le czar lui avait donnée en 1818 ; il s'adressa directement à lui, et lui écrivit (16 juillet) une lettre (1), afin d'éviter

---

(1) Dans Castlereagh : *Correspondence.*

peut-être de cette manière de faire une réponse officielle
aux questions que le cabinet de Saint-Pétersbourg lui
avait adressées dans ses expéditions du mois de juin.
Comme il l'avait fait à l'égard de l'Autriche, il commença par adoucir le czar au sujet de leurs différences
d'opinion dans les dernières « discussions sur des théories
« abstraites » ; mais ensuite il entra, pour ce cas excep-
tionnel, dans la politique européenne de l'empereur,
parce qu'il était sûr que l'Autriche et les autres puissances marcheraient avec la Russie avant tout dans le
dessein de la retenir.

Il exprima la conviction « que l'empereur ne considé-
« rerait pas les événements en Orient comme une ques-
« tion nouvelle et isolée ; il disait qu'ils n'étaient pas
« seulement le résultat de la lutte d'éléments hostiles
« dans l'empire turc, mais qu'ils étaient aussi le fruit de
« l'esprit révolutionnaire en Europe dont les symptômes
« n'étaient là que plus destructifs encore, parce que
« toutes les passions, tous les préjugés et toutes les ini-
« mitiés religieuses des habitants de ces contrées s'y
« ajoutaient. Le voisinage de la Russie, sa conformité de
« religion, ses intérêts commerciaux, surtout l'ancienne
« jalousie inséparable de l'histoire des deux empires,
« mettaient l'empereur, pour ainsi dire, face à face avec
« cette nouvelle phase des embarras de l'Europe. Il était
« inutile, ajouta Londonderry, de démontrer que la Tur-
« quie était un mal nécessaire dans le système politique
« de l'Europe ; qu'elle était certainement une excrois-
« sance maladive qui, pour cela même, devait décou-
« rager toute tentative de la guérir parce qu'elle mettrait
« en péril le système politique tout entier. L'irritation
« convulsive à laquelle la Turquie était en proie avait

« exposé l'ambassade russe à des insultes indignes :
« l'empereur, sous ce rapport, devait veiller à ce que ses
« droits légitimes ne souffrissent point ; mais, ajoutait le
« ministre anglais, plus sa puissance était incontestable,
« plus sa gloire avait été grande depuis les derniers
« temps, et plus il devait avoir d'indulgence pour la
« Turquie et permettre que la tempête s'apaisât dans
« l'empire turc, qui était, à la fois, infecté par l'esprit
« des nouveaux principes et consumé par le feu des
« anciennes haines, particulières à ses habitants. Il fal-
« lait avouer, disait-il, que l'humanité était saisie d'hor-
« reur à la vue des atrocités commises et qu'elle ne
« pourrait pas refuser sa pitié et ses sympathies aux
« Grecs ; mais la pensée du danger qu'offrirait toute
« modification du système politique de l'Europe et la
« considération que les Grecs eux-mêmes avaient été en
« définitive les agresseurs détermineraient peut-être
« l'empereur et les alliés à préférer une attitude expec-
« tante à toute immixtion dans le chaos des inconsé-
« quences turques. Jamais l'empereur n'avait eu, dit en
« terminant Londonderry, une occasion plus favorable de
« donner une preuve éclatante de ses sentiments qu'au
« moment actuel, si, en face d'un État fanatique et à
« demi barbare, il montrait ce degré de patience et de
« longanimité qui ne saurait lui être inspiré que par le
« respect religieux et enthousiaste pour le système à
« la fondation duquel il avait lui-même contribué si puis-
« samment. »

Par des moyens semblables, Metternich essaya en
même temps d'agir personnellement sur le czar. Il importait encore infiniment plus à l'Autriche qu'à l'Angleterre d'empêcher le czar de tramer à la légère une

guerre qui pouvait entraîner toute l'Europe. Il faut se
rappeler bien clairement les raisons qui faisaient qu'il en
était ainsi, pour comprendre simplement la marche tor-
tueuse et souvent même au plus haut point inconséquente
et contradictoire de la politique autrichienne dans les
affaires grecques, dès le commencement jusqu'à la fin.
En considérant ses ressources matérielles, l'État autrichien n'avait jamais été moins qu'à ce moment dans une
position qui lui permît de supporter une guerre dans son
voisinage, pas même comme simple spectateur. Ses
finances étaient épuisées, et on craignait qu'une augmentation des dépenses pour le département de la guerre
n'ébranlât profondément le crédit public.

Malgré la grande habileté dont on avait toujours fait
preuve à Vienne en abusant de ces moyens financiers,
on n'aurait jamais amené l'empereur François à permettre une surexcitation du crédit, telle qu'elle fut produite avec tant de génie vingt et quelques années plus
tard! En effet, en présence des grands dommages que
les pirates grecs causaient à la marine autrichienne, et
malgré les insultes dont ils accablaient son pavillon,
l'empereur François refusa de sanctionner l'emprunt d'un
seul million, proposé pour faire remettre en bon état de
vieux vaisseaux vénitiens. L'incurie dont l'armée avait à
souffrir était incroyable; considérant le montant des
sommes attribuées au département de la guerre, personne ne pouvait comprendre pourquoi il en était ainsi, à
moins de savoir que les frais de police, arrivés à des
chiffres énormes, étaient prélevés sur le département de
la guerre.

Mais ce système et ces dépenses semblaient être tellement indispensables, qu'un peu plus tard (1825), lorsque

Bellegarde quitta les affaires, et que tous les princes
demandèrent l'archiduc Ferdinand d'Este comme chef
du conseil aulique de la guerre, Metternich lui préféra
le vieux prince de Hohenzollern-Hechingen, homme
flexible, dont il n'avait pas à craindre l'intervention dans
ses manipulations financières et qui certainement n'allait
pas lui susciter de difficultés à cet égard. Dans ces circonstances, l'armée était arrivée à une telle faiblesse,
que les seules troupes d'élite peu nombreuses et prêtes à
entrer en campagne que possédât l'Autriche devaient de
toute nécessité rester en Italie. Dans le cas d'une
guerre turco-russe, on aurait eu les plus grandes difficultés à établir une simple armée d'observation près de
la frontière des Principautés, et l'empire d'Autriche,
impliqué formellement dans la guerre, n'y aurait pu
jouer qu'un rôle complétement secondaire.

Ayant d'aussi bonnes raisons pour vouloir la paix,
Metternich fit jouer tous les ressorts, que son séjour à
Laybach et la connaissance exacte du terrain à Saint-
Pétersbourg lui mettaient entre les mains, pour retenir le
czar dans ses sentiments exprimés à Laybach, tout en
ménageant cependant, de la manière la plus délicate, la
partie sensible du czar, son amour pour les Grecs.
Comme point principal de ses attaques, il choisit la peur
que causaient à l'empereur les révolutions. Metternich
lui fit représenter par son ambassadeur, le comte Lebzeltern, que tous les révolutionnaires rattacheraient leur
cause à une guerre de la Russie contre la Porte, et que
l'empereur exposerait le salut de l'Europe à tous les
dangers possibles s'il voulait sauver les Grecs autrement
que par une coopération de tous les alliés. Aucune occasion qui se présentait, dans le voisinage ou au loin, au

moment actuel ou plus tard, ne fut négligée pour prouver au czar qu'une guerre serait le signal d'une nouvelle révolution.

L'excitation des esprits en Allemagne, les appels adressés au peuple en faveur de la cause grecque furent exploités dans ce sens. Metternich demanda au gouvernement de Prusse et au roi lui-même de représenter au cabinet russe, dans un langage aussi fort que possible, les dangers qui menaceraient inévitablement l'Allemagne dans le cas où une guerre éclaterait. De la même manière, on continua encore plus tard, avec le plus grand soin, à exploiter toutes les conséquences des troubles en France, qui duraient toujours. On profita de tout ce que les recherches de l'Autriche en Italie avaient fait connaître sur les rapports intimes entre les révolutionnaires, et on se servit de ces résultats pour entretenir dans l'âme du czar une frayeur continuelle.

Néanmoins, on ne réussit pas tout d'abord à changer les pensées et les désirs du czar. Dans sa réponse (29 août) adressée à Londonderry (1), il s'en référa simplement aux communications en date du 22 juin. « Elles rendaient témoignage, disait le czar, de deux « vérités et prouvaient que la Russie avait sacrifié des « droits incontestables pour faciliter à la Porte le réta- « blissement d'une bonne entente, et que la Turquie, « au contraire, avait adopté un système qui pourrait la « mener à un point où il lui serait impossible de remplir « les engagements pris par elle dans ses traités avec la « Russie. S'il était vrai que la Porte n'encourait pas « seule la responsabilité de la catastrophe, il faudrait

----

(1) Lettre du cabinet en date du 29 août. MS.

« néanmoins d'autant plus reconnaître l'impuissance où
« était la Porte de trouver un sûr remède *dans le chaos*
« *de ses inconséquences*, que l'esprit révolutionnaire
« de l'époque avait pris une part plus grande à ces
« 'événements, et que, si elle succombait sous ce choc,
« elle aurait fortifié de toute sa faiblesse la puissance
« fatale de l'insurrection. Les cruautés exercées par les
« Turcs feraient craindre que les Grecs ne consentissent
« jamais à se soumettre de nouveau à leur joug.

« Au commencement du mouvement, une interven-
« tion étrangère aurait, aux yeux de la Porte, favorisé
« la révolution; mais on assumerait une lourde respon-
« sabilité si on la retardait encore à ce moment où la
« révolution menaçait de s'élever comme une puissance
« réelle. La Porte avait décrété que le peuple turc re-
« deviendrait nomade, c'est-à-dire elle l'avait mis sur
« un pied de guerre en face des chrétiens; par consé-
« quent, la nature de la puissance turque n'était plus ce
« qu'elle avait été jusqu'au mois de mars de cette an-
« née. L'empereur ajoutait qu'il pousserait sa longani--
« mité jusqu'à la dernière extrémité, mais qu'il y avait
« pourtant des limites à tout; que si la paix devenait
« impossible, la prudence devrait conseiller aux puis-
« sances d'entrer dans les idées et dans les propositions
« russes. En se fondant sur les principes de la grande
« Alliance, l'action commune des puissances rétablirait
« la tranquillité en Orient et fortifierait le système poli-
« tique de l'Europe. Le czar attendrait donc avec con-
« fiance le résultat de leurs délibérations. »

De cette manière, le ministre anglais était donc ren-
voyé à la marche officielle dans la discussion des questions agitées par les puissances. Le czar fit répondre sur

un ton moins amical aux communications du cabinet de
Vienne où il avait espéré trouver une tout autre docilité
au sujet de ses désirs. On avait expédié (24 août) de
Vienne pour Saint-Pétersbourg une dépêche dans laquelle
on avait proposé de réunir les délibérations des cours
alliées dans un point central, afin d'empêcher une rupture de la Russie avec la Porte, ou pour prendre, en cas
de besoin, d'un commun accord, des mesures ultérieures; Metternich s'attendait à voir l'Angleterre prendre
part à une réunion de ce genre. Lorsque cette dépêche
arriva (5 septembre) à Saint-Pétersbourg, on avait déjà
préparé des expéditions pour Golovkine à Vienne; on les
fit partir (10 septembre) avant d'avoir « trouvé le temps
« de lire la nouvelle dépêche », comme Nesselrode le
déclara à Lebzeltern; preuve d'un mauvais vouloir très-
prononcé auquel on répondit à Vienne en ne faisant pas
la moindre attention au contenu de ces expéditions, remplies en outre de manifestations peu rassurantes de l'extrême susceptibilité que montrait la Russie à l'égard de
la Porte, quand elle croyait son honneur engagé (25 septembre).

La réponse russe aux propositions autrichiennes s'en
référa, comme la lettre du cabinet adressée à Londonderry, à ce que la Russie avait suggéré dans sa Note du
22 juin. Elle vanta « la modération du gouvernement
« russe poussée jusqu'aux dernières limites, pour voir
« si le gouvernement turc, par lui-même ou par l'in-
« fluence de conseils bienveillants, pourrait encore une
« fois reprendre la place qu'au commencement du mois
« de mars de cette année il avait occupée dans l'ordre
« politique de l'Europe. La Russie était encore à ce mo-
« ment prête, disait-on, à reprendre ses négociations

« directes avec la Porte dès que celle-ci aurait satisfait
« aux demandes russes au sujet des Principautés ; les
« puissances ne pourraient coopérer à ce que ce but fût
« atteint qu'en poussant la Turquie à accepter l'ulti-
« matum. La conférence proposée par l'Autriche ne
« pourrait avoir non plus d'autre but que celui de
« presser le sultan à accepter cet ultimatum ; mais,
« ajoutait-on, la réunion des ambassadeurs à Constan-
« tinople y suffirait entièrement ; seulement, dans le cas
« où la guerre serait inévitable, l'empereur croyait
« qu'une réunion de ce cette nature, *sur le sol russe* et
« près du théâtre des complications, pourrait amener
« les puissances à tomber d'accord sur un système
« qui empêcherait que cette guerre ne pût être consi-
« dérée, par les ennemis de l'ordre, comme une guerre
« isolée et comme le signe de la dissolution de l'al-
« liance européenne si salutaire. »

Après avoir vu l'inutilité de ces premières démarches,
lord Londonderry (1) et le roi d'Angleterre lui-même
invitèrent le prince de Metternich à une entrevue à Hanovre, où l'on attendait également le comte Lieven à
son passage de Saint-Pétersbourg. Le ministre anglais
désirait s'y entendre sans réserve avec le grand chancelier sur tous les détails de leurs opinions et de la situation politique. Il voulait évidemment remplacer par une
simple union anglo-autrichienne la réunion générale des
représentants de toutes les puissances, telle qu'elle avait
été proposée par le cabinet de Vienne. Effectivement, les
deux diplomates réunis à Hanovre arrivèrent à une in-

---

(1) Lord Londonderry au prince Metternich. Aix-la-Chapelle, le
1ᵉʳ octobre. NS.

telligence plus étroite et réussirent même à gagner la France à l'opinion qu'une guerre russe serait un grand malheur pour l'Europe. Au contraire, dans ses lettres confidentielles adressées au duc de Caraman, Richelieu avait jusqu'alors représenté la guerre avec la Porte comme inévitable, et il avait tenu un langage dans lequel on reconnaissait encore l'ancien gouverneur d'Odessa. Des expéditions, écrites en commun par les deux ministres d'Angleterre et d'Autriche, partirent de Hanovre directement pour Saint-Pétersbourg.

Lord Londonderry fit alors (28 octobre) la réponse officielle (1) qu'il aurait voulu éviter. Il y disait « qu'il « ne voyait pas la nécessité d'une guerre ; par consé-« quent, quant à la question de savoir quelle serait l'at-« titude des puissances en cas de guerre, il ne pourrait « pas non plus, d'après des suppositions arbitraires, « déterminer d'avance quelles seraient les résolutions « morales ou les mesures matérielles que des conjonc-« tures futures le forceraient peut-être à prendre ; cela se-« rait surtout impossible dans le cas actuel où le ministre « n'avait pas sous les yeux les faits qu'une guerre contre la « Turquie, entreprise dans le vaste dessein de chasser les « Turcs, pourrait produire comme conséquences néces-« saires. Aucune puissance ne pourrait se faire une idée « de la position qu'elle pourrait être obligée de prendre « pendant la durée d'une lutte aussi colossale. Dans les « liens qui existaient entre les puissances, l'empereur « aurait le gage le plus assuré de leur amitié et de leur « amour de la paix, et les puissances, de leur côté, au-

---

(1) Dépêche de lord Londonderry adressée au chevalier Bagot. Hanovre, le 28 octobre. MS.

« raient tant de confiance en la longanimité et la modé-
« ration de l'empereur, que leurs efforts communs en fa-
« veur de la paix *devaient nécessairement* aboutir et
« réussir doublement, si l'on ne laissait s'élever aucun
« doute à l'égard du succès. Que si l'on ne pouvait
« éviter la guerre, il ne s'ensuivrait cependant pas
« qu'elle dût être faite d'après d'autres principes que
« ceux qu'on avait observés dans les guerres antérieures
« avec la Turquie. S'il se mettait tout à fait à la place
« d'un ministre russe, disait Londonderry, il ne pour-
« rait pas croire que ce fût une chose sage que de con-
« seiller à l'empereur de chasser les Turcs hors de l'Eu-
« rope, puisqu'ils pèseraient alors, avec des forces
« condensées, sur le Sud-Est de la Russie, tandis que
« maintenant ils formaient un État divisé et affaibli par
« sa position géographique dans deux continents. Mais,
« s'il se trouvait un ministre russe qui voulût remplacer
« l'état actuel des choses par un État grec né de la Ré-
« volution, il lui appartiendrait certainement, *à lui per-*
« *sonnellement*, de présenter aux alliés de l'empereur
« la manière dont il voudrait exécuter ce projet, contre
« l'urgence, l'utilité et même l'humanité duquel les puis-
« sances se verraient obligées *de protester unanimement.*
« En tout cas, ajoutait Londonderry, le moment n'était
« pas encore venu de s'expliquer à ce sujet, puisque la
« seule et la vraie question était, dans l'instant actuel,
« de savoir comment on pourrait déterminer la Porte à
« satisfaire aux demandes de la Russie. L'empereur au-
« rait le droit d'attendre que les alliés insistassent sur
« l'accomplissement réel de ses demandes, comme les
« puissances alliées avaient celui d'attendre que l'empe-
« reur fît entrer dans les formes de l'accommodement

« les adoucissements qui pussent ménager la fierté du
« gouvernement turc, si peu maniable. Les deux cabi-
« nets impériaux seraient appelés, par leur position de
« voisins, à entreprendre la direction particulière de
« ces négociations. Si, dans la correspondance russe, on
« pouvait désirer voir des marques plus prononcées
« d'une disposition confiante à l'égard de la Porte, on
« ne pourrait qu'admirer, dans les Notes autrichiennes,
« le talent et la franchise avec lesquels l'Autriche s'ef-
« forçait d'obtenir justice pour la cour de Russie. Les
« efforts faits en commun avaient déjà amené la Porte
« à faire les concessions les plus importantes, puisqu'elle
« avait presque accordé les demandes préliminaires de
« l'évacuation des Principautés, de la nomination des
« hospodars et de la renonciation à sa demande relative
« à l'extradition des réfugiés; puisque la Porte avait so-
« lennellement promis d'accorder la même protection à
« tous ses sujets, et qu'enfin elle avait publié ce qu'on
« pourrait presque appeler une amnistie générale. Toutes
« les mesures ultérieures dont on voudrait se servir pour
« donner aux négociations plus de force, comme, par
« exemple, la conférence centrale proposée par le cabi-
« net de Vienne, devraient être déconseillées, puisque la
« Porte s'opposait à toute intervention collective. »

Ensuite lord Londonderry touchait encore à deux objections qui pouvaient être faites au sujet de l'attitude de
l'Angleterre : « On l'accuserait peut-être, disait-il, au
« point de vue des intérêts matériels, de jalousie
« commerciale à l'égard des provinces méridionales de
« la Russie; mais le commerce anglais ne pourrait
« qu'augmenter par l'accroissement de la prospérité
« d'autres pays. On lui demanderait peut-être, au point

« de vue moral, si les descendants de ceux que notre
« éducation nous apprenait à admirer devaient traîner
« éternellement une misérable existence sous le joug des
« Turcs. Cet appel ne devrait certainement pas être né-
« gligé, si les hommes d'État pouvaient substituer les
« conseils de leur cœur à ceux de leur raison ; mais, en
« réalité, les hommes d'État n'étaient appelés qu'à sau-
« vegarder les intérêts qui leur étaient confiés *immé-*
« *diatement,* et ils ne devaient pas mettre en péril
« l'existence de la génération actuelle, en voulant assu-
« rer, par leurs calculs, le bonheur de la postérité.
« Quant à *lui-même,* ce serait se mettre en désaccord
« avec ses notions du devoir que de se prêter au projet
« d'un rétablissement politique de la Grèce, en s'expo-
« sant à livrer non-seulement les Turcs mais encore toute
« l'Europe à une confusion subversive ; de plus, on amè-
« nerait ce résultat sans avoir même la conviction que la
« population grecque, telle qu'elle était alors, pourrait
« tirer de son propre sein les éléments d'un meilleur
« système politique. Il pourrait seulement exprimer le
« vœu, disait le ministre anglais en terminant, que le
« temps et la Providence amenassent pour ce peuple
« des soulagements que l'homme d'État ne saurait
« lui procurer sans devenir infidèle à ses autres de-
« voirs. »

Les principes exprimés dans ces dernières considérations furent dès lors proclamés tout à fait ouvertement
par le gouvernement anglais ; il publia son Compte Rendu
déjà souvent cité (*State of the nation*) dans lequel, au
mépris des appels humanitaires de l'époque, il qualifia de
prudence très-équivoque même la neutralité au milieu de
ces complications. Dans ce compte rendu, le ministère

s'adressa au sentiment de jalousie avec lequel les Anglais regardaient la Russie, en ajoutant « que, dans les cir- « constances actuelles, il était peut-être plus nécessaire « de *fortifier* la puissance de la Porte que de simplement « la conserver, pour ne pas dire la diminuer ».

Dans la première moitié de sa dépêche, où London- derry fait preuve d'un art achevé, il avait demandé à la Russie de rendre un compte clair et précis au monde et à elle-même de ses projets. Quant à cette partie de la dé- pêche anglaise, le gouvernement russe, dans sa ré- ponse (1), évita (27 novembre) d'entrer dans le cœur de la discussion, en redisant ce qu'il avait dit déjà, et en ne se montrant ni disposé à reconnaître que ses premières opinions avaient été victorieusement réfutées, ni consé- quent avec lui-même dans les faits matériels. « Ces faits, « disait le cabinet russe, ne répondaient pas au chan- « gement qui se serait opéré, d'après lord Londonderry, « dans le système de la Porte. Le ministre anglais avait « déclaré que le moment n'était pas encore venu de po- « ser l'hypothèse de la possibilité d'une guerre ; s'il « avait dit cela dans l'opinion que la Porte avait satis- « fait aux justes demandes de la Russie, la conviction de « l'empereur était fort différente. Si, depuis l'établisse- « ment de la grande alliance, toutes les questions d'un « intérêt général avaient été soumises à une délibération « en commun, pourquoi cette crise, qui était l'œuvre des « révolutionnaires et qui, en outre, avait donné la juste « mesure de l'esprit et des ressources de la puissance « musulmane, ne serait-elle pas considérée comme une

---

(1) Dépêche adressée au comte Lieven. Saint-Pétersbourg, le 27 no- vembre. MS.

« calamité universelle qu'il faudrait attaquer dans ses
« causes générales? Toutes les ouvertures faites par
« l'empereur avaient été fondées sur ces considérations
« qui étaient trop graves et trop importantes, pour que
« l'empereur pût croire que la question au sujet des me-
« sures à prendre était anticipée. Si l'on voulait que
« l'empereur considérât l'imminence de la guerre comme
« invraisemblable, il faudrait lui donner la certitude que
« la Porte *voulait* et *pouvait* satisfaire aux demandes
« russes. Le gouvernement militaire dans les Principau-
« tés, les excès commis dans l'île de Chypre, les dé-
« sordres fomentés par les janissaires et l'impuissance du
« gouvernement à les arrêter permettaient de douter de
« l'un aussi bien que de l'autre. L'empereur, ajoutait-on,
« continuerait à pousser sa modération jusqu'aux der-
« nières limites; dans le cas où la guerre éclaterait, il
« renoncerait à tout agrandissement de territoire, et,
« considérant l'union des puissances telle qu'elle existait
« comme indissoluble, il ne combattrait jamais pour les
« intérêts de la Russie, mais pour ceux de toutes les
« puissances. »

Cette dépêche, adressée à Lieven, fut envoyée, en
copie, aussi à Vienne où elle devait servir, en même
temps, de réponse aux communications que Metternich,
à la remorque de l'Angleterre comme on le donnait à
entendre, avait envoyées de Hanovre à Lebzeltern.
Cette forme impolie n'était pas propre à adoucir la
fâcheuse impression, causée par ce document dont la
rédaction avait été confiée à Kapodistrias et dans lequel
Metternich, aussi bien que Londonderry, voyait la mauvaise humeur, l'insolence et le fiel percer la faible enve-
loppe d'assurances amicales.

Situation des négociations à Constantinople.

Dans cet échange de Notes et dans cette discussion entre les diplomates, on voyait régner une grande différence d'opinions sur les faits dont ils s'occupaient. C'est pour cela qu'il est nécessaire de connaître l'état des choses à Constantinople. L'internonce, le comte Lützow, y avait eu dès le principe la préséance dans les négociations, de concert avec la Russie qui ne pouvait être que très-contente des instructions envoyées par Metternich à l'internonce, en date du 17 juillet, et dans lesquelles on reconnaissait la justice de toutes les demandes russes. Nous rappelons (Cf. t. XII, p. 119) que, sur les premières démarches faites par le comte Lützow pour ouvrir à la Porte une retraite honorable, celle-ci avait donné à sa politique une autre tournure; elle avait déclaré aussi bien à Lützow qu'à l'ambassadeur d'Angleterre, qu'elle était toute disposée à évacuer les Principautés, si ces deux diplomates lui garantissaient qu'après la retraite des Turcs, les Russes ne viendraient pas les occuper. Tous les deux ambassadeurs, peu instruits, à ce qu'il semble, sur le point d'honneur si chatouilleux de l'empereur de Russie, furent assez naïfs pour croire que, grâce aux sentiments pacifiques du czar, on mènerait à bonne fin toute cette négociation. Ils ne croyaient pas probable que ces ouvertures, qui passaient sous silence la question épineuse au sujet des réfugiés, fussent rejetées (1); ils demandèrent donc à leurs gouvernements respectifs l'autorisation de profiter entièrement de ces offres. Mais le czar, avec tout son orgueil, fit dire

---

(1) Lord Strangford au chevalier Bagot. Constantinople, le 26 août. MS.

(7 octobre) à Londres (1) que la Porte possédait dans
la modération de l'empereur la seule garantie qu'elle
pourrait prier la Russie de lui donner dans ses rapports
avec elle.

L'internonce aussi reçut de Metternich (14 octobre)
une réponse dans ce sens, qu'il n'y aurait pas de garantie morale dont l'empereur ne se chargeât, sur la demande du czar, mais non pas sur la demande d'un
tiers. Les deux ambassadeurs se faisaient des illusions
semblables et qu'on a de la peine à concevoir ; c'est ce
qu'ils montraient dans leurs premiers préliminaires
timides qui avaient pour but une immixtion dans les
affaires, afin de rétablir la paix en Grèce. Lord Londonderry avait demandé (août) à lord Strangford de lui
donner son avis sur l'opportunité de représentations que
les ambassadeurs pourraient adresser aux chefs grecs,
pour les engager à faire la guerre avec plus d'humanité.
Craignant qu'une pareille démarche n'impliquât une
espèce de sanction de la révolution, les représentants des
puissances eurent à ce sujet une conférence (15 septembre) dans laquelle ils trouvèrent plus prudent d'adresser en commun un appel aux Grecs, pour les engager à
profiter de l'amnistie que la Porte leur avait offerte. Afin
de diminuer leur responsabilité, ils désirèrent recevoir à
cet égard, de la part de la Porte, une invitation, quand
même elle ne serait que verbale. Puis, lord Strangford (2)
pensa qu'avec un firman d'amnistie renouvelé et avec

---

(1) Dépêche adressée au prince Lieven. Saint-Pétersbourg, le 7 octobre. MS.
(2) Lord Strangford à lord Londonderry. Constantinople, 10 septembre. MS.

une nouvelle lettre pastorale du patriarche, il pourrait
déterminer d'abord les insulaires à se soumettre, ce qui
offrirait la plus grande facilité pour étouffer toute l'insurrection.

Le chargé d'affaires de Prusse, le baron Miltitz, avait
déjà entièrement élaboré le projet; mais, dès le principe
même, l'orgueil des Turcs se roidit contre ce premier
essai timide d'une immixtion dans leurs affaires. « La
« lettre de leur religion, disaient-ils, obligeait le gouver-
« nement ottoman à punir les rebelles ! » Bientôt après,
les ambassadeurs reçurent (novembre) de leurs cabinets
l'ordre d'abandonner ces démarches intempestives qui
compromettraient les alliés aux yeux de la Russie et en
même temps aux yeux de la Porte.

La Russie, en particulier, rejeta ce projet, puisque,
« dans le cas où les Grecs se refuseraient à écouter cet
« appel, la démarche des ambassadeurs devait nécessai-
« rement priver les Grecs de tout droit de demander,
« plus tard, une intercession amicale des puissances en
« leur faveur. Les Grecs, disait la Russie, avaient cer-
« tainement le droit de se méfier de l'amnistie, tant que
« celle-ci ne serait pas accompagnée de garanties de
« même nature que celles que le gouvernement anglais
« avait trouvé nécessaire de donner dans sa médiation
« entre l'Espagne et l'Amérique du Sud, et de l'accepta-
« tion desquelles elle avait fait la condition préalable de
« toute médiation. Le gouvernement russe se féliciterait,
« disait-on, d'autant plus d'une semblable résolution du
« cabinet anglais, qu'elle autoriserait la Russie, dès que
« les circonstances lui permettraient de renouer ses
« relations avec la Porte, à prendre part à des dé-
« marches faites dans le dessein de pacifier la Grèce. »

La Russie rendit ainsi la pareille à l'Angleterre, en répondant très-habilement aux démarches déloyales, faites par cette puissance dans les affaires d'Orient, qu'elle avait essayé de changer en question européenne, à la façon de la Sainte-Alliance que le cabinet de Londres, avec beaucoup de justesse logique, avait toujours rejetée dans toutes les questions occidentales. Effectivement, la Russie proposa, à la façon anglaise, d'entrer avec les rebelles en négociations, ce qui auparavant avait toujours été un objet d'horreur pour toutes les cours continentales.

Ces premiers tâtonnements incertains des ambassadeurs firent dès lors place à une marche plus assurée, depuis que les instructions anglo-autrichiennes de Hanovre étaient arrivées. Les cabinets de toutes les grandes puissances avaient reconnu que, malgré tous les airs guerriers du czar, ses sentiments n'étaient pourtant pas d'une nature bien menaçante; et comme les cabinets de Vienne et de Londres savaient qu'ils étaient d'accord, on commença à voir le danger plutôt à Constantinople qu'à Saint-Pétersbourg. Il importait donc de déterminer la Porte à se montrer facile dans les négociations destinées à ôter à la Russie toute raison pour chercher des faux-fuyants; c'est pourquoi les deux ministres avaient fait partir de Hanovre des ordres identiques au comte Lützow et à lord Strangford, pour leur enjoindre de tenir à la Porte le langage le plus énergique.

Déjà auparavant (14 octobre), on avait envoyé à l'internonce les expéditions russes, en date du 13-25 septembre; on lui avait donné l'ordre précis d'appuyer les quatre demandes contenues dans l'ultimatum russe; il devait éviter soigneusement tout ce qui pourrait faire

croire que l'empereur d'Autriche voulait jouer le rôle de
médiateur ; ce dernier ne parlait, disait-on, que comme
voisin, comme ami de la Turquie et comme le chef de
l'État le plus central en Europe, mais par conséquent
aussi « comme un des juges les plus compétents pour
« exprimer son avis sur la véritable situation morale et
« politique de cette partie du monde ». Immédiatement
après avoir reçu ces premières instructions, l'internonce
avait demandé (30 octobre) une conférence. C'était à
une époque où l'on ne pouvait pas s'en promettre des
résultats favorables ; l'ancien reïs-effendi venait d'être
congédié, par suite de l'échec qu'il avait subi dans ses
négociations avec la Russie, et Mouhammed-Sadik-
Effendi, l'élève de Djanib, l'avait remplacé ; l'opinion
publique à Constantinople avait été très-violemment
excitée par la nouvelle des barbaries commises à Tripolitsa.

Dans le dernier divan, l'opinion de Chalet-Effendi
l'avait emporté, quand il avait été d'avis qu'on ne devait
plus aller au-devant de la Russie ; car, avait-il dit, les
voies de la douceur qu'on avait suivies au sujet des
Grecs, et le système d'une bienveillance pleine d'égards,
dont on avait fait preuve au sujet de la marine marchande
russe, n'avaient pas obtenu une seule marque d'approbation de la part de la Russie. Dans la conférence fixée
plus tard seulement (22 novembre) entre les ministres
turcs et l'internonce, et où le nouveau reïs-effendi fut
entièrement effacé par Djanib qui portait la parole, on
perdit, dans deux heures, le résultat d'un travail pénible
de cinq mois. L'internonce proposa les quatre points
comme acceptables ; Djanib s'exprima au sujet de plusieurs d'entre eux d'une manière incisive, absolue et

railleuse. A l'égard de la restauration exigée des églises,
il demanda que les rayas eux-mêmes exprimassent cette
demande, et cela après avoir donné des preuves de leur
repentir. En parlant de la distinction à faire entre les
coupables et les innocents, il montra du doigt le drogman
de la Porte qui, on le voyait, avait encore sa tête sur ses
épaules, sur quoi le drogman se prosterna pour témoigner par sa joie de la vérité de cette assertion. Comme
condition préalable de toute négociation ultérieure,
Djanib insista sur l'extradition des réfugiés, celle des
contre-demandes turques qui touchait de plus près à
l'honneur de la Russie.

Les ambassadeurs désespérèrent de trouver encore un
moyen pour obtenir un résultat quelconque ; car, se
disaient-ils, qui pourrait réussir là où l'internonce avait
échoué ? Cependant tous les ambassadeurs appuyèrent
la démarche de leur collègue, l'internonce, et en particulier (24 novembre) l'ambassadeur d'Angleterre, dans un
document écrit de main de maître et entrant dans les
idées et la manière de voir des Turcs (1). Lord Strangford y appuyait tout ce que l'internonce avait dit de vive
voix et même l'assurance « que la Porte n'aurait pas à
« espérer la paix, tant qu'elle n'accepterait pas les de-
« mandes russes dans leurs points essentiels. Il avait
« appris, à son grand étonnement, disait-il, que la Porte
« s'arrêtait encore à la question des réfugiés. Lui, l'am-
« bassadeur, était témoin de ce que, dans des confé-
« rences antérieures, on avait abandonné ce point que
« tous les sentiments d'honneur et de religion et toutes

---

(1) Note officielle de l'ambassadeur d'Angleterre adressée à M. Cha-
bat (le drogman de l'ambassade). MS.

« les lois de l'hospitalité défendaient d'accorder, lois
« que respectaient toutes les nations, même les Arabes
« du désert. La Porte elle-même ne livrerait pas à la
« vengeance du czar des sujets musulmans de l'empereur
« de Russie. Achmet II, à la tête d'une armée victo-
« rieuse, avait demandé au czar Pierre l'extradition du
« prince Kantemir ; mais, lorsque le prince russe l'avait
« refusée, la Porte avait renoncé à sa demande. »

Assaillie ainsi de tous les côtés par les mêmes demandes, la Porte réfléchit cependant un peu. C'était
agir d'une manière tout à fait turque : être entêté, sans
être ferme ; être arrogant, mais manquer de dignité ;
montrer une fierté opiniâtre, mais ne pas avoir de persévérance ; résister aux représentations, mais céder devant
des demandes énergiquement exprimées. Par suite de la
conférence, la Porte (2 décembre) fit une réponse écrite (1)
à la Note de l'internonce (18 novembre) dans laquelle
celui-ci avait dû insister, à plusieurs reprises, sur la
réunion ; mais la réponse turque était plus conciliante
qu'on n'aurait pu le supposer d'après l'entrevue orale.

Ce document, écrit avec une logique peu ordinaire
pour la Porte, passa en revue les quatre points de l'ultimatum russe, les uns après les autres, et donna d'excel-
lentes raisons là où l'on refusait d'accéder aux prétentions de la Russie. « La demande de l'évacuation des
« Principautés et de la nomination des hospodars, disait
« la Turquie, annonçait, dans les circonstances actuelles,
« le désir de la Russie d'usurper une nouvelle suprématie
« en Europe ; si la Porte s'y soumettait, il en naîtrait

---

(1) Note de la Sublime Porte adressée à l'internonce, le 2 décembre. MS.

« pour elle des maux qui léseraient sa souveraineté et la
« dignité de la nation turque; la Porte se trouvait donc
« dans la nécessité bien justifiée de repousser cette
« demande pour le moment. Puisque le gouvernement
« russe invoquait des motifs particuliers, qui lui défen-
« daient de livrer les réfugiés malgré la teneur des trai-
« tés, la Porte pourrait bien, par égard pour la cour de
« Vienne, *ajourner* sa demande fondée sur les traités;
« mais elle ne pourrait ni se résoudre à faire les deux
« actes demandés, ni confier le gouvernement de chaque
« Principauté à deux hommes de la nation grecque,
« tant que les Grecs seraient en pleine révolte et qu'ils
« poursuivraient le rétablissement de leur ancien empire.
« La Porte proposerait donc, comme expédient, de faire
« surveiller les Principautés par des commissaires et par
« quelques troupes; de faire continuer l'administration
« par des kaïmakams grecs, mais de retarder l'évacua-
« tion définitive et la nomination des hospodars jusqu'au
« rétablissement de la tranquillité. » Quant à la protection à accorder à l'Église chrétienne, et au sujet de la
distinction à faire entre les coupables et les innocents, la
Note donna les meilleures assurances.

Au même moment, lord Strangford reçut une Note
d'une teneur semblable. Les ambassadeurs comprirent
que le gouvernement turc, d'ordinaire si intraitable,
avait fait là plus qu'on ne pouvait espérer; eux, qui
étaient sur les lieux, savaient que beaucoup de difficultés
légales et matérielles s'opposaient à ce que la Porte accordât ces demandes. Ils savaient que, même dans des
temps tout à fait tranquilles, il fallait toujours user d'ar-
tifices pour réparer les églises dégradées, et que, dans
ce moment, les ecclésiastiques eux-mêmes conseillaient

d'attendre, pour cela, un moment plus favorable. D'après
le ton de leurs instructions précises, les ambassadeurs
avaient néanmoins le pressentiment que ce résultat de
leurs efforts ne satisferait ni leurs cabinets ni la Russie. C'est pourquoi, dans une Note verbale adressée au
reïs-effendi, l'internonce regretta que, d'après la Note
qu'il venait de recevoir, tous ses efforts pour être utile
à la Porte semblassent être vains.

Tous les ambassadeurs tenaient le même langage.
L'ambassadeur d'Angleterre eut une nouvelle conférence
avec les ministres turcs ; mais ceux-ci s'obstinèrent à
soutenir leurs prétentions. Ils payèrent alors la Russie
parfaitement bien en même monnaie ; par rapport aux
Principautés, ils se retranchèrent insolemment derrière
la même impossibilité morale dont la Russie avait parlé,
en refusant de livrer les réfugiés. Mieux encore, Djanib
reprocha aux ambassadeurs dans le langage très-franc
du simple bon sens, ce que toutes les phrases diplomatiques sur l'alliance pacifique des princes de l'Europe, etc.,
ne pouvaient pas cacher, c'est-à-dire la soumission
et la servitude de toutes les puissances en face de la
Russie. « Ces puissances, disait-il, donnaient toujours,
« du matin au soir, des conseils à la Porte et lui fai-
« saient remarquer les dangers dont elle était entourée ;
« pourquoi la Porte, à son tour, ne leur ferait-elle pas
« remarquer aussi les dangers qui menaçaient les *puis-*
« *sances*, qui toutes tremblaient plus devant la Russie
« qu'auparavant devant Bonaparte ! » Ces déclarations
et la Note adressée à l'internonce devaient naturellement
arrêter pendant quelque temps les négociations à Constantinople.

L'Autriche se rapproche davantage de la Russie.

L'Autriche semblait presque se piquer de ces dernières allusions. Elle se tourna dès lors vers la Russie, pour exercer sur elle son art de persuader, en représentant à Saint-Pétersbourg ce qu'elle avait fait et obtenu comme aussi important, qu'à Constantinople elle l'avait appelé insignifiant et de peu d'importance. Après avoir reçu les dernières communications de l'internonce, Metternich fit partir pour Saint-Pétersbourg deux expéditions (31 déc. 1821 et 6 janv. 1822), après avoir eu d'abord à Vienne, avec Golovkine, une entrevue préparatoire. Fort de l'appui de l'Angleterre et se fondant sur les concessions à demi obtenues, il osa conseiller au czar de renouer les relations diplomatiques avec la Porte. Lord Londonderry (19 janvier) aussi envoya au chevalier Bagot de nouvelles instructions pour qu'il fît des représentations dans le même sens. On crut que ces expéditions auraient un résultat décisif; on espéra qu'elles provoqueraient à Saint-Pétersbourg des déclarations assez précises, pour qu'on pût savoir au juste si la Russie comptait réellement se refuser à tout ce qui devait raisonnablement la déterminer à reprendre, dans l'intérêt de la paix, ses rapports directs avec la Porte.

Mais ses prétentions touchèrent le czar d'une manière extrêmement sensible. Sa vanité, dont on ne pouvait prévoir toute l'étendue, avait été déjà blessée de ce que la Note du 2 décembre, contenant la réponse de la Porte, avait été adressée aux ambassadeurs des alliés. Il s'était attendu que l'Autriche l'aurait repoussée de prime abord, comme ne pouvant pas être transmise à Saint-Pétersbourg, et qu'elle aurait insisté sur une réponse directe à adresser au gouvernement russe, de même que sur l'acceptation de l'ultimatum. On pouvait voir que, si les déclarations de la Note turque eussent été adressées directement au cabinet russe et avec des formes meilleures, elles y auraient produit une impression beaucoup plus favorable. Dans un bal chez l'impératrice mère, le czar s'exprima devant Lebzeltern d'un ton très-irrité sur cette méfiance qu'on lui montrait. Les embarras dans lesquels il se trouva mis par l'attitude prise en commun par l'Autriche et l'Angleterre lui étaient au plus haut degré pénibles. Mais ses velléités de guerre s'étaient singulièrement refroidies depuis que récemment le grand-duc Constantin, d'après ce que Bagot raconta confidentiellement à Lebzeltern, comme chose tout à fait certaine, avait déclaré à l'empereur que, dans le cas d'une guerre, il ne pourrait pas répondre de la tranquillité de la Pologne (1).

D'après tous ces signes précurseurs, Metternich s'attendait à recevoir une réponse où il verrait percer partout le dépit et le mauvais vouloir dans lesquels il aurait vu les signes les plus favorables. Enfin cette réponse arriva (2); elle parut au grand chancelier une des pièces les plus faibles sorties de la plume de Kapodistrias. Le désir de la paix y prédominait, et l'impression que laissait l'ensemble de la Note tranquillisait Metternich. « L'internonce, était-il dit dans la dépêche du 12 février, « avait actuellement tenu à Constantinople un langage « bien différent de celui dont il s'était servi auparavant, « par suite des instructions du 17 juillet, reçues par lui

---

(1) Dépêches du comte Lebzeltern, en date du 31 janvier et du 6 février 1822. MS.

(2) Dépêche adressée au comte Golovkine, en date du 12 février. MS.

« avant celles qui lui avaient été envoyées de Hanovre.
« Il serait difficile, ajoutait-on, de dépeindre l'impression
« douloureuse que ce changement avait fait sur l'esprit
« de l'empereur. Après tant de preuves de patience don-
« nées par la Russie et par l'ambassadeur et médiateur
« autrichien, la Porte s'était enfin décidée à parler ;
« pourtant les alliés n'avaient à transmettre qu'une con-
« versation stérile et des preuves nouvelles de l'aveugle
« obstination du gouvernement turc. Ces résultats étaient
« bien éloignés de justifier une facilité à négocier inspirée
« par la peur ; toutes les considérations ramenaient, au
« contraire, la Russie à la conviction que la Porte ne
« céderait jamais devant un autre sentiment que celui
« de la crainte ; toute tentative, faite pour se rapprocher
« d'elle par des concessions qu'on lui ferait, n'aurait
« qu'un résultat apparent, et toutes les négociations di-
« rectes resteraient sans effet aucun. »

Pendant ce temps, Metternich avait envoyé (28 janv.)
à Saint-Pétersbourg de nouvelles expéditions (1), qui se
croisaient avec la dépêche russe dont nous venons de
parler. Les questions des destinées futures de la Grèce
et de l'attitude que prendrait l'Autriche dans le cas où la
guerre éclaterait y étaient de nouveau examinées par
Metternich ; d'après l'exemple de Londonderry. le grand
chancelier laissait à la Russie le soin de s'exprimer d'une
manière plus précise sur ces questions difficiles. C'est
pourquoi, après avoir reçu les communications russes,
en date du 12 février, Metternich retarda sa réponse
jusqu'à ce qu'il eût reçu des informations nouvelles au
sujet de ces dernières expéditions ; en attendant, il se

---

(1) Elles nous manquent.

contenta de charger le cabinet de Berlin d'apaiser le czar, en lui représentant que l'Autriche n'avait jamais eu l'intention de détourner l'empereur des conditions exprimées dans son ultimatum.

Cependant ces ouvertures du cabinet de Vienne, en date du 28 janvier, ne satisfaisaient pas non plus l'empereur Alexandre ; Metternich se flattait que c'était parce que le czar était embarrassé d'y trouver une réponse. Pour faire sortir alors les négociations de l'ornière où elles s'étaient embourbées, c'est-à-dire pour faire cesser l'accord entre l'Angleterre et l'Autriche, le czar résolut d'envoyer à Vienne le général Tatistchev avec une mission spéciale ; en effet, il espérait que les cours s'entendraient mieux en traitant ainsi verbalement, c'est-à-dire en écartant l'influence anglaise. Sans pouvoir empêcher le secret de transpirer, on nia à Paris et à Londres que cette mission eût pour objet des conférences orales sur la « pacification », c'est-à-dire sur une modification future dans la position des Grecs à laquelle, d'après ses déclarations récentes, l'Autriche paraissait vouloir se prêter. Le choix de cet ambassadeur extraordinaire avait été le résultat d'une délibération du czar avec Nesselrode seul qui, à cette époque, osa déjà se mettre davantage en évidence et exprimer son opinion.

Dans cette question comme dans toutes les autres, il se trouvait plus près de l'Autriche que tous ses collègues ; encore dans ce moment, il écrivit à Gentz, pour lui demander d'aider Tatistchev de ses conseils. Ce dernier passait pour un homme ambitieux et cupide qui, comme Pozzo, ne pardonnait à personne une influence prépondérante, et dont Nesselrode disait « qu'il ne serait « heureux que lorsqu'il serait devenu un autre Potem-

« kine ou un second Besborodko ». Par le rôle cynique
qu'il avait joué autrefois en Espagne, il avait fortement
prévenu le cabinet de Vienne contre lui, et même, lorsqu'il avait été désigné pour remplacer Stackelberg, on
avait formellement demandé au czar de ne pas l'envoyer.
A l'époque actuelle, Lebzeltern avait ses raisons pour
oublier cette ancienne répugnance ; on savait que, dans
la question grecque, Tatistchev était l'adversaire de Kapodistrias ; qu'il était riche en ressources et assez fin pour
pénétrer le désir réel de l'empereur de conserver la paix,
bien que ce désir ne fût pas avoué.

Pour prouver jusqu'à quel point il importait au czar,
tourmenté de tous les côtés, de se tirer de ses embarras,
Metternich raconta que Tatistchev était venu porteur de
deux espèces d'instructions entièrement différentes : que
l'un de ces deux documents était signé par Kapodistrias,
et que l'autre, auquel l'envoyé russe se conformait, avait
été écrit par l'empereur lui-même. Dans son désir sincère de conserver la paix, et se relâchant, sur les instances
faites en commun par les ambassadeurs, un peu de sa ri-
gidité et de son opiniâtreté, la Porte, de son côté, avait
bien voulu condescendre à des demi-concessions ; de
même, le czar, sur les propositions de ses alliés, fit un
peu violence à sa susceptibilité.

En modérant d'une manière essentielle ses demandes
à l'égard de la Porte, Alexandre voulut bien prêter la
main à un accommodement pacifique ; mais il demanda,
en échange, que, dans le cas où même ces démarches
n'auraient pas de suite à Constantinople, les alliés rom-
pissent leurs relations diplomatiques avec la Porte et ne
laissassent que de simples agents dans la capitale turque.
La Russie espérait que ces propositions seraient d'abord

approuvées par le cabinet de Berlin, comme on l'avait fait déjà pour les premières communications du mois de juin de l'année précédente; le cabinet russe envoya donc au comte Alopeus le projet d'une Note verbale (comm. de mars), avec ordre de ne la remettre, sous une forme officielle, que s'il pouvait s'attendre à une réponse conforme aux désirs de la Russie. On ne se trompa point. Le ministre des affaires étrangères de Prusse crut plus sage de faciliter au czar la voie qu'il avait choisie lui-même pour faire un pas en arrière et pour prendre des résolutions plus modérées, que de lui barrer cette route (1).

Il est vrai que le ministre de Prusse n'accéda pas à la proposition russe au sujet de la conclusion d'un traité formel; mais on convint de dresser un protocole (14 mars) dans le sens indiqué par la Russie, et par lequel le gouvernement de Prusse ne s'imposa que des engagements qu'elle faisait dépendre des résolutions que prendraient les autres alliés.

La Russie expédia ce protocole à toutes les cours. Metternich aussi se déclara prêt à faire la démarche proposée; mais, lui aussi, y mit la condition que toutes les puissances y prissent part (2). Cependant il paraissait espérer sérieusement, comme le faisait Esterhazy, qui était à Londres dans les rapports les plus intimes avec les ministres anglais, que l'Angleterre accéderait aux propositions russes et qu'elle rappellerait lord Strangford qu'on soupçonnait, à Saint-Pétersbourg, d'exciter la Porte

---

(1) Dépêche du comte Bernstorff adressée au général von Schoeler. 23 mars. MS.

(2) Metternich au comte Zichy, à Berlin, le 2 avril. MS.

à soutenir toutes ses prétentions et à persévérer dans son obstination.

Après avoir vu le protocole de Berlin, lord Londonderry fit les plus grandes difficultés, comme on aurait pu facilement le prévoir. Il importait beaucoup trop à l'Angleterre de se trouver en relations d'amitié avec la Porte, pour que le ministre eût jamais pu conseiller au roi de rappeler son ambassadeur. Il se refusa dès lors, comme il l'avait fait toujours, à toutes les démarches collectives ; il se montra plein de répugnance contre des stipulations quelconques au sujet des destinées futures de la Grèce, en disant qu'on pourrait à peine décider la Porte à accepter des stipulations semblables, après une guerre heureuse. Il n'était pas non plus disposé à appuyer, en outre, les efforts que faisait la Russie pour donner à son traité de Kaïnàrdjy une interprétation de plus en plus étendue, efforts, disait-il, qui rendraient illusoires tous les traités ; encore moins voulait-il augmenter le nombre de ces traités qui ne pourraient que créer de nouvelles complications.

Metternich, de son côté, faisait ressortir les mêmes choses dans son entrevue avec Tatistchev ; il ne lui cacha pas que les trois d'entre les quatre demandes russes qui ne concernaient pas les Principautés étaient des interprétations arbitraires de l'article 7 de ce traité. Il lui déclara encore que les stipulations futures en faveur des Grecs ne devaient, sous aucune condition, porter atteinte à la souveraineté de la Porte, ni accorder à la Grèce une indépendance semblable à celle de la Servie. Lorsque l'envoyé russe lui demanda à plusieurs reprises quelle serait l'attitude que prendrait l'Autriche dans le cas d'une guerre, Metternich aussi, comme lord Londonderry l'avait fait à Hanovre, refusa d'y répondre, puisque le moment n'était pas encore venu de la poser ; car, disait-il, il fallait que la Porte fût folle de rejeter les justes demandes du czar.

Cette réponse était, à la vérité, plus conforme au langage de l'Angleterre qu'à celui de la Russie. Le comte Bernstorff, qui aurait voulu se montrer plus complaisant à l'égard du cabinet russe, blâma très-sévèrement ces attaques contre l'interprétation que donnait le czar à ses traités, après qu'on s'était épuisé jusqu'alors à élever aux nues sa modération. Il blâma ces soupçons qu'on faisait planer sur les intentions de la Russie, comme si cette puissance voulait donner aux Grecs une indépendance semblable à celle des Serbes, intention que la Russie n'avouait pas. Il blâma enfin qu'on niât la possibilité d'une guerre qui ne serait redoutable qu'aux alliés et non à la Russie. Ces récriminations semblaient bien odieuses à ce moment où les puissances se rapprochaient les unes des autres ; mais, en définitive, on n'y voyait que l'intention de Metternich de faire perdre à Kapodistrias son influence et de s'entendre parler seul ; on comprenait qu'il voulait revenir ensuite, par ses détours favoris, à la réconciliation, tandis qu'aux yeux de tout homme franc et loyal, le chemin droit aurait été indiqué comme le meilleur. Or il lui aurait fallu laisser tomber les accessoires, s'attaquer aux objets essentiels et faire les sacrifices nécessaires.

Déjà, dans sa première dépêche qu'il envoya (12 mars) à Saint-Pétersbourg, Tatistchev exprima l'espoir qu'il réussirait dans sa mission. On s'était décidé à Vienne à décharger la Russie de la tâche qu'on avait voulu lui donner auparavant, à savoir de formuler les proposi-

tions russes au sujet de la pacification ; on fit élaborer
un Mémorandum sur cette question (1). « Prenant comme
« point de départ la séparation et la distinction des ques-
« tions du droit rigoureux d'avec les questions d'un inté-
« rêt général, de la question turque d'avec la question
« grecque et de la question russe d'avec les questions
« européennes, ce Mémorandum fit observer qu'en fixant
« ses demandes légitimes, le czar avait, dès le prin-
« cipe, considéré l'accord des puissances, même au
« sujet de la question de l'intérêt général, comme insé-
« parable de l'accommodement définitif. Mais, cette ques-
« tion n'ayant jamais été traitée d'une manière précise
« entre les cabinets, les alliés n'auraient pas non plus été
« à même de l'accentuer d'une manière particulière à
« Constantinople, ni de faire des propositions à ce sujet.
« Il était de l'intérêt des puissances, disait-on, de ter-
« miner cette affaire suivant les désirs de l'empereur et
« suivant ce que demandait la sûreté de l'Europe. Mais,
« puisqu'il ne s'agissait pas de toucher à la souveraineté
« du sultan, les propositions des alliés à l'égard de l'ave-
« nir de la Grèce ne pourraient se rapporter qu'à des
« sujets de législation et d'administration : à l'assurance
« du libre exercice du culte, à des dispositions législa-
« tives pour mettre les personnes et la propriété à l'abri
« de tout danger, et à l'administration régulière de la
« justice. L'Autriche ne pourrait reconnaître à aucune
« autre puissance le droit de s'immiscer dans les affaires
« intérieures d'autres États ; mais il y avait en Turquie
« des conditions particulières qui imposaient aux puis-
« sances la nécessité de trouver des moyens pour y réta-

---

(1) Mémorandum du 19 avril. MS.

« blir une tranquillité permanente, sans laquelle ni la
« Turquie, ni l'Europe ne sauraient subsister. Ensuite le
« Mémorandum se résumait en finissant par la conclu-
« sion pratique que voici : les puissances auraient à insis-
« ter auprès de la Porte pour que celle-ci rétablît l'ordre
« dans les Principautés; pour qu'elle proclamât l'am-
« nistie dans les provinces révoltées; pour qu'elle accep-
« tât les bons offices des puissances afin d'apaiser la
« révolution, et pour qu'elle nommât des délégués turcs
« qui, dans une conférence générale, délibéreraient avec
« les ambassadeurs sur les mesures que les puissances
« jugeraient nécessaires au rétablissement de la tran-
« quillité dans l'empire turc. Afin d'entrer dans ces voies,
« il serait indispensable de savoir d'abord si les puis-
« sances étaient toutes d'accord sur les points de vue
« établis dans le Mémorandum, et de s'entendre ensuite
« sur les moyens les plus convenables qui pourraient
« déterminer la Porte à se prêter à ces propositions. »

Il est vrai que ce Mémorandum, avec ses conclusions
ainsi formulées, ne fut présenté qu'un peu plus tard;
mais le travail n'était pas inconnu à Tatistchev et devait
être du meilleur augure pour le succès de sa mission.
En flattant habilement le penchant ambitieux qui portait
le prince Metternich à vouloir jouer partout le premier
rôle, et en lui cédant la première place, la Russie attira
dans son camp l'homme d'État autrichien; mais celui-ci
reprit ses sentiers tortueux ordinaires au moment où le
droit chemin, l'union ferme avec l'Angleterre l'aurait
conduit tout droit au but, et aurait décidé le czar, déjà
fortement ébranlé, à céder entièrement. La Russie déta-
cha Metternich de Londonderry et de l'alliance anglaise;
elle le gagna pour la demande qui contrariait le plus

l'Angleterre, comme aussi elle était celle que le czar
désirait le plus voir réussir, et dont la réalisation aurait
ouvert à l'empereur la perspective certaine d'une influence nouvelle et plus étendue dans l'empire turc.

Le Mémorandum avait été déjà rédigé, lorsqu'on reçut
de Constantinople des informations récentes sur l'attitude prise, en dernier lieu, par la Porte, qui, dans une
nouvelle Note (28 février), venait de désillusionner, par
une autre démonstration, les plus grands amis de la paix.
L'internonce avait rejeté cette Note; la diplomatie autrichienne répara donc, cette fois aussi à Constantinople,
la faute qu'aux yeux de la Russie elle avait commise en
acceptant la dernière Note turque du 2 décembre; le
czar trouva dès lors les actes de l'Autriche tels qu'il les
avait attendus d'une puissance amie et éprouvée. La conduite récente de la Porte mettait le czar en position de
prendre les armes, et l'attitude de l'Autriche semblait
lui être une garantie qu'au pis aller il ne les prendrait
pas seul.

L'intermède à Constantinople.

Nous avons à nous occuper maintenant des négociations qui, à Constantinople, avaient conduit à cette dernière démonstration de la Porte. Depuis le récent accord
si parfait entre toutes les ambassades, le gouvernement
turc était devenu également défiant à l'égard de toutes
les puissances. Ce n'était pas la première fois que la
Porte faisait l'expérience que souvent il faut se méfier
de ses amis aussi bien ou plutôt davantage que de ses
ennemis. Déjà, dans le grand drame diplomatique des
années 1770 à 1790, elle avait suffisamment appris que
les chrétiens, et même les ennemis de ses ennemis, étaient
toujours tous ligués contre elle comme dans une conspi-

ration tacite, et que ses amis les plus sincères ne voyaient jamais en elle une puissance égale en Europe qu'ils voudraient restaurer, afin de lui donner les forces nécessaires pour se soutenir par elle-même, et qu'ils voudraient fortifier pour s'en servir comme d'un contre-poids réel contre la Russie.

Malgré la jalousie que leur inspirait la puissance du Nord, les amis de la Turquie n'avaient pourtant jamais et nulle part voulu tenter un effort pour lui faire quitter sa vaste proie. Ils avaient mieux aimé adresser les demandes les plus exigeantes à la faible victime et lui imposer tous les sacrifices possibles, afin d'apaiser, par un morceau de ses dépouilles qu'ils lui arrachaient, la première faim de la bête féroce. C'était le même jeu absolument encore à ce moment.

Depuis l'origine des complications, la Porte n'avait pas songé un instant à chercher un appui dans aucun de ses amis; au moment actuel, elle semblait même craindre de les voir se ranger du côté de ses ennemis. Dans l'année qui avait précédé ces événements, la Porte avait été convaincue que toutes les puissances de l'Europe étaient trop épuisées pour qu'une seule d'elle pût risquer sa tranquillité par un seul coup de fusil tiré en faveur des Turcs; mais, au moment actuel, elle semblait les croire capables de tirer avec la Russie sur elle. Elle avait commencé à se défaire de sa méfiance à l'égard de l'Autriche; mais, à cette époque, son étroite union avec la Russie lui causa de grands soucis au sujet du but secret de la Sainte-Alliance, et l'influence de l'internonce baissa tous les jours davantage. L'Angleterre avait toujours eu, de préférence à toutes les autres puissances, la confiance de la Porte; mais, à ce moment, l'autorité de lord

Strangford lui-même se trouvait affaiblie pendant quelque temps.

Le chargé d'affaires de Prusse, pourvu des instructions les plus précises au sujet d'une action énergique et commune avec les autres puissances, pressait les autres ambassadeurs, à toute occasion, de se servir en même temps du même langage énergique; il était impossible qu'une pareille conduite pût plaire à la Turquie. Quant à la France, la Porte y avait compté au commencement; mais le nouveau représentant de cette puissance, le marquis de Latour-Maubourg, avait détruit d'avance tout le crédit qu'il aurait pu avoir à Constantinople. En effet, déjà pendant son voyage, il avait eu une entrevue avec quelques chefs des insurgés à Navarin; ensuite, après son arrivée dans la capitale turque, il voyait souvent les agents de Mehmet-Ali, et il avait assez peu de sens pour vouloir jouer le rôle de dictateur qu'il avait joué là autrefois sous Napoléon. Dans cet état des affaires, les ministres turcs ne montraient pas la plus belle humeur, lorsque la diplomatie déploya une nouvelle activité après l'arrivée d'autres instructions reçues par l'internonce et après celle de la réponse autrichienne (1) à la Note turque en date du 2 décembre.

Dans cette réponse, dont on connaissait à Saint-Pétersbourg l'esquisse et qu'on y blâma comme trop complaisante et trop peu péremptoire, l'Autriche avait fait grand éloge du mérite qu'avait eu la Porte à accepter purement et simplement trois d'entre les demandes russes; mais elle avait désapprouvé la demande d'un délai pour

---

(1) Note autrichienne adressée à la Sublime-Porte, remise le 24 janvier. MS.

l'évacuation des Principautés, demande qui ne saurait
faire cesser la tension actuelle et cette position insuppor-
table entre la paix et la guerre. Elle recommanda encore
une fois, comme les moyens les plus sûrs de dénouer toutes
les difficultés, la nomination des hospodars et l'entente
avec la Russie au sujet de l'administration des Principautés.

Dans sa dépêche adressée au comte Lützow, le prince
Metternich avait en même temps tracé la ligne de conduite qu'il désirait voir tenir à lord Strangford quand il
appuierait cette Note ; car, le crédit de l'internonce ayant
presque entièrement disparu, c'était à l'ambassadeur
anglais qu'il voulait confier entièrement cette négociation. Lord Strangford demanda, par conséquent, une
conférence ; mais il ne put l'obtenir qu'après avoir adressé
(8 février) à la Porte une lettre monitoriale très-éner-
gique. L'issue de cette entrevue (16 février) n'était
cependant pas décourageante (1).

L'ambassadeur anglais put faire usage d'une concession du czar, qui s'était montré prêt à interner le prince
Soutsos que, plus tard, on envoya en Autriche ; il put
donc exhorter la Porte avec d'autant plus d'instances à
rétablir l'ancien ordre dans les Principautés et à nommer
des hospodars, pris sinon parmi les Grecs, du moins
parmi les boyards. Par ces mesures, disait lord Strangford, la Porte se conserverait l'amitié de toutes les puissances, tandis que, dans l'autre cas, l'empire turc serait,
dans un mois, exposé à une guerre russe et aurait perdu
l'amitié des autres cabinets. Lorsque les ministres turcs

---

(1) Précis de la conférence tenue le 16 février 1822 à l'hôtel du
reïs-effendi. MS.

accentuèrent encore les circonstances défavorables, il leur
rappela sévèrement qu'ils n'avaient pas le droit de faire
dépendre des circonstances l'accomplissement de leur
devoir ; « que dirait-on, ajoutait-il, d'un homme qui ne
voudrait pas payer ses dettes sous prétexte que le mauvais temps ne lui permettait pas de sortir ? » En outre,
tout retard serait plein de périls, puisque la répression
de la révolte dépendait essentiellement de la paix avec
la Russie, paix qui détruirait les espérances des rebelles,
tandis que la guerre, au contraire, donnerait aux Grecs
le temps de former un gouvernement indépendant que
la Porte serait obligée de reconnaître à la conclusion de
la paix. D'un autre côté, après l'évacuation immédiate
des Principautés, le czar pourrait tranquilliser ses sujets,
exaspérés de voir que l'empereur ne défendait pas leurs
coreligionnaires.

Pendant une pause dans la conférence et dans un moment de conversation confidentielle, Strangford parla en
passant de l'opportunité qu'il y aurait à nommer des
délégués turcs pour négocier avec des plénipotentiaires
russes ; mais cette suggestion fut repoussée sans qu'on
entrât dans des détails : « Ce n'était pas la Porte, disait-
on, qui avait rompu les négociations. » En reprenant le
protocole de la conférence, Djanib fit ressortir que la
présence de troupes turques était indispensable pour empêcher qu'une nouvelle révolution ne vînt à éclater. Néanmoins, il donna l'assurance qu'on évacuerait les Principautés et qu'on le ferait plus vite que l'ambassadeur ne
le croyait, presque immédiatement, puisque, ajouta-t-il,
la Porte pouvait disposer dès lors de ses forces employées contre Ali-Pacha, et que tout annonçait la fin
rapide des troubles.

Toutes les affaires semblaient prendre une tournure plus favorable, lorsque tout à coup il y eut un changement complet sur la scène politique. La Porte avait été instruite du mauvais accueil que sa dernière Note du 2 décembre avait trouvé à Saint-Pétersbourg, et ce ne fut ni la première ni la dernière fois qu'on eut lieu de s'étonner de la rapidité et de la sûreté de ses informations. Elle avait appris que, dans ses dernières ouvertures adressées aux puissances, la Russie avait désigné comme des préliminaires les quatre articles qu'autrefois elle avait appelés son ultimatum; ce seul mot lui fit craindre qu'en concédant les quatre points, elle ne vît surgir aussitôt la demande d'un cinquième. Le sultan fut furieux à cette seule pensée; les ministres prirent le langage précis de l'ambassadeur anglais pour une alternative catégorique de choisir entre la guerre et la paix; ceci donna aussitôt aux négociations une tournure tout à fait imprévue.

Par suite de nouvelles instructions, l'internonce demanda une autre conférence, mais on ne l'écouta plus. Les ministres turcs appelèrent (25 février) à leurs délibérations tous les chefs des milices et les représentants des corporations; ils leur exposèrent la marche des négociations, en leur demandant leur avis dans un de ces moments pleins de contrastes et qui n'étaient pas tout à fait rares, où le monarque le plus absolu, le vicaire du prophète, demandait conseil à son peuple. L'opinion de ceux qui représentaient la nation qu'on consultait était que, dans sa réponse à l'Autriche, la Porte ne devait pas aller plus loin que dans la conférence avec lord Strangford; dans le cas d'une guerre, disaient-ils, le peuple était prêt à se lever en masse. La seule forme de cette

délibération, dès qu'elle fut connue à Saint-Pétersbourg,
ranima l'espoir de tous ceux qui étaient pour la guerre
et découragea tous ceux qui désiraient la paix. Communiquer aux janissaires les négociations politiques et les
faire colporter dans les casernes; initier les pauvres prêtres
et les membres des corporations de métier aux secrets de
la diplomatie : tout cela paraissait annoncer la résolution
bien arrêtée de déchaîner le fanatisme guerrier du peuple.
Cependant le ton de la Note adressée à l'internonce
(28 février) et qui fut présentée à cette assemblée et
approuvée par elle, comme celle d'une teneur semblable
qui était destinée à lord Strangford, n'était pas de beaucoup aussi sévère qu'on aurait pu l'imaginer.

La Note était, comme d'habitude, remplie de citations,
de répétitions et de griefs : la Porte se plaignit de la
manière dont on avait traité Ypsilantis; elle remit sur le
tapis la question de l'extradition des réfugiés; enfin elle
agita de nouveau une ancienne affaire relative à l'un des
articles de la paix de Boukharest. Cet article n'avait
jamais été exécuté; mais la Porte se fonda sur lui pour
redemander quelques forts sur la frontière d'Asie, forts
dont la Russie s'était emparée par corruption et qui
étaient une proie trop précieuse pour que le cabinet russe
eût voulu les rendre, et pour que le sultan eût consenti à
y renoncer.

Quant aux autres demandes, la Porte avait simplement concédé trois des quatre articles russes et, pour
l'exécution du quatrième, elle n'avait stipulé qu'un
délai très-court. Afin de tranquilliser la Russie, Djanib
ajouta encore verbalement qu'on ne mêlerait pas, d'une
manière bien sérieuse, la question des forts aux négociations actuelles; seulement, si la Russie se targuait des

traités, la Porte voudrait du moins lui rappeler que c'était la Russie qui ne s'y conformait pas.

En vérité, à cet égard, la Porte aurait bien mérité l'appui public et le témoignage hautement proclamé de toutes les puissances, témoignage que Metternich ne voulut pas lui refuser, du moins en particulier, en reconnaissant que, dans l'accomplissement de ses engagements pris dans les traités, elle s'était toujours montrée la voisine la plus sûre et d'une fidélité à toute épreuve. Les ambassadeurs d'Angleterre et de Prusse, exempts de toute prévention, interprétèrent la Note dans un sens favorable ; l'internonce, rendu plus circonspect par sa dernière expérience, craignit précisément l'impression que laisseraient les reproches contenus dans la Note, et, se donnant l'air d'être offensé, il refusa (8 mars) de la transmettre à Saint-Pétersbourg (1). Les ambassadeurs d'Angleterre et d'Autriche firent encore un dernier effort qu'ils désignèrent eux-mêmes comme « peut-être le der- « nier de tous » et présentèrent une Note collective (2) dans laquelle ils insistèrent encore une fois sur la satisfaction à donner aux désirs de la Russie, relativement aux Principautés ; car, disaient-ils, ce qui, trois semaines auparavant, avait été annoncé comme imminent ne saurait être maintenant difficile à fixer d'une manière définitive.

Cette Note resta sans résultat et sans réponse ; la Porte communiqua seulement d'une manière confidentielle au

---

(1) Note autrichienne remise à la Porte par l'internonce, le 8 mars. MS.

(2) « Note signée en commun à la Porte par l'ambassadeur d'Angleterre lord Strangford et l'internonce d'Autriche comte de Lützow.» 10 mars. MS.

drogman anglais que les firmans qui ordonnaient la diminution des troupes avaient été envoyés dans les Principautés ; elle ajouta que la place de commissaire général
des troupes turques, devenue vacante par la mort de ce
fonctionnaire, ne serait plus occupée et que le commandant en chef, qui venait de mourir également, ne serait
pas remplacé par un autre pacha à trois queues, mais
seulement par un *mirmiran*. Mais, immédiatement après
avoir fait encore ces dernières concessions, la Porte
s'abandonna de nouveau à d'autres suppositions sombres,
en apprenant que Tatistchev avait été envoyé en mission
à Vienne. L'influence personnelle de l'internonce en reçut
une nouvelle atteinte. L'infatigable lord Strangford remit
(30 mars) une nouvelle Note pour conjurer, si c'était
possible, l'agitation de la Porte. Malheureusement, à ce
moment même arriva la nouvelle de l'attaque des Samiens
contre Chios. Les ministres turcs se répandirent en invectives contre les agents russes à Psara, où le consul,
comme déjà auparavant celui de Patras, s'était ouvertement mêlé à l'insurrection ; lord Strangford jugea alors
prudent de se tenir à l'écart.

Quelques jours après, l'internonce reçut de Vienne de
nouvelles instructions (datées du 27 mars) qui devaient
en même temps servir d'indications à lord Strangford.
Par suite de ces instructions, le comte Lützow remit
(8 avril) à la Porte une Note dans laquelle le cabinet de
Vienne continuait à jouer le rôle d'offensé comme l'internonce avait commencé à le faire ; l'empereur, se drapant
de toute sa dignité, reprochait à la Porte sa conduite
ingrate et cherchait à changer l'expression de cette susceptibilité même en un moyen propre à faire avancer les
négociations au moment où elles allaient échouer. L'inter-

nonce avait à s'abstenir désormais complétement de la
négociation ; on en chargea formellement lord Strangford, entre les mains duquel elle avait été de fait depuis
longtemps. Sans être gêné par une légation russe ; sans
être traversé dans ses desseins par l'ambassade de
France ; appuyé de toute manière par le chargé d'affaires
de Prusse, dès que l'internonce se fut renfermé dans un
silence boudeur, l'ambassadeur anglais fit rapidement,
vigoureusement et avec plein succès, usage de ce droit
qui lui avait été donné.

Les rapports de l'Angleterre avec la Porte.

La grande influence de l'ambassadeur d'Angleterre à
Constantinople, que nous avons pu suivre dès l'origine de
ces complications, reposait, en première ligne, sur la
grandeur de la puissance anglaise et sur sa position à
l'égard de la Turquie. Les Turcs avaient une grande
confiance dans la bienveillance et la bonne foi de l'Angleterre et des Anglais. Même les individus isolés, les
nombreux touristes anglais avaient réussi, par leur modération, leur calme, leur sincérité et leur franchise, à
effacer de plus d'une manière les préjugés que nourris-
saient les Turcs à l'égard de tous les Francs. A cette
époque, les Anglais y avaient mieux réussi que les Français dont on avait toujours dit, auparavant, qu'il leur serait aussi difficile de perdre la faveur des Turcs qu'aux
Russes de la gagner.

Mais les rapports entre les gouvernements turc et
anglais étaient d'une nature encore plus solide. Beaucoup de critiques en matières politiques, sans en excepter
les Anglais eux-mêmes, ont souvent reproché amèrement
aux hommes d'État d'Angleterre et surtout du parti whig,
qu'avec une insouciance criminelle ils aient permis à la

Russie de devenir grande et trop puissante, de manière à dominer la Turquie et l'Angleterre elle-même. Et cependant on pourrait se voir tenté d'admirer plutôt dans cette nonchalance légère, qui souvent pouvait paraître une trahison des intérêts nationaux, le calme tranquille des hommes d'État anglais; peut-être ont-ils laissé passer bien des choses qui auraient exigé des efforts trop grands pour la circonstance ou hors de saison, si on avait voulu les empêcher; mais jamais ils ne perdirent de vue le total de la dette croissante de leur adveraire, de manière à être toujours prêts à liquider avec lui au moment opportun.

Pour reconnaître dans la conservation de la Turquie un intérêt anglais de premier ordre, il ne fallait vraiment pas que tous les hommes d'État fussent des génies tels que Chatham, qui aurait méprisé comme un fou tout homme professant une autre opinion. Ce dogme de la politique anglaise avait été, depuis longtemps déjà, reconnu et apprécié par la Porte, qui y avait répondu avec l'instinct politique le plus juste. En Angleterre, où, d'accord avec Montesquieu, tout le monde aurait encore à cette époque considéré comme un bonheur inappréciable l'existence des Espagnols et des Turcs, c'est-à-dire d'hommes qui savaient posséder de grands empires sans en tirer le moindre avantage; en Angleterre, disons-nous, tout le monde aurait été révolté à la seule pensée de remettre la possession si précieuse de Constantinople entre les mains d'une puissance militaire et commerciale de premier ordre, douée d'un plus grand génie que la nation turque. De leur côté, les Turcs, dans leur mépris du négoce, aimaient mieux que ce fût l'Angleterre que toute autre puissance qui exploitât les avantages que leur grand territoire offrait au commerce. Ceux qui auraient eu la pensée de permettre, sous l'influence impérieuse de la Russie, la dissolution de la Turquie, bien plus difficile à partager qu'à détruire, n'auraient pu facilement trouver en Angleterre un contradicteur moins naïf que sir Robert Murray-Keith. En effet, ce dernier aurait applaudi des deux mains si la Turquie avait pu s'engouffrer au fond de la mer; mais, avant de permettre qu'elle devînt la proie de la Russie, il voulait qu'on conservât la Porte jusqu'à ce que le peuple, abandonné à son hébétude particulière, mourût de langueur.

En effet, permettre à la Russie, établie sur le Bosphore, de changer la mer Noire en un lac, et d'établir complétement ainsi sa domination sur la mer Méditerranée; permettre aux Moscovites de menacer d'une manière sérieuse la puissance anglaise dans les Indes, ou seulement les communications de l'Angleterre avec son empire indien : cette pensée ne serait pas plus venue à un homme d'État anglais que la Porte n'aurait eu celle de renier jamais, dans des conjonctures graves, la politique du sultan Sélim, qui avait refusé de contribuer à l'affaiblissement de l'Angleterre dans l'Inde. Au milieu des troubles profonds causés par les guerres françaises, l'expérience avait montré à la Porte que l'Angleterre avait résisté en Égypte à l'expédition française sans montrer une cupidité intéressée; elle avait vu que l'Angleterre avait humilié Alger sans le soumettre à son pouvoir, comme le firent, plus tard, les Français.

La différence de cette manière d'agir, quelque étrange et quelque difficile à comprendre qu'elle fût pour des intelligences turques, était cependant frappante. L'Angleterre « ne demande le pays de personne », c'était là un dicton répandu même dans les couches inférieures du peuple turc. Dans les questions et les conjonctures actuelles, la Porte savait parfaitement bien que l'Angleterre observait à l'égard de la Sainte-Alliance une position particulière ; qu'elle contrecarrait systématiquement toutes les démarches collectives des puissances alliées, et qu'elle était redoutée de la Russie parce qu'elle avait toujours l'œil ouvert sur les intrigues russes à Constantinople. Froid et exempt de sensiblerie, le gouvernement anglais avait toujours les yeux fixés sur le seul objet qui lui importait et dans la poursuite duquel il ne se laissait pas ébranler ; c'était la conservation de la Turquie. Les ministres anglais étaient préservés de toute velléité d'entreprendre des croisades en Europe ; car le sens pratique du peuple, autant que le gouvernement lui-même, craignait cette chevalerie errante des peuples sous l'hégémonie de l'État du Nord. Ils savaient que le soulagement de la Grèce, réclamé par la Russie au nom de la justice et de l'humanité, n'était qu'un prétexte pour servir ses propres intérêts et un masque sous lequel elle cachait le désir d'opprimer.

Les hommes d'État turcs ne manquaient pas d'intelligence instinctive pour saisir toutes ces considérations politiques ; mais ce qui les touchait de plus près et ce qu'ils comprenaient encore mieux, c'était que dans les îles Ioniennes, l'Angleterre avait absolument les mêmes intérêts à sauvegarder que la Turquie en Grèce. Les Anglais avaient à craindre que l'insurrection grecque, en se propageant, ne se transportât aussi dans ces îles, et à Constantinople on savait très-bien que *le roi Tom*, le fameux lord haut-commissaire, Thomas Maitland, qui y commandait à cette époque, était assez pacha pour éloi-

gner une pareille catastrophe par tous les moyens qui
seraient en son pouvoir. Des enthousiastes insensés pouvaient seuls demander à l'Angleterre d'abandonner, par
pure philanthropie politique, cette possession d'une
valeur inestimable, quand elle avait tant de bonnes raisons pour voir dans les commencements de l'insurrection
grecque la main de l'Ionien Kapodistrias et pour supposer derrière lui les machinations russes.

Du reste, au début de l'insurrection, la volonté sincère
et le principe du gouvernement anglais ou ionien paraissaient être de rester simple spectateur du mouvement
grec, en prenant une attitude pleine de modération. On
accordait un asile à des milliers de Moréotes fugitifs; on
passait sur les infractions aux lois sanitaires et aux
prescriptions de la police, et on proclamait au commencement de la guerre (9 avril 1821) une neutralité qui
n'empêchait pas les individus isolés de prendre part à
la lutte; on les avertissait seulement qu'en le faisant ils
se priveraient de la protection anglaise. Ce ne fut qu'a-
près l'expédition des comtes Metaxas (Cf. t. XII, p. 135)
et de leurs amis que ces « chefs des Zakynthiens et des
« Kephaloniens » furent invités à comparaître devant les
tribunaux, sous peine d'être bannis et de voir leurs biens
séquestrés, menace qui fut exécutée lorsqu'ils ne com-
parurent pas.

Les Grecs blâment cette mesure rigoureuse comme
injuste, parce que d'autres États n'avaient pas inquiété
leurs sujets philhellènes; mais ces derniers ne se sont
montrés nulle part comme des corps allemands ou français, pour ainsi dire, au nom de leurs États, comme le
faisaient les Metaxas en leur qualité d'Ioniens. L'Angleterre agit, dans cette affaire, d'une manière parfaitement

loyale; elle donna à la Russie une leçon et un exemple,
en lui montrant de quelle manière elle aurait dû résister
ouvertement aux prétentions d'Ypsilantis. Mais, de l'autre
côté, l'indigne partialité avec laquelle le lord haut-
commissaire despotique et brutal appliquait la neutralité
depuis cette époque, était une honte pour le gouvernement des îles Ioniennes comme pour celui de l'Angleterre. Lorsqu'en 1821, la flotte de Kara-Ali parut dans
les eaux ioniennes, elle fut reçue et approvisionnée dans
tous les ports des Sept-Iles et la correspondance des
généraux et amiraux turcs fut expédiée par le bureau
sanitaire, tandis que toutes les lettres grecques furent
ouvertes et que Tombazis, reçu par le peuple avec des
cris d'allégresse, fut insulté par les autorités.

Il est vrai que l'opposition, la haine nationale et sociale
de la population ionienne contre les Anglais n'était pas
faite pour rendre les dispositions et l'attitude du gouvernement ionien moins irritables et moins passionnées. Au
retour de Kara-Ali (en automne 1821) une frégate égyptienne, poursuivie par les Grecs, échoua sur la plage de
Hypsolithro; les Zakynthiens, accourant sur le rivage et
exaspérés de voir le pavillon turc flotter sur leurs côtes,
eurent une collision sanglante avec la garde sanitaire
anglaise, ce qui eut pour résultat la proclamation de
l'état de siège dans les îles Ioniennes. En 1822, au printemps, Miaoulis conçut l'idée de faire un coup de main
contre une escadre turque, mouillée près de Mourto; il
aurait atteint son but, si les autorités ioniennes eussent
traité ses vaisseaux de la même manière que ceux de la
flotte turque, et ne les eussent pas empêchés d'entrer dans
le canal de Korfou. Lorsque Miaoulis envoya la *Terpsi-
chore* pour porter plainte, on mit le séquestre sur le

vaisseau, sous le prétexte que des vaisseaux grecs armés
en course auraient, peu de temps auparavant, enlevé
des troupeaux à Sainte-Maure (Hagia-Maura) ; des violences bien plus criantes, commises par les Turcs, furent
au contraire passées sous silence. Lorsque, un peu plus
tard, les Grecs envoyèrent G. Spaniolakis, au sujet de
cette affaire, à Korfou, Maitland ne voulut pas reconnaître la « grandeur inconnue » d'un gouvernement
provisoire de Grèce, et repoussa ce délégué par une
lettre (28 avril 1822) que des Anglais eux-mêmes, comme
Gordon, ont appelé un modèle parfait d'arrogance pas-
sionnée (1).

Lord Strangford.

Autant tous ces procédés causaient de haine en Grèce,
autant ils donnaient au gouvernement turc de satisfaction
et de tranquillité au sujet de l'attitude de l'Angleterre. Il
voyait dans l'ambassadeur anglais son ami le plus sincère, comme les Grecs et, dans le principe, aussi les
Russes voyaient en lui leur ennemi naturel. Une rumeur
généralement répandue accusait lord Strangford d'avoir
été le premier à dénoncer à la Porte le danger de l'insurrection grecque dès qu'il était arrivé à Constantinople
(20 février 1821) ; mais cette accusation n'est pas conforme à la vérité. Ce qui est vrai, c'est que dans la première audience même, où il remit ses lettres de créance
(22 mars), il avait dessiné d'une manière très-précise
la position de l'Angleterre à l'égard de la Porte lorsque,
dans le discours qu'il adressa au Grand Seigneur, il appela le roi d'Angleterre l'ami et l'allié du sultan, et qu'il exprima des vœux pour la conservation de l'empire ottoman.

---

(1) Cf. Trikoupis, t. II, p. 219.

Les ministres turcs furent tellement ravis de ces bons rapports, que bientôt ils importunèrent leur ami des exigences les plus naïves. Ce n'était rien encore quand le reïs-effendi lui demandait à l'occasion, non-seulement d'observer une neutralité partiale, mais encore de repousser ou de livrer les réfugiés; mais, lorsque la Porte eut appelé (6 mai 1621) aux armes les Barbaresques, elle exprima ingénument le désir de voir le double de ses expéditions transmis aux deys et aux beys par son ami, qui, cette fois, hésita pourtant à répondre à cette preuve de confiance. Une autre fois encore, lord Strangford eut à refuser un cadeau peu convenable que lui offrait le sultan dans l'élan de sa reconnaissance; mais il savait faire tout cela avec des formes qui ne blessaient pas. Il acceptait des complaisances d'un autre genre, au contraire, avec d'autant plus d'empressement. Nous avons vu plus haut, pendant les complications avec l'ambassade russe, combien la Porte s'était montrée à dessein prévenante à l'égard de lord Strangford et combien elle allait partout au-devant de ses vœux, quand elle refusait, avec éclat, les mêmes choses à la Russie.

Jusqu'à quel point s'étendait l'influence de ce diplomate, c'est ce qu'on vit de la manière la plus frappante dans les querelles de la Porte avec la Perse, où il jouissait, comme médiateur, de la confiance des deux parties. Après avoir épuisé leurs forces dans des opérations de guerre tantôt heureuses tantôt malheureuses, le schah et son fils prièrent à plusieurs reprises et formellement lord Strangford d'offrir sa médiation; l'ambassadeur y consentit et, sur sa demande, la Porte envoya, plus tard, un commissaire turc dont la mission eut pour résultat la conclusion de la paix d'Erzeroum (28 juillet 1823).

Quelque grande que fût, du reste, la part qui, dans la considération extraordinaire dont jouissait lord Strangford, revenait à l'État puissant qu'il représentait, il la devait cependant bien plus encore à son influence personnelle. Aux yeux de la Porte, il se recommandait déjà considérablement parce que, en vrai type de tory, il était nettement et sincèrement hostile aux prétentions des Grecs et à leur insurrection, et qu'il ne voyait dans ce peuple qu'un ramassis de gens ignobles et méprisables. La tâche qu'il avait à remplir était d'empêcher une guerre russe et non d'améliorer la condition des Grecs, ce qui seul lui donnait dans sa position un double avantage. Dans son attitude officielle à l'égard de la Porte, il se montra toujours comme un homme d'une dignité bienveillante et d'une équité généreuse, d'une honnêteté et d'une fermeté toujours égales et d'une activité infatigable. A ses formes conciliantes il ajoutait une grande richesse d'idées et de ressources, mais surtout le talent de descendre au niveau intellectuel des Turcs et de leur parler avec leurs images et avec leurs formes de langage. Ne dédaignant de se servir d'aucun moyen, il sut nouer des relations intimes avec tous les personnages saillants, que ce fût Chalet-Effendi, homme corrompu auquel il parlait avec des arguments sonnants, ou que ce fût le terrible Kara-Ali que Strangford, à la grande surprise de ses meilleurs amis, proclama être un homme d'une nature aimable et de principes éclairés, parce qu'en paroles il s'était déclaré contre les mesures sévères et qu'il avait conseillé d'étouffer l'insurrection plutôt avec de l'argent (1).

C'était ainsi que l'ambassadeur anglais pouvait sou-

---

(1) Correspondance entre Gentz et A. Müller, p. 362.

vent se permettre, en face des ministres turcs, un langage
tellement fort, qu'il paraissait aux yeux des autres diplomates risquer son influence; mais rarement il portait ses
coups les plus vigoureux à l'orgueil des ministres turcs
sans leur ouvrir, en même temps, une retraite honorable.
Au moment qui nous occupe maintenant, Strangford
continuait de la même manière à faire l'usage le plus
énergique de sa nouvelle position, mais sans jamais se
départir de la plus grande prudence. Comme introduc-
tion à la « nouvelle époque des négociations » dans laquelle on venait d'entrer, il donna (9 avril 1822) à son
drogman de nouvelles instructions pour les communiquer
à la Porte (1). « Il y récompensa d'abord la confiance
« du gouvernement autrichien par les témoignages d'es-
« time les plus éclatants qui lui servaient en même temps
« de moyens d'attaque très-vigoureux contre les minis-
« tres turcs. Le principe fondamental de toutes les né-
« gociations ultérieures, continuait l'ambassadeur, de-
« vait être l'obligation de témoigner dorénavant plus que
« jamais des sentiments d'amitié pour l'Autriche. La
« Porte s'était montrée ingrate et sans mesure, ajoutait-
« il, à l'égard de l'Autriche qui, depuis un an, avait fait
« les plus grands efforts pour lui prouver qu'elle était
« l'amie la plus sincère, et le gouvernement turc s'était
« mis dans une position par laquelle aux anciens éléments
« des négociations, aux intérêts de la Russie et de la
« Turquie s'en était ajouté dès lors un troisième, c'est-
« à-dire la dignité offensée de l'empereur d'Autriche !
« L'ambassadeur anglais aurait simplement à déclarer

---

(1) Instructions confidentielles pour le premier interprète de l'ambassade britannique, le 9 avril 1822. MS.

« qu'il était d'accord avec la manière dont le cabinet de
« Vienne avait accueilli la Note du 28 février. Mais avec
« la dernière Note autrichienne, disait-il, *le moment des*
« *hostilités* n'était *pas encore* pour cela venu : l'amitié
« discontinuait ses bons offices, qui n'étaient pas encore
« pour cela perdus, mais qu'il s'agirait de regagner.
« L'action de l'internonce étant paralysée, l'ambassade
« anglaise devrait redoubler la sienne, non pas pour
« usurper la part de l'influence de l'ambassade autri-
« chienne, mais au contraire pour obtenir que celle-ci
« reprît son action aussitôt que possible. L'Angleterre,
« ajoutait-il dans une phrase empruntée au style de la
« Sainte-Alliance, n'était pas et ne voulait pas être autre
« chose que *l'organe des sentiments et des vœux com-*
« *muns aux cabinets alliés*. Mais la position de l'Autriche
« était différente. Cette puissance devrait être toujours
« considérée comme étant de fait le guide des alliés dans
« cette œuvre de médiation. »

Si déjà la Note autrichienne n'avait pas manqué de
faire une certaine impression, les ministres turcs furent
tout à fait consternés en recevant ces ouvertures de l'ambassadeur d'Angleterre. La Porte se hâta (18 avril) de
lui confirmer par écrit les dernières promesses faites par
elle au sujet des Principautés (1) ; mais verbalement on
donna au drogman l'assurance que la Porte s'occupait de
la nomination des hospodars et que différents boyards
avaient été, dans ce dessein, appelés dans la capitale.
Alors lord Strangford, pour battre le fer pendant qu'il
était chaud, demanda qu'on fît les mêmes déclarations à

_____

(1) Note du reïs-effendi adressée au vicomte Strangford, le 18 avril
MS.

l'internonce et qu'on renouât, de cette manière, les relations avec l'Autriche.

Aussitôt la Porte céda à ses désirs. Dans la Note relative à ce sujet (20 avril), elle fit des promesses encore
plus précises en assurant l'Autriche « que l'évacuation
« des Principautés avait été ordonnée et que la nomina-
« tion des hospodars aurait lieu en quinze jours ». En
même temps, le reïs-effendi déclara verbalement au
drogman autrichien que la Porte n'avait jamais eu l'intention d'offenser la cour de Vienne; il disait, pour s'ex-
cuser, qu'il ne savait pas parler le langage des courtisans.
Cette allégation n'était pas tout à fait superflue d'après
ce qu'il ajoutait en disant « qu'il espérait que le prince
« Metternich aurait désormais encore plus de facilité à
« entretenir les bonnes dispositions du czar, s'il faisait
« valoir auprès de lui que le cabinet autrichien s'était
« même attiré des reproches de la part de la Porte, parce
« qu'il avait défendu la cause russe avec plus de chaleur
« que celle de la Turquie ».

Ne se contentant pas encore de ces succès, lord Strangford ne fit jouer sa mine principale qu'à ce moment. Les
ambassades avaient jusqu'alors reçu les nouvelles les plus
affligeantes sur les excès et les ravages commis dans les
Principautés par les troupes turques dont elles demandaient la retraite. La Porte en avait toujours nié la
vérité.

Aux rapports effrayants que recevait l'internonce,
l'ambassade française en avait toujours eu à opposer
d'autres d'un caractère tout différent. D'après la version
autrichienne, les janissaires étaient déchaînés sur le pays
comme des bêtes féroces; le kaïmakam Vogorides, à la
tête des Grecs, fomentait ces désordres, d'intelligence

avec les autorités turques; à Iassy on avait détruit par
le feu cinq cents maisons.

Toutes ces nouvelles avaient été toujours traitées par
la Porte d'affreuses calomnies. Strangford avait donc envoyé un courrier particulier à Boukharest, pour qu'il y
prît des informations authentiques. Celui-ci en rapporta
(24 avril) la confirmation de toutes les affreuses nouvelles au sujet des atrocités commises par les janissaires
et relativement aux exactions des pachas. Aussitôt lord
Strangford envoya son drogman (25 avril) avec un message fulminant, touchant cet état de choses, au reïs-
effendi, en y ajoutant la déclaration « qu'il rougissait
« devant son gouvernement d'avoir été si longtemps l'or-
« gane des communications mensongères de la Porte ».
Immédiatement, il reçut pour réponse l'assurance que
l'évacuation, ordonnée déjà, s'effectuerait le 5 mai, et
que la nomination des hospodars se ferait sans délai, dès
que les boyards, appelés par le gouvernement, seraient
arrivés; ceux-ci apparurent effectivement, déjà quelques
jours après, dans la capitale. Le même jour où lord
Strangford reçut cette réponse, ses rapports annoncèrent
aux cabinets de Londres et de Saint-Pétersbourg ce changement d'opinion, ce retour à d'autres sentiments et
cette acceptation du dernier des quatre articles russes.

Absolument au même moment, une Note, adressée
par lord Londonderry au prince Lieven, avait exprimé
le désir que l'empereur de Russie voulût bien faire à la
Porte la déclaration formelle que ses demandes se bornaient à ces quatre points. Si la Russie avait répondu à
ce désir, non-seulement la paix aurait été assurée à ce
moment, entre la Russie et la Turquie, mais encore le
rétablissement sincère des relations entre ces deux em-

pires aurait aussi fourni l'arme la plus puissante pour
étouffer l'insurrection grecque. Mais voilà ce que l'Autriche, qui n'aurait pas eu de désir plus ardent que
d'amener cette tournure des affaires, venait d'empêcher
dans ces mêmes jours, par la remise de son Mémorandum
du 19 avril. C'était cette puissance elle-même qui était
allée au-devant de la Russie, en lui proposant le cinquième article si redouté de l'Angleterre et du sultan, et
qui avait par là de nouveau fortifié le czar dans un désir
déjà ébranlé! Cet article était le fil qui devait fatalement
servir à rejoindre de nouveau le tissu des différends entre
Russes et Turcs, au moment où il était presque rompu,
et qui devait permettre aux Grecs d'y rattacher de nouveau leurs espérances. Metternich crut pouvoir respirer
librement, pourvu qu'il eût la paix ; tout le reste, disait-il,
s'arrangerait de soi-même.

Le cinquième article russe, la pacification.

Pendant ce temps, les sentiments pacifiques l'avaient
de plus en plus emporté dans l'âme de l'empereur à
Saint-Pétersbourg. Tatistchev revint de Vienne chargé
par Metternich d'exprimer le désir que le czar voulût
bien hâter l'entrevue des deux empereurs à Florence ou
plutôt encore à Vienne. Ses communications, mais surtout celles du Mémorandum viennois au sujet de la pacification, trouvèrent, comme on le comprend sans peine,
le meilleur accueil. Le czar était prêt à accéder aux suggestions de Metternich relativement à une réunion de plénipotentiaires qui auraient à délibérer sur les propositions
contenues dans ce Mémoire, et il donna aussitôt à Tatistchev l'ordre de retourner à Vienne (1). Sous ces

---

(1) « Lettre d'office de M. Tatistchev à M. le prince de Metternich.»
Saint-Pétersbourg, 22 mai.

auspices très-favorables, arrivèrent (mi-mai) les rapports de lord Strangford. Nesselrode prodigua aussitôt les plus grands éloges (1) à ses efforts et donna l'assurance que, aussitôt l'évacuation effectuée et la première démarche faite par la Porte pour arriver à la paix par la nomination d'un plénipotentiaire, l'empereur, de son côté, en nommerait un autre; il proposa Kaminiec-Podolski comme l'endroit le plus convenable pour leur réunion.

En communiquant (29 mai) cette heureuse tournure que les affaires avaient prise (2), le czar chercha à obtenir, comme par un coup de main, aussi bien la pacification que les conférences qui se trouvaient implicitement comprises dans les propositions de l'Autriche. Il fit annoncer à ses alliés que, prévoyant le cas où lord Strangford rencontrerait encore de nouveaux obstacles, il renverrait néanmoins le bailli Tatistchev à Vienne, principalement aussi pour qu'il y tombât d'accord avec les autres puissances sur la base qu'on donnerait aux négociations au sujet de la pacification des provinces révoltées. Il fit inviter les cours, et cette fois-ci encore celle de Berlin, en premier lieu, à envoyer à leurs représentants les pleins pouvoirs nécessaires pour ces conférences à Vienne; sans avoir l'éclat et le caractère d'un congrès, elles devaient cependant devenir le prélude du congrès des princes à Vérone. Afin de faciliter à l'Angleterre la participation à ces conférences, on voulait en exclure la question italienne, de même que toutes les autres ques-

---

(1) Deux lettres adressées au chevalier Bagot, du 25 mai. MS.
(2) Dépêche circulaire adressée aux ambassades à Paris, Londres, Vienne et Berlin, le 29 mai. MS.

tions qui provenaient des anciennes complications entre les puissances.

L'empereur demanda aux ambassadeurs d'Angleterre et d'Autriche à Saint-Pétersbourg de se charger d'envoyer aux légations de leurs cours à Constantinople des instructions relativement aux ouvertures qui seraient à faire à la Porte, en prenant pour base les nouvelles propositions de l'Autriche au sujet de la pacification. Ils le firent. Lebzeltern informa (26 mai) l'internonce du Mémorandum autrichien et des négociations qui, par suite de ce document, s'entameraient à Vienne entre les alliés (1). « L'empereur, disait-il, avait maintenant le désir « d'abréger, autant que possible, les négociations ; il « nommerait un plénipotentiaire aussitôt que la Porte « ferait la même démarche. *En paraissant prendre* « ainsi l'initiative, il mettait à la disposition du négocia- « teur, lord Strangford, un moyen puissant (!) de vaincre « la résistance de la Porte et d'arriver à un but que le « Mémorandum autrichien, à un moment où l'on ne « savait encore rien du changement qui s'était opéré « dans la manière de voir de la Porte, ne représentait « que comme le résultat d'une négociation préalable. »

La cour russe crut donc pouvoir enlever d'assaut et sans d'autres façons *la pacification*, cette demi-émancipation des Grecs, même auprès de la Porte. Elle avait des raisons pour confier aussi de son côté, comme l'Autriche l'avait fait auparavant, au vainqueur diplomatique, lord Strangford, le soin de faire ces nouvelles démarches. Il n'y avait que quelques jours que le chevalier

---

(1) Dépêche adressée au comte de Lützow. Saint-Pétersbourg 14/26 mai. MS.

Bagot venait de lui écrire. Peu de temps auparavant
(20 mai), lord Londonderry avait désiré que la Russie
voulût bien ne pas étendre ses demandes au delà des
quatre points de l'ultimatum. Mais ces vœux furent rendus complétement stériles par les démarches que, sur
cette instigation expresse de l'empereur de Russie, on
demanda à lord Strangford de faire auprès de la Porte.
« La Russie, disait-on à Bagot, renoncerait, par l'aban-
« don du cinquième article, à ses droits de protection sur
« les Grecs ; elle ne voudrait pas étendre son influence,
« mais elle serait décidée à la regagner dans toute son
« étendue. »

En déployant tout ce zèle, on oubliait complétement
que la réussite définitive des négociations de Strangford
ne dépendait précisément que de ce que la Porte avait
alors la conviction qu'on n'ajouterait plus d'autres articles après les quatre qu'elle venait de concéder. Mais
les désirs du czar ne se concentraient maintenant que sur
ce nouvel article cinquième ; il voulait que l'insurrection
des Grecs fût terminée par une médiation et que leur
condition future fût réglée. Pour obtenir ce *cinquième*
point, ainsi que Tatistchev le déclara à Vienne de plus
en plus clairement, il était même prêt à renoncer à l'interprétation littérale et rigoureuse des *quatre* points,
comme par exemple à la nomination des hospodars,
pourvu que la Porte effectuât l'évacuation et qu'elle
nommât des plénipotentiaires pour pouvoir renouer les
relations directes. Tatistchev disait confidentiellement
que l'empereur céderait, à la dernière extrémité, même
sur ce point.

Lord Strangford se trouva dans le plus grand embarras, lorsque ces nouvelles commissions lui parvenaient ;

Londonderry, surchargé de travaux et malade, le laissait, précisément dans ces moments importants, sans
instructions. Tourmenté, comme il l'était, Strangford ne
sut pas se tirer d'affaire par un autre moyen que par
une lettre confidentielle qu'il adressa à Metternich
(25 juin), pour le prier de l'éclairer dans ses doutes.
Lorsque cette lettre parvint à Vienne, Tatistchev était
déjà arrivé de Saint-Pétersbourg, comme le prince Hatzfeldt de Berlin, tous les deux munis des pleins pouvoirs
nécessaires pour prendre part aux conférences. On pouvait espérer que lord Londonderry viendrait lui-même ;
une séance (28 juin) avait déjà été tenue dans laquelle
on avait discuté le Mémorandum du 19 avril.

Après la réception (17 juillet) de la lettre de Strangford, Metternich convoqua les plénipotentiaires pour une
conférence particulière ; il y donna lecture de cette mis-
sive et se fit charger de faire une réponse qu'il aurait à
soumettre bientôt à la conférence et qui devait contenir
de nouvelles instructions pour le négociateur, suivant le
nouvel aspect que prendraient les choses. La veille même
de ce jour, les démarches antérieures faites par lord
Strangford à Constantinople avaient eu de nouveaux
résultats favorables. La Porte avait nommé les hospodars en les choisissant, non pas comme auparavant
parmi les chefs des phanariotes, dans la nation des Grecs
rebelles, mais au milieu des boyards ; c'étaient Ioannis
Stourdza-Logothetis pour la Moldavie, et Gligori (Gregorios) Ghikas pour la Valachie. Mais sans qu'on pût s'y
attendre, en annonçant (16 juillet) cette nomination (1),

---

(1) Notes officielles adressées à lord Strangford et à l'internonce, le
16 juillet. MS.

la Porte montra de nouveau toute l'obstination insolente des Turcs en disant « que le temps était venu
« de songer à l'exécution des promesses à l'égard des
« Principautés ; mais que le moment était venu aussi
« d'exécuter les articles des traités au sujet de l'extra-
« dition des réfugiés et relativement aux forts sur les
« frontières d'Asie ; articles n'ayant pas besoin de déli-
« bérations ultérieures et dont l'exécution n'avait été
« retardée que depuis trop longtemps ; c'était la seule
« cause qui faisait que l'insurrection générale n'était pas
« encore étouffée. »

Les moindres allusions, faites antérieurement au sujet
de l'envie des puissances de s'immiscer dans les affaires
de la Turquie, avaient déjà irrité et indisposé les ministres turcs ; mais les suggestions qu'on leur faisait à
ce moment tout bas, au sujet du cinquième point qui les
menaçait, échauffèrent leur bile au plus haut point. Peu de
temps après, l'ambassadeur d'Angleterre eut une conférence avec eux (1) ; il essaya de les persuader d'envoyer
un plénipotentiaire à Vienne ou, comme cela devait se
faire en vertu des traités, d'adresser des communications
directes à la Russie, relativement à la nomination des
hospodars. Mais alors lord Strangford se trouva dans la
position la plus pénible et dut avaler les reproches les
plus amers que lui faisait Djanib ; il fut congédié avec
la déclaration formelle que la Porte ne permettrait
jamais d'autres immixtions des puissances, et qu'elle ne
consentirait jamais à faire de la condition future de la
Grèce un sujet de négociations avec la Russie. Djanib

---

(1) « Mémorandum de la conférence de l'ambassadeur d'Angleterre
avec les ministres de la Haute-Porte, le 27 juillet. » MS.

lui demanda si l'Angleterre accepterait une intervention
turque dans le cas où ses sujets mahométans dans l'Inde
se révolteraient? Deux jours après, l'internonce fit remettre à la Porte copie d'un message verbal (1) dans
lequel il appuyait la demande qu'on avait faite au sultan
en le priant d'envoyer des plénipotentiaires à Vienne.
Lui aussi reçut une réponse brève du reïs-effendi, qui lui
fit dire « qu'en exécutant les quatre articles de l'ulti-
« matum, la Porte se mettait dans une position que même
« les puissances ne sauraient plus attaquer ».

Tel était l'état de choses à Constantinople lorsque la
réponse de Metternich à la lettre de lord Strangford y
arriva (2). Le prince avait soumis à l'approbation de la
conférence l'esquisse de cette réponse, comme on en
était convenu. Le cinquième point, la médiation relative
à la pacification, y avait été placé tout à fait au premier
plan. « Jusqu'à ce moment, disait Metternich, les alliés
« ne s'étaient arrêtés à l'égard de la Porte, dans la
« grande affaire du jour, que sur les questions du droit
« rigoureux et non sur celles de l'intérêt général. Mais
« quel était actuellement le but immédiat des efforts
« faits en commun? La réconciliation complète entre la
« Porte et la Russie. *Pour cela, le règlement des ques-*
« *tions de droit ne suffirait pas!* Le czar ne voudrait
« pas rétablir les relations diplomatiques simplement sur
« la base de l'exécution des traités, et il n'avait pas non
« plus rappelé son ambassade de Constantinople seule-
« ment parce que les traités avaient été violés. Il n'avait

---

(1) « Instructions données par le comte de Lützow à son premier
interprète, sieur Charles Testa, 29 juillet. » MS.
(2) Lettre du prince Metternich à lord Strangford, le 22 juillet. MS.

« pas voulu que son représentant fût tous les jours
« témoin de scènes semblables à celles du mois de mai de
« l'année précédente, et il ne le serait pas dorénavant.
« Condamnant la révolution, l'empereur voulait mettre
« aussi un terme à la réaction et à ses cruautés. Que si,
« par orgueil et par méfiance, la Porte repoussait des
« négociations au sujet des destinées futures de la Grèce,
« on pourrait pourtant se convaincre, par la teneur du
« Mémorandum autrichien, que les concessions deman-
« dées à la Porte étaient circonscrites dans les limites les
« plus modérées. Après que l'exaspération s'était em-
« parée des combattants, aucune amnistie du sultan
« n'aurait plus d'influence sur les Grecs, à moins qu'elle
« ne fût appuyée par les alliés. Mais si les révoltés reje-
« taient les conditions de leur soumission dictées par les
« puissances, ils n'auraient à s'en prendre qu'à eux-
« mêmes si on les abandonnait *au traitement habituel*
« *que les Turcs infligeaient à leurs sujets rebelles*. Mais
« cette négociation, disait le grand chancelier en termi
« nant, que la Russie demandait conjointement avec
« tous ses alliés, serait la condition indispensable pour
« arriver à la solution définitive de toutes les complica-
« tions. »

Cette esquisse, que Metternich avait présentée à la
conférence (26 juillet), y avait été approuvée, et *la lettre
confidentielle* adressée par le prince à lord Strangford
avait été expédiée, accompagnée non-seulement de nouvelles instructions pour l'internonce, mais encore de
nouveaux ordres donnés par Londonderry à son ambassadeur, ordres dont Metternich était aussi content que
s'il les avait écrits lui-même. Ce premier changement
presque imperceptible, dans l'attitude du gouvernement

anglais, était un des premiers fruits des atrocités barbares dont les Turcs s'étaient rendus coupables. Les
massacres de Chios avaient, pour la première fois, ré-
veillé un peu le peuple anglais ; l'Opposition au sein du
Parlement avait élevé la voix, et le ministre avait eu
des motifs pour imprimer à ses instructions un caractère
un peu plus national et plus humain. Par conséquent,
Londonderry et le prince Metternich plaidèrent à l'envi,
avec le sensible autocrate russe, la cause de la politique
d'humanité envers les Grecs et celle de la politique
d'équité envers des rebelles, et firent plier les lois de la
légitimité devant celles d'une déplorable nécessité.

L'ultra-tory, à Constantinople, avait alors à se présenter devant la Porte avec cette nouvelle tâche. Sur ces
entrefaites, Nesselrode, qui précédait l'empereur, son
maître, était arrivé à Vienne ; de cette ville il avait expédié (10 août) ses nouvelles instructions ; puis, il avait
autorisé lord Strangford à venir à Vienne, s'il le jugeait
convenable, afin d'y épuiser, de cette manière, tous les
moyens qui pourraient promettre des résultats certains.
Le lord se décida à faire ce voyage. Mais, avant de quitter Constantinople, il demanda encore une conférence (1)
qu'on lui accorda (7 août). La Porte ayant constamment et fermement refusé d'envoyer seulement des plénipotentiaires à Vienne, lord Strangford ouvrit l'entretien avec beaucoup d'habileté en se proposant lui-même
pour remplir cette tâche.

Le reïs-effendi lui dit qu'il suffirait que lord Strangford déclarât que la Porte avait exécuté les articles

---

(1) Protocole de la conférence entre l'ambassadeur d'Angleterre et
les ministres turcs, du 27 août. MS.

comme les puissances le lui avaient recommandé ; elles pourraient maintenant adresser les mêmes recommandations à la Russie et, si elles s'intéressaient à la Turquie, faire cesser, avant tout, les malheurs que causaient sans cesse les agents russes. A l'avenir, il ne faudrait plus aucune autre immixtion dans les affaires de la Turquie, car si celle-ci offrait un doigt, on prendrait toute la main. Lord Strangford fit allusion à l'action des Sociétés philhelléniques, pour faire comprendre clairement aux ministres turcs qu'il y avait connexion entre les rebelles en Turquie et les mécontents dans toute l'Europe, ce qui, d'après lui, donnait incontestablement aux puissances le droit de demander qu'on éteignît le feu révolutionnaire. Djanib objecta que, s'il y avait une liaison si étroite entre l'insurrection grecque et les menées souterraines en Europe, les puissances seraient assez occupées chez elles et que chacun ferait bien mieux de se mêler de ses propres affaires.

Lord Strangford en vint à parler des propositions contenues dans le Mémorandum autrichien. Djanib demanda si l'on voulait que, par un acte formel, la Porte donnât aux Grecs des garanties pour la protection de leurs personnes et de leurs biens et pour l'administration d'une justice impartiale, et qu'ainsi elle avouât le tort dont on l'accusait ! Elle périrait plutôt que de survivre à une pareille honte ! « Ne suis-je pas dans mon droit, disait-il, « quand, dans ma propre maison, je gouverne ma « famille avec douceur ou avec rigueur ? — Très-bien, « répondit Strangford ; mais si les cris de vos femmes « et des membres de votre famille, que vous maltraitez, « troublent la paix de ma maison, je vous demanderai « d'abord amicalement d'y mettre un terme ; mais, si

« vous vous y refusez, j'irai chez le kadi; des choses
« semblables se passent tous les jours dans votre capi-
« tale. »

A cet argument, le ministre sans portefeuille, Sidki-
Zadeh-Saïd-Achmed-Effendi, partit d'un immense éclat
de rire. Mais Djanib, de son côté, ne manqua pas non
plus d'arguments qui n'étaient pas moins frappants.
Strangford lui rappela l'impression que les horreurs de
Chios avaient produite en Europe. A des reproches semblables Djanib avait déjà auparavant répondu, en objec-
tant qu'on ne parlait jamais des atrocités commises à
Navarin et à Tripolitsa; dans la conférence qui nous
occupe, il répliqua à Strangford : « Qu'autrefois, lorsque
« Souvorov (Souvarov) avait égorgé des milliers de
« Turcs à Rimnik et à Braïla, les cours n'avaient pas
« élevé leur voix en faveur de l'humanité. Si les puis-
« sances voulaient exhorter les Grecs à se soumettre,
« elles n'auraient certainement pas à s'en repentir ;
« mais la Porte ne les y inviterait pas et elle ne permet-
« trait aucune immixtion dans ses affaires, et moins en-
« core dans cette question, parce qu'elle avouerait par
« là que la parole sacrée du sultan n'avait plus de
« valeur sans la garantie des puissances. En satisfaisant
« aux traités, on avait tout fait. — Tout contre la
« Russie, répliqua l'ambassadeur ; quelque chose reste-
« rait encore à faire aux alliés et aux amis de la Porte.
« D'après la loi turque, il ne serait pas permis de laisser
« une maison dans un état qui compromettrait la sécu-
« rité du voisin; les ministres turcs, ajoutait-il, croyaient
« avoir rétabli l'ancienne solidité de l'édifice, tandis que
« lui craignait qu'ils ne se trompassent. — A Dieu ne
« plaise ! répondit le reïs-effendi ; mais, dans tous les

« cas, ce serait notre affaire et non la vôtre ! — A Dieu
« ne plaise ! répéta l'ambassadeur, car c'est notre affaire
« aussi bien que la vôtre ! »

Avec ces dernières phrases, le dénoûment définitif de
l'ancien drame diplomatique, qui continuait encore à ce
moment, avait été ajourné indéfiniment ; mais on avait,
en même temps, esquissé le prélude du nouveau drame
futur qu'au fond les diplomates ne commencèrent à
jouer sérieusement qu'à partir de 1825. L'ambassadeur
laissa (28 août) encore une Note à Constantinople dans
laquelle il recommandait fortement ses demandes ; puis
(8 septembre), il se mit en route pour se rendre à
Vienne.

L'empereur Alexandre aux conférences de Vienne et au congrès de Vérone.

A l'époque du départ de lord Strangford de Constantinople, Tatistchev, Hatzfeldt et Nesselrode étaient déjà
réunis à Vienne ; l'empereur devait suivre ce dernier
de près. Dans l'intervalle, le changement qui, depuis
quelque temps, avait déjà commencé à s'opérer en lui,
et que nous avons pu observer, s'était accompli à un tel
point qu'Alexandre revint auprès de Metternich, tel qu'il
l'avait quitté à Laybach, et même avec une exaltation
plus grande des sentiments qu'il y avait manifestés.
Toute la manière dont il permettait à toutes les choses
de s'éparpiller en lui en sentiments et en rapports per-
sonnels et mesquins aurait dû faire supposer, dès le
commencement, qu'il ne donnerait jamais une tournure
et une importance nationales à ces grandes questions qui
s'agitaient dans le monde.

Depuis longtemps, on ne trouvait plus dans ce prince,
partagé entre beaucoup d'intérêts et penchant tantôt

d'un côté, tantôt de l'autre, la confiance en lui-même et
le courage plein d'assurance qui avaient distingué le sou-
verain des années 1813 et 1814 ; on pouvait voir clairement que la seule résistance passive des alliés était assez
puissante pour lui ôter le courage de poursuivre les projets qui, peu de temps auparavant, lui avaient paru si
naturels et d'une exécution si facile. Ce qui le décida
surtout, ce fut la crainte de voir les sectes révolutionnaires se répandre dans ses propres États ; cette crainte
qui, pendant son séjour à Laybach, n'était fondée que
sur de simples suppositions, avait été confirmée et fortifiée depuis par des faits. Peu de temps auparavant, il
avait eu des motifs pour faire publier des défenses sévères
contre les Sociétés secrètes en Pologne, et, à ce moment même (août), des édits encore plus rigoureux pour
la Russie elle-même (Cf. t. V, fin). C'est pourquoi
on avait déjà pu deviner à Vienne, d'après l'attitude de
Tatistchev, avant que le czar y parût lui-même, que,
dans les derniers temps, l'empereur était devenu de jour
en jour plus résigné, plus pacifique et plus indulgent à
l'égard des tracasseries turques, et de plus en plus désireux de sortir des embarras de la position dans laquelle
il s'était trouvé jusqu'alors.

Même les progrès victorieux des Turcs dans l'Hellade
orientale et occidentale avaient dû lui servir pour vaincre
plus facilement les difficultés, qui auraient été plus
difficiles à surmonter pour lui, si l'on avait dû réclamer
sa coopération afin d'obtenir des Grecs une soumission
volontaire. Avant l'arrivée de l'empereur de Russie, Metternich était donc complétement convaincu (fin d'août)
que le czar était décidé à se débarrasser à tout prix de
ces complications, devenues si graves par ses propres

fautes, et que cette résolution était si bien arrêtée, qu'on pourrait compter de sa part sur tous les sacrifices qu'on lui demanderait de faire. Le grand chancelier considérait déjà comme un sacrifice important et le plus conforme à ses vœux ce fait que l'empereur n'était pas accompagné dans ce voyage de Vienne par Kapodistrias ; Metternich avait ainsi la certitude que le comte avait perdu la confiance de l'empereur et qu'il serait inévitablement éloigné de son poste. Même le nom de Stroganov était à peine mentionné à cette époque.

Lorsque l'empereur de Russie arriva à Vienne (commencement de septembre), on le trouva plus équitable qu'on n'aurait pu l'espérer et prêt à faire toutes les concessions, pourvu qu'on trouvât les formes nécessaires pour ménager son honneur. De tous les côtés, il rassura tout le monde, et même lord Strangford, en disant que ses intentions étaient pures et inoffensives et que ses promesses ne cachaient aucune arrière-pensée. Son désir de réconciliation était si sincère et si énergique, que le czar rappela même Mazarovitch, qui soulevait la Perse, et qu'il le remplaça par le général Yermolov, afin d'enlever l'obstacle le plus important qui s'opposait à la conclusion de la paix avec la Porte.

Dans ses entretiens avec les ministres d'Autriche, de Prusse et de France, le czar s'exprimait déjà à Vienne tout à fait dans le même sens qu'il le fit, plus tard, à Vérone dans ses entretiens avec Chateaubriand. Il avoua franchement qu'il sortait d'une épreuve difficile. « Il s'é-« tait vu obligé, disait-il, de résister à l'opinion générale « de son peuple, mais il avait dû comprendre quelle « réaction dangereuse une guerre en Orient exercerait « sur les intérêts de l'Europe, combien elle mettrait en

« péril le but de la grande alliance et combien elle fa-
« voriserait nécessairement les projets de la révolution.
« Pour éviter ce mal, le plus grand de tous, aucun sa-
« crifice personnel ne lui avait paru trop grand. La poli-
« tique n'était plus, à ce moment, ce qu'elle avait été
« autrefois; l'égoïsme n'en était plus la base. Si, du
« reste, il voyait alors clairement le danger des principes
« révolutionnaires, lui aussi avait cru, pendant quelque
« temps, à la possibilité de contribuer au bonheur de
« l'humanité, en favorisant les novateurs qui, eux égale-
« ment, pouvaient être animés d'intentions louables; et
« où serait l'homme bien pensant qui n'aurait pas le dé-
« sir de fonder le bonheur des peuples sur une base plus
« solide? Mais aujourd'hui, où l'on avait arraché le
« masque aux révolutionnaires, les princes seuls pour-
« raient arrêter le torrent qui menaçait de les engloutir.»

Après toutes ces déclarations, Metternich ne pouvait
pas avoir de peine à attirer de nouveau le czar entièrement à *ses* maximes *à lui*, et à le guérir de ses derniers
accès de libéralisme. Il y réussit si complétement, d'a-
près le témoignage de Nesselrode auquel on peut ajouter
foi, qu'il le fit tomber dans l'extrême opposé et qu'il le
remplit d'une telle méfiance, que des hommes tels que
Nesselrode lui-même et le prince Volkonsky n'étaient pas
sûrs que l'empereur ne les prît pour des carbonari. Toute
la tournure que prenaient les affaires à Vienne et à Vérone était étroitement liée à cette excitation momentanée
d'Alexandre, au sujet de l'action des révolutionnaires.
Metternich lui montra la possibilité de renverser la révolution en Espagne, d'étouffer avec elle l'esprit de révolte
en France, et de rétablir d'une manière solide et durable, par cette action exercée dans ces deux pays, l'ordre

complet et la tranquillité dans l'Occident. Aussi Alexandre n'en était-il que plus disposé à rejeter tout à fait au dernier plan toute la question d'Orient et même l'affaire de la pacification qu'on venait de pousser, à l'instant même, avec une telle impétuosité.

Ainsi, après avoir énuméré encore une fois tous les péchés des Turcs et toutes les vertus des Russes, les ministres du czar (1) se déclarèrent prêts, aux conférences de Vienne (26 septembre), à rétablir les relations diplomatiques ave la Turquie, à condition « que la Turquie *ou* « consentît à entamer des négociations directes au sujet « des garanties qui assurassent aux Grecs, pour prix de « leur soumission, la jouissance des avantages fixés par « le Mémorandum autrichien, *ou* qu'elle prouvât, par « une série de faits, qu'elle respecterait la religion chré- « tienne, placée sous la protection de la Russie et qu'elle « rétablirait la tranquillité intérieure en Grèce sur des « bases qui pourraient rassurer la Russie sur le sort de « ses coreligionnaires. »

La diplomatie russe prétendait que, dans ces phrases, elle renonçait à demi à l'intervention immédiate. L'empereur de Russie désirait bien encore qu'à l'avenir ses alliés se trouvassent dans une position qui leur permît d'en finir avec l'insurrection grecque; mais il n'insistait plus sur l'exécution immédiate de la pacification d'après les propositions autrichiennes, abandonnant plutôt la solution de la question à l'avenir, puisque des intérêts plus pressants attiraient, au moment actuel, son attention sur l'intermède qui se jouait en Espagne. On ne parlait plus qu'en passant de l'évacuation des Principautés, de la no-

---

(1) Note du comte Nesselrode, en date du 26 septembre. MS.

mination des hospodars et·du rappel des mesures qui
gênaient le commerce et la navigation. L'Autriche et la
Prusse se déclarèrent pénétrées d'admiration pour la sagesse et la modération du czar, par lesquelles il s'attirait
des droits imprescriptibles à la reconnaissance de l'Europe (1). Tous se sentaient heureux de voir cette union
si belle.

Lorsque, après les délais causés par la mort de Londonderry, le congrès s'était ajourné de Vienne à Vérone,
la Russie y agita de nouveau (2) la question dans une
conférence (9 novembre). Sans rien ajouter de nouveau
à la demande du 26 septembre, on réclama seulement
encore une fois les bons offices des alliés, afin de poursuivre auprès de la Porte l'accomplissement des demandes
russes et la notification officielle de ce qu'elle se proposait de faire dans les Principautés. A la répétition de
cette demande, Metternich réitéra les déclarations de
l'Autriche (3); la Prusse et la France se montrèrent sa-
tisfaites; Wellington seul réserva sa réponse.

Dans une conférence postérieure (26 novembre), le
plénipotentiaire anglais, tout en reconnaissant la modération magnanime de l'empereur, fit ressortir les nombreuses concessions de la Porte, qu'il considérait comme
une « série de faits » capables de déterminer le czar à
montrer sa satisfaction à la Turquie, en rétablissant les
relations diplomatiques avec elle. Il promit les bons offices de l'Angleterre pour amener le sultan à faire des dé-

_____

(1) Notes du comte Bernstorff et du prince Metternich adressées au
comte Nesselrode, en date du 28 et du 30 septembre. MS.
(2) Déclaration de la Russie. Vérone, le 9 novembre. MS.
(3) Déclaration de l'Autriche relative au protocole de la conférence
du 9 novembre. MS.

marches aussi naturelles que celles de notifier la nomination des hospodars et de retirer les mesures qui
gênaient les rapports entre les deux pays (1). Le lendemain, Tatistchev donna lecture d'un document dans
lequel l'empereur, son maître, déclarait « que les sen-
« timents d'amitié de ses alliés lui inspiraient une telle
« sécurité, *qu'il abandonnait à leur sagesse seule* le
« soin de diriger la marche ultérieure des négocia-
« tions (2). »

Ainsi, les affaires d'Orient étaient déjà entièrement
terminées à Vérone à l'époque où les délégués des Grecs,
envoyés au congrès, arrivèrent en Italie, et leur dernier
espoir de trouver un appui dans les puissances s'était
évanoui. Pendant qu'il était encore retenu dans la qua-
rantaine d'Ancône, le comte Metaxas s'était adressé à
Rome (3), pour demander qu'on lui permît de traverser
le territoire romain. Pie VII, ce pape plein d'humanité,
aurait volontiers facilité leur voyage et appuyé leur demande ; il adressa, dans ce dessein, une lettre au cardinal Spina, son plénipotentiaire à Vérone. A ce moment
arriva la lettre de Metaxas (du 3 novembre), qui demandait à être admis auprès du congrès, afin d'y parler pour
son peuple « qui avait placé sa cause morale sous la
« glorieuse bannière de Jésus-Christ, et qui soumettait
« ainsi son sort politique à la religion et à l'équité des
« puissances chrétiennes » ; mais immédiatement après
l'arrivée de cette lettre, les princes prièrent le cardinal

---

(1) Protocole de la conférence du 26 novembre. MS.
(2) Protocole de la conférence du 27 novembre. MS.
(3) Ses lettres adressées au pape, à Gonzalvi, aux princes et aux
ministres, etc. Elles se trouvent toutes dans Jourdain, chap. IX.

de faire signifier aussitôt au comte qu'on ne l'admettrait pas et qu'il ne recevrait pas de réponse.

Ce ne fut que la circulaire de Vérone (14 décembre) qui répondit sommairement aux Grecs, en leur disant « que la coïncidence de l'insurrection grecque avec les « révolutions de Naples et en Piémont ne permettait pas « de douter de l'origine identique de tous ces mouve-« ments, et que les chefs de la révolte grecque s'étaient « trompés s'ils espéraient pouvoir semer la discorde dans « les conseils des puissances. Les souverains s'étaient « décidés à repousser le principe de la révolte sans exa-« miner *de quelle manière*, ni *dans quel pays* il se mon-« trerait. »

Les délégués grecs, tout abattus, attendaient encore à Ancône, lorsqu'ils y furent rejoints par l'évêque Germanos et un fils de Petrobey ; ces derniers étaient porteurs d'un message important pour le pape, message qui devait rapprocher la nation grecque du Saint-Siége et de son Église. Le pape, dépendant entièrement de l'Autriche dont les troupes occupaient ses États, ne pouvait pas même consentir à entamer ces négociations séduisantes. Les délégués durent repartir sans avoir réalisé leurs desseins, après que Jourdain eut répandu à Ancône une espèce de manifeste qui devait défendre les Grecs du reproche d'être associés au carbonarisme, et qui devait revendiquer pour leur révolution un caractère entièrement différent de celui de toute autre révolution chez n'importe quel autre peuple.

Dans son rapport, adressé au gouvernement provisoire (1), Metaxas chercha à parer d'avance le coup

---

(1) Jourdain, t. Ier, p. 180.

dont les princes voulaient, de Vérone, frapper la Grèce.
« On vous offrira, disait-il, une trêve et des garanties
« pour la sûreté des personnes et des propriétés ; si vous
« acceptez ces propositions, vous êtes perdus ! Les princes
« nous abandonnent ; nous ne pouvons donc compter
« que sur nous-mêmes ! » — A la même époque aussi,
le tragoudion de Kolokotronis exhorta les Grecs « à ne
« pas jeter leurs regards, dans la direction de Borée,
« sur leur voisin et coreligionnaire ; les indiarques sans
« cœur, ajoutait-il, ont foulé aux pieds l'Europe et jeté
« un charme sur tous les monarques, de sorte qu'ils
« voient sans compassion vos malheurs ; dans votre lutte
« sacrée, vous ne pouvez espérer qu'en votre fusil et
« votre épée. »

Changements à Constantinople.

Lord Strangford s'était mis en route pour retourner à
son poste (décembre) ; il était appuyé par les instructions
données avec le plus grand accord par tous les cabinets
à leurs ambassadeurs à Constantinople. Mais sur ces
entrefaites et pendant le temps qu'avaient duré les conférences de novembre, il s'était opéré, dans la capitale
turque, un changement réel qui était infiniment plus important et plus favorable à l'ambassadeur d'Angleterre
qu'aucun appui diplomatique n'aurait pu l'être. La Porte
n'avait pas attendu que les puissances chrétiennes lui
donnassent un témoignage public de leur désintéressement politique et de leur impartialité, pour leur prouver
qu'elle savait prévenir un rapprochement sincère en al-
lant franchement au-devant d'elles. Encore cette fois-ci,
elle avait eu très-vite de Vienne les informations les plus
exactes sur les véritables dispositions du czar, dont celui-ci ne se cachait pas : elle savait parfaitement bien

apprécier la portée de l'absence du comte Kapodistrias
dans la suite du czar.

L'éloignement de ce ministre de sa sphère d'action
eut immédiatement pour résultat une catastrophe semblable à Stamboul. On a, du reste, pu voir déjà par notre
exposition de toutes les relations diplomatiques entre
les divers États, de toutes ces tergiversations politiques,
de toutes ces susceptibilités personnelles des différents
acteurs et de toutes ces analogies qui se montraient
partout dans la physionomie des situations réciproques,
quel parallélisme rigoureux a toujours régné entre les
actes des deux gouvernements hostiles, qu'ils se soient
égarés dans les labyrinthes de l'intrigue ou qu'ils aient
suivi le droit chemin.

Au moment de l'ouverture du congrès de Vérone, les
ministres turcs avaient délibéré chez le mufti (28 octobre), avec les représentants des janissaires, sur la demande qui pourrait être adressée à la Turquie par les
diplomates réunis à Vérone, réclamant peut-être pour
le Péloponèse une organisation semblable à celle des
Principautés. Les délégués des janissaires répondirent
que, si une telle proposition était acceptée, ils taille-
raient en pièces tous les Grecs. Le mufti leur fit entendre
raison en leur disant que c'était contre la loi; mais que,
s'ils avaient une telle aversion pour des prétentions aussi
humiliantes, il serait en leur pouvoir de mettre la Porte
en état de les repousser honorablement : ils n'auraient
qu'à mettre en campagne trente mille hommes pour soutenir le seraskier contre les Grecs. Les janissaires en
offrirent soixante mille, si le sultan voulait sacrifier à leur
ancienne vengeance le favori Chalet-Effendi qui leur était
odieux. Le sultan recula plein de colère et de menaces.

Mais les janissaires lui adressèrent une nouvelle pétition dans laquelle ils réitérèrent leur demande en protestant de leur soumission.

Un autre fait vint coïncider précisément avec ce mouvement. Un vieux serviteur fidèle du sultan, l'ancien grand-amiral Abdoullah-Pacha, homme simple et droit, sans éducation ni instruction, mais très-aimé du peuple et des ulemas, découvrit franchement au Grand Seigneur toutes les intrigues de son favori et la direction dangereuse de sa politique. En même temps et entre autres choses, il parut au grand jour que Chalet avait supprimé les rapports de Chourchid-Pacha qu'il n'avait pas jugé opportun de présenter. Aussitôt se produisit le changement tant désiré depuis longtemps. Le favori tomba et se rendit avec une suite nombreuse et une grande pompe dans son exil, à Ikonium, où il fut décapité peu de temps après. Une modification complète du gouvernement fut le résultat de sa chute. Abdoullah-Pacha devint grand vizir (10 novembre); le cheich-oul-islam fut remplacé dans cette dignité par le ministre sans portefeuille Saïd-Achmed-Effendi, membre distingué du corps des ulemas, ancien adversaire de Chalet-Effendi, et qui avait toujours parlé en faveur d'un accommodement pacifique avec les puissances.

Tous les hommes connus pour leur fanatisme étaient menacés dans leurs places, parmi eux Djanib lui-même. De nombreux adversaires de l'ancien favori revinrent de l'exil et de la disgrâce, entre autres l'ancien reïs-effendi, Hamid-Bey, le célèbre Ghalib-Effendi qui avait signé la paix de Boukharest, ceux des membres de la malheureuse famille arménienne Douz-Oglou qui étaient restés encore en vie, et Ali-Bey, l'ami des chrétiens. Ce

dernier avança bientôt jusqu'à la dignité de grand vizir
en remplacement de ce naïf Abdoullah-Pacha, qui n'était
pas à la hauteur de ses fonctions et qui les quitta tellement pauvre que, dans une lettre à la fois touchante et
comique, il dut demander au sultan l'argent nécessaire
pour son voyage.

Un système de gouvernement, entièrement nouveau,
fut introduit en Turquie avec tous ces changements dans
le personnel des fonctionnaires. On recommanda aux
agents des différents pachas d'Asie et d'Europe, réunis
auprès de la Porte, de ménager les rayas. Le nouvel
amiral Chosrev-Pacha rivalisait de douceur avec le grand
vizir dans la manière de traiter les Grecs. Les habitants
des îles grecques, qui étaient aux galères, furent employés avec de grands ménagements à divers travaux.
L'île de Kypros reçut un nouveau gouverneur plus humain. Toute la scène était comme transformée et renouvelée, lorsque Strangford revint à Constantinople. Il
remit au reïs-effendi une lettre de Metternich, écrite à
Vérone (14 décembre) et conseillant à la Porte d'accueil-
lir favorablement les ouvertures de la Russie : le ministre
turc lui répondit d'une manière qui ne laissait rien à
désirer. Dans sa première conférence (30 janvier 1823),
Strangford exprima, avant tout, le vœu que la Porte se
rapprochât directement de la Russie en notifiant à cette
puissance la nomination des hospodars. On lui accorda
aussitôt sa demande (1).

Dans la lettre de notification, on lisait ces paroles

---

(1) Lettre du reïs-effendi au ministre des affaires étrangères de Russie, Constantinople, le 25 février 1823, accompagnée d'une Note expli-
cative adressée à lord Strangford. MS.

expresses : « Les hospodars ont été envoyés et installés
« dans les chefs-lieux de leur juridiction, et l'évacuation
« complète s'est effectuée en même temps. » Il est vrai
que dans cette lettre on avait encore de nouveau exprimé
l'invitation, si désagréable pour la Russie, de livrer maintenant aussi les réfugiés et de rendre les forts en Asie ;
mais le reïs-effendi dit confidentiellement au drogman
anglais « que ce premier point était pour la Porte ce que,
« pour beaucoup de princes chrétiens, était la conser-
« vation des titres qui leur provenaient de pays qu'ils
« avaient perdus ; mais que, quant au second, la loi
« défendait aux musulmans de céder paisiblement la
« moindre parcelle de leur territoire ».

Plus curieuse encore, et caractérisant même davantage
le changement complet qui s'était opéré dans le système
turc, était une autre expression du reïs-effendi qui paraissait marquer comme une borne la limite d'une nouvelle époque. En faisant allusion au favori qui venait
de tomber, il dit au trucheman anglais : « La Porte a
« eu son Kapodistrias aussi bien que la Russie ; Dieu
« soit loué ! nous voilà débarrassés de tous les deux ! »

Plein de zèle et avec une grande promptitude, Strangford envoya la lettre du ministre à Saint-Pétersbourg (1) ;
il se contenta de ces premiers succès, et, dans sa première attaque, il n'avait pas dit la moindre chose des
demandes en faveur de la Grèce. Il lui importait seulement,
aussi bien qu'à son gouvernement, de rétablir les rela
tions diplomatiques ; c'est pourquoi, au moment actuel et
plus tard, dans son rapport et dans ses démarches auprès
de l'internonce, il appuyait de toutes ses forces sur la

---

(1) Lord Strangford au comte Nesselrode, le 28 février 1823. MS.

nomination et sur l'envoi d'un chargé d'affaires russe à Constantinople.

Le prince Metternich et l'art diplomatique de l'Autriche.

La politique autrichienne, secrète, hypocrite et tramée avec la plus grande finesse, avait fourni à Vérone son chef-d'œuvre ; les Gentz et les Metternich célébraient, bien que silencieusement et en secret, leurs brillantes victoires. Le but de cette politique était simplement et incontestablement l'anéantissement des rebelles grecs. Dans les cercles des hommes d'État qui présidaient aux destinées de l'Autriche, on se repaissait à tout moment de toutes les nouvelles qui annonçaient des défaites subies par les Grecs ; le sultan lui-même ne pouvait pas désirer avec plus de ferveur que ses armes fussent victorieuses. La Porte elle-même connaissait fort exactement cette disposition des diplomates autrichiens ; à un moment où la cause de l'insurrection était tombée très-bas, le reïs-effendi disait un jour au drogman autrichien Testa, comme la chose la plus naturelle du monde, « qu'on arri- « vait à la fin, et cela à la fin que l'Autriche appelait de « ses vœux ».

La Porte savait quels étaient ces vœux, bien que les rapports, en apparence impartiaux dans l'*Observateur*, feuille officielle de l'Autriche, n'exprimassent pas cette partialité pour les Turcs, et, bien que les propositions du cabinet de Vienne, relativement à la pacification, parussent trahir plutôt une partialité pour les Grecs. En effet, il y avait eu, dès le commencement de ces complications, un double fil de relations ouvertes et secrètes entre l'Autriche et la Porte ; un peu plus tard, lorsque les rapports entre Vienne et Londres avaient été modifiés, ce fil se voyait si clairement et si ouvertement que Stratford Canning ne se faisait pas de scrupule d'en faire des reproches directement à l'internonce. Il est vrai que les rapports secrets entre Vienne et Constantinople n'avaient pas le caractère officiel effronté que Stratford leur supposait ; mais les plus clairvoyants parmi les diplomates étrangers à Vienne ne doutaient pas que Gentz ne fût l'homme que Metternich honorait de cette honteuse confiance, en lui permettant de représenter auprès de la Porte, en son propre nom et de sa propre autorité, ce revers amical et confidentiel de la politique autrichienne qu'il voulait tenir caché à la Russie et au monde.

Quant à Gentz, sur la vie duquel on ne peut faire de révélations nouvelles sans dévoiler de nouvelles turpitudes, il était de notoriété publique qu'il entretenait, avec le nouvel hospodar de Valachie, une correspondance continuelle, et des banquiers ne cachaient pas que Gentz recevait trois mille ducats par an de lui. On considérait comme tout à fait certain qu'il avait les rapports les plus intimes avec les ministres turcs ; on était convaincu que c'était par lui que ces derniers recevaient des communications tellement rapides et tellement exactes sur les négociations et les résolutions des cabinets européens, que les diplomates en furent plus d'une fois tout étonnés. On croyait même que c'était Gentz qui envoyait à la Porte l'esquisse de ces réponses et de ces déclarations dont on admirait bien souvent la logique et la sagacité.

Ce fut lui encore qui, dans l'*Observateur* autrichien, fit « le plus grand tour de force de toute sa vie », lorsque, en rendant compte des affaires grecques, il essaya de cacher, avec le plus grand soin, la véritable opinion de son gouvernement ; il est vrai que, malgré tous les tours d'adresse de Gentz, personne ne s'est ja-

mais trompé au sujet de cette opinion. Dans la pensée
de Gentz, le journal officiel de Prusse avait certainement
fait preuve d'une maladresse bien lourde lorsque, dans
son numéro du 18 octobre 1821, il fut assez bavard
pour dire tout franchement l'opinion du cabinet prussien
sur les Grecs qu'il condamnait sévèrement, tandis qu'à
Vienne on cachait soigneusement cette manière de voir.
Ce journal disait « que les scélérats qui, dans des vues
« infâmes, avaient mis les armes entre les mains des
« Grecs trompés, et qui avaient chargé leur conscience
« du sang répandu depuis le mois de mars, n'auraient
« pas impunément commis tant de crimes! » Et cependant, en réalité, personne n'aurait jugé le cabinet de
Berlin et son organe aussi froid et aussi insensible qu'on
jugeait l'écrivain officiel de l'*Observateur* autrichien.
Effectivement, tout en établissant les faits seuls d'une
manière exacte, ce rédacteur s'efforçait de ne jamais s'expliquer sur les affaires grecques, ni sous le point de vue
légal ni sous celui de la politique, « de ne *prononcer*
« jamais le jugement corroboré par mille preuves sur la
« bassesse des Grecs », et de ne révéler jamais l'opinion
du gouvernement autrichien d'après lequel « les Turcs
« avaient eu toujours raison et les Grecs toujours
« tort (1) ».

On croyait cette fantasmagorie trompeuse indispensable à l'égard de la Russie. D'après les désirs et dans
l'opinion de Gentz et de Metternich, le discrédit jeté peu
à peu sur la cause grecque dans l'opinion publique en
Europe, la mort lente de la révolte par suite des dissensions intestines et les succès éclatants des armes turques,

---

(1) Correspondance entre Gentz et Adam Müller, p. 361 sq.

devaient coopérer pour amener la fin tant désirée de
cette fâcheuse insurrection. Mais le moyen principal dont
on voulait se servir pour amener ces différents résultats,
par conséquent le moyen principal pour atteindre le but
final et véritable, était toujours à leurs yeux le rétablissement des relations amicales entre la Russie et la Porte ;
c'était la consolidation de la paix entre ces deux puissances, paix si fortement désirable pour la position em-
barrassée des finances de l'Autriche, et qui paraissait
être, en même temps, le moyen infaillible de décourager
et d'abattre l'insurrection.

C'est pourquoi le but des efforts constants de Metternich avait toujours été d'empêcher, par tous les moyens,
le sultan et surtout le czar de se jeter dans la guerre. A
cette fin, il s'était d'abord allié avec l'Angleterre ; mais,
comme il voyait que ce mouvement de sa politique irritait
le czar, il avait imaginé les garanties pour les provinces
révoltées, de même que plus tard, lorsque les embarras
augmentèrent, lui, Metternich, devait être le premier à
proposer même l'émancipation et l'indépendance de la
Grèce. Au moment actuel, il ne se fit pas scrupule de
porter atteinte au principe de la légitimité si solennelle-
ment proclamé, et de proposer des concessions à faire
aux rebelles, toujours dans ce seul dessein d'avoir la
paix ; car, se disait-il, une fois cette paix obtenue, le
sultan, en maître légitime, serait assez fort pour pouvoir
enterrer ces concessions dans les paroles des négociations vaines. C'est pourquoi, aussitôt que Metternich fut
informé du retour de l'empereur de Russie à des dispositions pacifiques, il considéra le plus fort de sa tâche
comme terminé.

La conservation entière de ce qu'il avait gagné à

moitié devint dès lors tellement le but unique de ses
efforts qu'elle lui fit oublier tout le reste. Lorsque le czar
parut à Vienne, et qu'il y charma et tranquillisa tout le
monde par ses sentiments si décidément favorables à la
paix, le grand chancelier était fermement convaincu que
la question d'Orient « avait déjà trouvé sa solution ou
« que, du moins, elle avait perdu la plus grande partie
« de son importance ». Lorsqu'il réussit ensuite à détourner l'attention d'Alexandre sur les affaires d'Espagne,
Metternich dut croire posséder même un excédant de
succès. Aux yeux de Gentz qui jouissait de ses triomphes,
le congrès de Vérone eut le mérite d'avoir instruit tout à
fait en secret le procès des Grecs et « d'avoir enterré en
« silence la question turco-grecque ».

Pendant le temps qu'ils gagnaient par cette diversion
en Espagne, Gentz et Metternich ne doutaient pas que
la Porte ne réglât entièrement ses comptes avec les Grecs.
Mais, dans cette race d'hommes d'État plus que dans
toute autre, l'habileté et la circonspection les plus grandes
touchaient de tout près à la sottise et à l'imprévoyance
les plus frappantes. Les deux diplomates autrichiens
savouraient encore les délices de leurs triomphes, lorsque
tous les soutiens qui portaient leurs calculs, leurs espérances et ce qu'ils croyaient leurs conquêtes, furent brisés sous leurs pieds.

Peu de temps avant le commencement des conférences
de Vienne, les diplomates à Constantinople, voyant sur
les lieux les choses avec plus de justesse, avouaient déjà
leur ancienne erreur, commise dans l'appréciation du
mouvement grec. Pourtant le prince Hatzfeld, l'ancien
confident de Metternich et dont aucun rapport n'était
envoyé à Berlin sans avoir été préalablement lu par le

grand chancelier, demanda un jour, lorsqu'il se sentit un peu inquiet, à son ami qui était déjà sûr de la victoire et dont la fermeté le remplissait d'admiration comme sa supériorité lui inspirait la confiance, « ce qu'on ferait si les « Grecs finissaient cependant par obtenir leur indépen- « dance par la force des armes ». Mais les deux amis oublièrent promptement cette pensée pénible en se disant, pour se consoler, « qu'heureusement toutes les probabili- « tés faisaient espérer *qu'il ne serait pas nécessaire d'at- « taquer cette grande question*, qui ferait renaître toutes « les espérances révolutionnaires (1) ».

Tout ceci eut lieu quelques jours seulement avant que la grande tragédie de Dramali commençât à être jouée, tragédie qui fit pencher la balance des armes d'une manière si décisive en faveur des Grecs, que même leur terrible défaite diplomatique à Vérone ne put plus abattre leur courage et leur confiance en l'avenir. Le prince Metternich, dans sa finesse, avait cru qu'en jouant habilement avec la pacification, cette manie du czar, il aurait débarrassé ses amis turcs de leur querelle dangereuse avec la Russie ; mais, en réalité, cette même intervention, mise par lui sur le tapis, allait devenir la cause d'où le fil tenace de ces différends devait de nouveau se dégager et se développer jusqu'à devenir un nœud inextricable et sans fin de confusion diplomatique ! Puis, le prince Metternich avait cru jusqu'alors que, dans tous les cas où il en aurait besoin, il trouverait une alliée sûre dans l'Angleterre contre les Russes et contre les Grecs, et c'était justement cette puissance qui allait lui porter les coups les plus cruels !

_____

(1) Le prince Hatzfeld au roi de Prusse. Vienne, 24 juillet 1822. MS.

Le ministre docile qui, dans les derniers temps où sa
santé s'était déjà affaiblie, avait, presque malgré lui,
permis à Metternich de l'entraîner dans les voies tor-
tueuses de sa politique, s'était coupé la gorge à l'apogée même des victoires de Vienne! Son successeur était
Canning, qui, déjà comme lycéen, avait chanté dans des
plaintes élégiaques l'esclavage des Grecs, et dont l'entrée en fonctions fut aussitôt saluée par une feuille mi-
nistérielle, « comme le lever d'un nouvel astre sur le
« sombre horizon de la Grèce abandonnée dans sa
« lutte! »

Au premier moment, Canning ne pouvait pas changer
la marche des affaires en Orient par des modifications
violentes de la politique anglaise; pourtant, les diplomates du continent disaient aussitôt en soupirant « que le
« nouveau ministre voudrait probablement abandonner
« plus tard la politique expectante et d'isolement de
« Castlereagh, et qu'il trouverait plus digne d'un grand
« empire de ne pas rester indifférent dans des questions
« aussi importantes ». Au moment même où les primats
de la Morée invoquèrent la protection anglaise, les journaux de l'Opposition, en Angleterre, proposèrent aussi
de mettre l'insurrection grecque sous la sauvegarde de
la Grande-Bretagne, afin de la soustraire à l'influence
russe. De cette coïncidence, les diplomates étrangers à
Londres ne voulurent pas conclure, il est vrai, l'intention du gouvernement de s'intéresser immédiatement
à l'émancipation des Grecs; mais ils crurent bien possible qu'un jour il s'emparât de cette pensée, surtout
dans le cas où l'invasion qu'on avait l'intention de faire
en Espagne continuerait d'élargir la rupture avec les
puissances continentales.

Dès que la pensée de cette invasion se fut manifestée à Vérone, l'Angleterre, comme nous l'avons dit plus haut, avait exprimé la menace de vouloir reconnaître les États de l'Amérique du Sud qui s'étaient révoltés; en Grèce, Canning fit aussitôt la démarche qui, pour l'Amérique, avait précédé de plusieurs années l'exécution de cette menace. Il reconnut (25 mars 1823) le blocus proclamé par les Grecs; par conséquent il les traita comme une nation belligérante, et fortifia ainsi la confiance des Grecs en leurs forces navales qui, jusqu'alors, avaient été la meilleure partie de leur puissance militaire! Depuis ce temps, la neutralité dans les eaux ioniennes prit un caractère plus favorable à leurs intérêts : on protégea ouvertement leur commerce; l'île de Kalamos devint bientôt l'asile et la place d'armes de leurs réfugiés. Les Grecs eux-mêmes considéraient cet acte du ministre anglais comme le premier pas vers la reconnaissance de leur indépendance. Lorsque déjà, à Vérone, Wellington conseillait sèchement à la Russie de se contenter des concessions de la Turquie, on pouvait comprendre que Canning ne garderait pas même, à l'égard des cours impériales, la même attitude complaisante qu'avait eue son prédécesseur, pas même dans les affaires d'Orient.

Le premier acte de Canning, par lequel il débuta contre Metternich, fut d'insister sur un prompt payement des sommes prêtées par l'Angleterre à l'Autriche. Il le fit d'une manière tellement pressante que le grand chancelier, plein de fiel, dut mettre la main dans sa bourse, demandant seulement une prolongation des échéances à ses créanciers; mais, en secret et auprès de ses confidents, il mit le poing dans la poche en mena-

çant de prendre des mesures qui paraissaient venir de la
bouche d'un banqueroutier insolent. En ce qui regarde
l'attitude de l'Angleterre à l'égard de la Turquie, lord
Strangford fit bientôt, sous le sceau du plus grand secret, une communication confidentielle à l'internonce à
Constantinople ; il lui dit que toutes ses instructions
étaient changées, et que tout le système politique, pour
lequel il avait travaillé avec tant de zèle, recevait une
direction nouvelle qui le forcerait à quitter son poste
aussitôt qu'il recevrait des ordres plus précis.

Nouveau revirement à Saint-Pétersbourg et à Constantinople.

Les rapports entre l'Autriche et l'Angleterre, son
alliée ; l'appréciation des forces de la révolution et des
rebelles ; le calcul fondé sur la bonne volonté de l'ami et
voisin turc, tout cela allait devenir une source de grandes déceptions pour le prince Metternich. Mais ce qui
blessa le plus son amour-propre, ce fut de se voir trompé
aussi par l'empereur Alexandre, qu'il croyait cependant
avoir si bien enchaîné à sa cause. Il savait très-bien
qu'à Constantinople on avait affaire à une race qui ne
suivait que les inspirations du moment ; qui, aujourd'hui,
abattue par la peur, était prête à faire des concessions
et demain, relevée rapidement par l'espérance, se montrait arrogante ; qui aujourd'hui s'endormait dans son
insouciance et demain se laissait stimuler jusqu'à faire
preuve de la défiance la plus ombrageuse ; qui tantôt
était comme engourdie dans son apathie et tantôt, ré-
veillée subitement, trahissait l'irritabilité la plus terrible.

Tout cela n'était ni nouveau ni surprenant pour le
grand chancelier ; mais, malgré toutes les anciennes expériences, et sans celle qu'on venait de faire, il n'aurait

guère cru que la versatilité de l'autocrate russe pût aller
à ce point. Il n'aurait pas pensé que, toujours et sans
cesse, le czar se laissât déterminer et mouvoir dans un
sens différent par toutes les modifications arrivées dans
l'état des choses et par tous les changements survenus
dans son entourage; ni qu'il se laissât aiguillonner et
retenir par les sentiments et les penchants les plus différents, et pousser en avant et arrêter par les idées et les
caprices d'imagination les plus opposés.

Si les traits que nous offre l'histoire de l'insurrection
grecque n'étaient pas d'une nature si profondément tragique; si du jeu capricieux des puissants n'avait pas dé-
pendu la gravité terrible de luttes durant des années
entières et de malheurs et d'afflictions de toute nature,
on serait tenté d'écrire les parties diplomatiques de cette
histoire dans le ton moqueur de la satire. En effet, rarement on a si bien vu la corde dans la trame mysté-
rieuse de l'histoire; rarement on a si bien vu combien
peuvent être faibles et misérables les forces qui le plus
souvent dirigent les grandes destinées des peuples.

A Laybach, le czar était devenu un adepte des chi-
mères politiques de l'homme d'État autrichien qui voyait
partout des fantômes. A peine revenu chez lui, il était
devenu la proie du libéralisme du comte Kapodistrias et
de sa manie de faire toujours des projets politiques. Plus
tard, à Vienne et à Vérone, il avait de nouveau entièrement abjuré ce système; mais, de retour à Saint-Pétersbourg, il oublia de nouveau le catéchisme qu'il venait
d'apprendre en dernier lieu. Après s'être échappé des ser-
mons de Metternich, il écouta de nouveau la morale héré-
tique que Pozzo di Borgo lui apprit à en tirer : à la finesse
de l'Autrichien rusé répondit la prudence du Corse roué.

Quelque grand que fût l'esprit de sacrifice dont le czar avait fait preuve à Vérone, en imposant silence à ses antipathies pour les Turcs et à ses sympathies pour les Grecs et en reniant sa politique russe en faveur de la politique européenne; quelque exempte d'égoïsme que cette politique de sentiment pût sembler alors aux plus clairvoyants des diplomates qui y étaient réunis, on aurait dit qu'au moment actuel l'examen le plus approfondi des intérêts les plus importants, et les projets d'une stratégie politique clairvoyante s'étaient tout à coup mêlés à la politique impériale. On aurait pu penser qu'à Vérone c'était l'habileté de Metternich qui avait jeté l'intermède espagnol au milieu des fâcheuses affaires grecques; mais peu de temps après les apparences auraient pu faire croire que cette diversion était conçue exclusivement dans l'intérêt de la Russie et pour servir précisément ses projets en Orient.

Le czar s'était jeté avec une telle ardeur dans ces affaires d'Espagne, qu'on se serait imaginé qu'il s'agissait pour lui de voir seulement l'invasion française finir rapidement et heureusement, afin de refroidir le foyer révolutionnaire qui fumait encore en France. On aurait dit qu'il n'attendait que ce moment pour replacer ce royaume dans les rangs des États actifs, pour lui donner sa liberté d'action afin de coopérer avec lui en Orient, et pour se faire de cette puissance une alliée que, dès la seconde paix de Paris, il avait voulu rendre favorable à ses projets en Orient, ajournés seulement pendant quelque temps. Les Anglais à Vérone, et même Strangford dans le nombre, avaient irrité Alexandre par leurs fanfaronnades, quand ils disaient qu'ils l'empêcheraient de faire la guerre en Espagne, comme en Orient; il paraissait dès lors mettre tout en œuvre pour leur montrer qu'il ferait la guerre en Espagne et *aussi* en Orient, et qu'il ferait l'une à cause de l'autre.

Nous avons vu plus haut que, quand il s'adressait à l'Angleterre, l'empereur de Russie affirmait avec beaucoup de hardiesse qu'il était prêt à assurer à la France la liberté de ses mouvements; lorsque le cabinet français conçut des inquiétudes au sujet de l'attitude prise par l'Angleterre, le czar lui déclara qu'il considérerait comme une attaque personnelle dirigée contre lui-même tout acte hostile à la France et qui tendrait à soutenir la cause de la révolution. Dans le principe, toute son ambition était d'aider lui-même à étouffer rapidement la révolution espagnole et en même temps les troubles en France.

Au grand effroi de Metternich, il voulut envoyer au delà des frontières quatre-vingt mille Russes et les faire marcher tout de suite sur les traces de l'armée française. Comme les autres puissances hésitaient à accepter cette offre, le czar songea à mettre une grande armée d'observation sur la frontière. Voyant que cette mesure leur inspirait encore des inquiétudes, l'empereur désira, au moins, faire insérer dans les journaux français un article qui devait annoncer cette mesure. Contrairement à l'avis du prince Volkonsky et à celui d'autres conseillers, Alexandre tenait toujours sa flotte tout armée à Kronstadt, de même qu'il entretenait son armée constamment sur un pied de guerre. Il est vrai qu'il se laissait peu à peu détourner de ces velléités guerrières, d'abord par les représentations des puissances continentales, ses alliées, ensuite par la nécessité que lui imposait le déficit dans ses finances, et enfin par les succès des armes françaises

en Espagne. Mais dès qu'il ne put plus douter de ces suc
cès, qui se décidèrent en effet immédiatement après l'entrée des Français dans ce pays, il commença à s'opérer
un autre changement dans les dispositions pacifiques et
dans la crainte de la révolution que l'empereur avait manifestées à Vérone.

Dès que son armée n'eut plus à jeter les regards dans
la direction de l'Ouest, elle les tourna de nouveau vers
l'Est. Parmi les généraux russes, beaucoup de ceux là
mêmes qui autrefois avaient parlé en faveur de la paix
tenaient dès lors un langage tout à fait guerrier. Nesselrode observait avec inquiétude et avec crainte les changements de plus en plus sensibles dans les sentiments de
l'empereur (1), qui considérait de nouveau la guerre
comme le seul moyen de sortir de toutes ces complications. A ce moment où la situation générale de cette partie du monde commençait si visiblement à se calmer, le
czar ne se voyait plus dans la nécessité de compromettre
les intérêts généraux de l'Europe par une guerre en
Orient. Il crut le moment actuel le plus favorable pour
réaliser ses projets. Son amour-propre souffrait, quand
il se rappelait le rôle effacé qu'il avait joué jusqu'alors
dans ces négociations avec la Turquie. Il n'espérait plus
que ses alliés feraient encore des démarches énergiques
auprès de la Porte.

Faire entendre raison aux Turcs, c'est ce que les
Russes avaient toujours cru impossible. Kapodistrias
avait constamment soutenu que, par les voies d'une explication paisible, on ne pourrait jamais arriver à un

---

(1) C'est ce que rapportaient, vers le milieu de 1823, les dépêches
que Lebzeltern adressait au cabinet de Vienne.

accommodement quelque peu acceptable, et il paraissait
avoir tout à fait raison aux yeux de l'empereur. En cela
il fut encore confirmé par les dernières nouvelles sur les
affaires à Constantinople, nouvelles que Tatistchev envoyait de Vienne, en les accompagnant de remarques
pleines de venin et d'une raillerie jalouse sur Strangford
et sur les hâbleurs à Stamboul. En effet, la marche des
affaires y avait été de nouveau interrompue; mais ce
n'était pas sans la faute de la Russie. Depuis l'expédition des lettres que le reïs-effendi avait adressées, en
février, à Nesselrode pour faire des avances à la Russie,
la Porte était restée quatre mois entiers sans recevoir de
réponse!

Cet intervalle fut mis à profit par les ennemis de la
paix à Constantinople; aussi bien les amis de la guerre
en Russie profitèrent du changement qui s'était opéré
dans la situation générale du monde européen. La réaction en faveur de la guerre allait à un tel point, que
Saïda-Effendi, le ministre de l'intérieur, qui avait été
toujours le champion du système de la clémence et de la
paix, fut destitué; le favori, qui avait résisté à la tempête, le berberbachi, à cette époque le silichdar (porteur d'épée) du sultan, put de nouveau flatter l'humeur
guerrière de son maître, et Djanib, dont l'influence avait
été ébranlée, gagna de nouveau du terrain.

Sur ces entrefaites, de nouveaux sujets de querelles
s'étaient présentés; il n'en manquait jamais dans les
Principautés. La Porte y avait laissé, comme commandants de la police militaire, avec des troupes fortement
augmentées, deux bach-bechly-agas (officiers supérieurs), chefs qui autrefois étaient nommés par les hospodars et pris dans un grade d'un rang inférieur et qui

n'avaient sous leurs ordres que quelques centaines de
soldats. En y laissant cette troupe ainsi augmentée, la
Porte avait agi tout à fait contrairement à la lettre des
traités, bien qu'elle eût les meilleures raisons pratiques
pour elle : il y avait le brigandage à étouffer dans ce pays
si agité ; il s'agissait de prévenir une nouvelle révolte des
hétairistes qui, effectivement, préparaient en Bessarabie,
sur le territoire russe, une nouvelle invasion ; il est possible même que Stourdza, homme peureux, ait demandé
une augmentation des troupes en Moldavie, parce qu'il
craignait ses sujets qu'il avait maltraités. Il y avait en
Moldavie mille hommes et en Valachie deux mille qui
accablaient certainement le peuple de charges de toute
nature ; l'entretien des soldats de la police, ayant demandé, en 1821 en Valachie, la somme de 252,156 piastres, coûta à cette époque 1 million 1/2 (1).

Des différends d'une nature sérieuse avaient surgi, en
outre, dans les affaires du commerce international. Jusqu'alors peu de nations avaient eu le droit de naviguer
dans la mer Noire ; les autres puissances d'un ordre inférieur y étaient arrivées subrepticement en naviguant
sous le pavillon des nations privilégiées. C'était ainsi
que, depuis quarante ans, particulièrement le pavillon
russe avait eu, tacitement et par abus, le privilége de
couvrir les navires étrangers, surtout les bâtiments grecs
et, en dernier lieu, même ceux des insurgés. Or les querelles avec la Russie avaient commencé parce que, pour
réprimer ces abus, le divan faisait visiter tous les navires,
et avec une rigueur particulière ceux de la Russie ;

---

(1) Rapport et lettre confidentielle de l'agent d'Autriche à Boukharest, adressés au prince Metternich, le 6 octobre 1823. MS.

cette mesure avait frappé le commerce d'Odessa des coups les plus rigoureux.

On sentait bien en Russie qu'on ne pourrait maintenir plus longtemps ces priviléges qui n'étaient garantis nulle part par les traités, dont la teneur exigeait, au contraire, qu'une partie de l'équipage de tout navire naviguant sous pavillon russe fût composée de Russes. Mais la révolution grecque, en éclatant subitement, avait trouvé la Russie dans la jouissance incontestée de ce privilége comme de tant d'autres, et les provinces de la Russie méridionale auraient eu à souffrir d'une manière bien trop forte par la cessation subite de ces avantages. C'est pourquoi le czar n'avait pas insisté, à Vérone, d'une manière absolue sur le rétablissement de ce droit de *simulation* ; mais il avait laissé à la Porte l'alternative, « soit de permettre le « passage aux navires espagnols, portugais, siciliens et « autres, soit de reconnaître le pavillon qui jusqu'alors « les avait couverts, puisque cet usage avait été sanc- « tionné par une longue pratique ».

Toute cette question était encore en suspens, lorsque la Porte (9 février 1823) arrêta un bâtiment d'Odessa de construction ionienne et soi-disant la propriété d'un marchand russe, sous le prétexte que la cargaison était destinée aux insurgés et que le navire était la propriété des insurgés. Bientôt elle prit la même mesure encore à l'égard de trois autres bâtiments. Peu de temps après, le gouvernement turc publia (avril) un firman qui remit en vigueur une ancienne prescription, tombée depuis longtemps en désuétude ; d'après elle, des navires francs ne pouvaient transborder leurs marchandises dans d'autres navires francs, mais seulement dans des navires turcs, excepté dans le cas où leur cargaison avait souffert

par la tempête ou par des avaries. En même temps, on
donna aux bâtiments turcs, pour le chargement et pour
le déchargement, des avantages sur ceux des Francs ;
en outre, un certain nombre de navires turcs devaient
être favorisés par des subventions et par l'exemption de
certains droits de douane.

Toutes ces mesures ajoutaient encore d'autres restric-
tions à celles qui entravaient déjà en si grand nombre le
mouvement des affaires, et elles avaient été prises avec
l'intention expresse d'inspirer aux Turcs « plus de goût
« au commerce » et de relever la navigation en déca-
dence. Une tentative, faite par l'internonce pour obtenir
la levée de l'embargo mis sur les navires arrêtés (30
mai), fut repoussée parce que, disait-on, l'Autriche n'é-
tait pas appelée à protéger le commerce russe. Puis lord
Strangford fit des représentations sur l'inopportunité,
l'inconvenance et l'injustice de cette mesure (1); « car,
« disait-il, la Porte ne pourrait pas être seule juge sur la
« question de savoir à qui appartenaient ces navires ».
Mais suivant sa manière, il indiqua avec ménagement un
moyen de sortir de cet embarras, en disant qu'il s'abs-
tiendrait de formuler d'autres demandes, pour éviter
toute apparence d'immixtion dans les affaires turques et
dans l'espoir que, sur la simple requête des capitaines, la
Porte relâcherait les navires de son propre mouvement.
C'est ce qu'on fit.

Déjà auparavant lord Strangford avait entamé d'une
manière toute pratique la question de la liberté de navigation dans la mer Noire et il avait préparé (mars) une

---

(1) Instruction donnée par l'ambassadeur anglais au premier interprète de l'ambassade, 25 mai 1823. MS.

médiation afin de procurer à la Sardaigne un traité d'a-
mitié et de commerce qui devait accorder à cet État ce
privilége qu'il avait depuis longtemps cherché à obtenir.
Mais ces négociations traînaient en longueur et ne produisirent pas de résultats, ce qui était un indice que la
Porte ne voulait ni rétablir les priviléges de la *simulation*, ni les remplacer par la liberté de navigation. A en
juger de ce commencement des négociations, il aurait
fallu un demi-siècle pour arriver à un état de choses répondant tant soit peu aux propositions de la Russie. Ce
fut à ce dernier point que s'accrocha la cour de Saint-
Pétersbourg, dès que le désir de faire la guerre lui fut
venu de nouveau; car de tout temps elle s'était plainte
avec le plus d'amertume de la ruine de ses provinces les
plus fertiles, ruine qui était, d'après elle, la conséquence
de la marche traînante qu'avaient prise jusqu'alors les
négociations.

Troisième série de demandes russes.

Il y avait déjà quelque temps qu'on avait cherché de
nouveau à Saint-Pétersbourg quelles pourraient être les
demandes qu'on adresserait encore à la Turquie, lorsqu'on reçut enfin à Constantinople (4 juillet) la réponse (1)
que Nesselrode avait faite (18 mai) au reïs-effendi, et
qui était partie fort tard ; elle s'en référa, pour les points
essentiels, aux communications que ferait Strangford.
Nesselrode écrivit en même temps à ce dernier (19 mai),
pour lui témoigner la satisfaction que lui causait l'état
des choses en général. On voulait, disait-il, fermer les
yeux sur l'innovation de boyards nommés à la place
d'hospodars d'origine grecque.

---

(1) Office du comte Nesselrode au reïs-effendi, 6/18 mai. MS.

Mais, d'autre part, le cabinet russe se plaignit au
sujet du firman qui favorisait la marine marchande de la
Turquie, tandis qu'il menaçait le commerce russe d'une
stagnation complète ; il se plaignit encore de ce que l'évacuation des Principautés n'eût été exécutée qu'incomplé-
tement. A l'ambassadeur lui-même, on reprocha, dans les
formes les plus amicales, qu'il n'eût pas du tout parlé de
l'alternative posée à Vérone au sujet des affaires grecques,
tandis qu'une déclaration de la Porte à cet égard était
indispensable pour pouvoir arriver à une réconciliation
complète.

Metternich aussi avait fait partir avec cette lettre des
instructions pour le nouvel internonce, le baron Ottenfels (1), instructions qui s'occupaient principalement de
la question du rétablissement des relations diplomatiques.
La Porte, disait Metternich, désirait les renouer, afin de
produire une impression salutaire sur les rebelles ; en
outre, tous les ambassadeurs à Constantinople étaient
d'accord sur les avantages qui en résulteraient. Mais
l'empereur ne voulait pas faire un essai d'un résultat
douteux pour rétablir ces relations ; il voulait, au contraire, qu'elles fussent durables. Dans une dépêche ré-
servée portant la même date, le grand chancelier disait
« que les ambassadeurs à Constantinople ne voyaient
« que les avantages qu'offrirait l'envoi d'un chargé
« d'affaires russe, tandis que le czar n'en voyait que les
« embarras ; que, si les ambassadeurs eux-mêmes, les
« représentants des puissances amies, ne trouvaient,
« comme ils le savaient bien, que des désagréments, un
« ambassadeur russe serait considéré comme un ennemi.

---

(1) Dépêche à M. le baron d'Ottenfels, 21 juin. MS.

« Lord Strangford verrait, ajoutait-il, par la dépêche
« confidentielle de Nesselrode, que tous les petits griefs
« qu'on y avait élevés ne feraient pas obstacle au réta-
« blissement des relations, pas même la question de la
« pacification : la *seule* condition indispensable pour ob-
« tenir ce résultat était, *à ce moment*, d'affranchir le
« commerce de toutes les entraves, de rétablir la liberté
« de navigation dans la mer Noire. »

C'était donc là, après l'ultimatum et après les demandes
de Vérone, une *troisième série* de conditions. Suivant
ces instructions, Strangford insista dès lors de toutes ses
forces sur le rappel des mesures qui réglaient le commerce. Peu de temps après que Metternich lui avait indiqué la direction qu'il devait suivre, l'ambassadeur anglais avait reçu de son ministre, Canning, de nouvelles
instructions (du 15 juillet), qui lui enjoignaient une marche
décidée, d'un ton tellement énergique, que lord Strangford se vit autorisé à faire des démarches extrêmes. Malheureusement, toutes les autres communications qui lui
parvenaient dès lors d'Angleterre l'arrêtaient dans sa
marche jusqu'alors victorieuse.

Depuis l'arrivée de Canning au poste de ministre, la
Porte avait reçu nouvelles sur nouvelles, l'informant du
revirement qui s'était fait dans l'opinion publique à
Londres ; elle avait été renseignée au sujet des comités
philhelléniques et de leurs souscriptions, des collectes, des
agitations en faveur des Grecs et des délégués expédiés
pour servir leur cause, et elle avait appris qu'un changement complet s'était fait dans l'application de la neutralité. Tout cela rendit toutes les démarches de lord
Strangford beaucoup plus difficiles; néanmoins il con-
servait toujours son grand crédit et son influence auprès

de la Porte. Il avait en vain demandé dans une Note
(8 juillet), qu'on lui accordât une conférence. Le reïs-
effendi lui fit dire qu'il ne voulait plus entendre parler
de cette affaire russe ; s'il lui présentait une Note, il y
répondrait.

Or, on savait par une longue expérience qu'on pouvait encore plus facilement traiter et s'entendre avec les
Turcs verbalement que par écrit. L'étroitesse de leur
intelligence et leur naïveté ne pouvaient guère offrir
plus d'avantages aux diplomates fins que le sentiment de
leur dignité et du droit et leur bon sens n'en offraient à
ceux qui étaient animés d'intentions honnêtes et loyales.
Sobres en paroles, les Turcs se maîtrisaient beaucoup
plus facilement dans la conversation que dans leurs Notes
où, tombant dans une redondance confuse, ils disaient
toujours plus qu'ils ne voulaient. Désirant donc prévenir
un échange inutile de Notes, lord Strangford se décida
à faire une démarche énergique et à annoncer les récentes expéditions reçues d'Angleterre comme le résultat
d'une dernière résolution prise par son gouvernement en
commun avec ses alliés. Il résolut de résumer dans sa
Note tous les points indiqués par la Russie, et, en demandant péremptoirement une conférence, de laisser à
la Porte l'alternative entre la paix et la guerre.

L'internonce prépara les ministres turcs à ces démarches vigoureuses qui étaient calculées avec une justesse
parfaite. Le jour (11 août) où la Note écrite fut présentée (1), Djanib, qui jusqu'alors avait été l'âme du ministère, fut révoqué de ses fonctions, non pas tant parce

---

(1) Note de l'ambassadeur d'Angleterre à la Sublime Porte, le
11 août. MS.

qu'il était tombé en disgrâce réelle, mais pour lui épargner l'humiliation d'un changement de principes. Le pacifique Saïda-Effendi, rétabli dans les bonnes grâces du sultan, remplaça (30 août) Djanib dans la conférence qu'on accorda à l'ambassadeur (1). La Note de lord Strangford avait encore une fois ébranlé l'opiniâtreté du sultan. La Porte consentit à la nomination d'une commission mixte qui devait délibérer sur les griefs ayant trait au commerce. On ne saurait annuler la défense du transbordement, disait-on, puisque c'était un ancien règlement; mais, d'un commun accord avec lord Strangford, on chercherait un moyen de protéger les intérêts de la Russie à cet égard; sur d'autres points, la Porte avait donné déjà auparavant des explications satisfaisantes.

En aucun cas, les priviléges de la *simulation* ne devaient plus durer. La Porte accepta, au contraire, formellement l'autre alternative offerte à Vérone, en accordant, sous la condition d'une convenance réciproque, le libre passage dans la mer Noire, à *toutes* les puissances qui le demanderaient; le traité de commerce avec la Sardaigne devait être immédiatement mis en vigueur. Ces mesures furent effectivement exécutées peu de temps après (25 oct.), et toute l'Europe en devait de la reconnaissance à lord Strangford; en effet, peu à peu les autres puissances d'un rang inférieur obtenaient aussi, sans d'autres démarches, ce droit qu'auparavant les amis les plus puissants de la Porte n'avaient pu obtenir qu'après des guerres heureuses, ou après avoir rendu à la Turquie les services les plus signalés.

(1) On n'y fit pas de protocole.

Le message officiel (10 sept.), dans lequel le reïs-effendi résuma le résultat de ses efforts, fut considéré encore une fois comme l'*acte final des négociations*. Lord Strangford en fit son rapport au ministre russe (1). Il y disait « qu'il avait assumé la responsabilité de faire de « son cabinet, qui jusqu'alors n'avait fait que coopérer « avec les autres puissances, l'acteur principal, et de « signifier à la Porte que, si son opiniâtreté ingrate con- « tinuait à durer, le jour pourrait venir où le divan trou- « verait peut-être des difficultés à conserver ses rapports « d'amitié avec l'Angleterre ». Après avoir énuméré ses succès, Strangford ajouta que, sur deux points seulement que Metternich lui avait indiqués comme étant les moins accentués dans les dernières demandes de Nesselrode (du 19 mai), il n'avait pas voulu forcer la Porte à une solution définitive, de peur de risquer le fruit de tous ses efforts : ces deux points étaient la pacification de la Grèce et la situation des Principautés. « Quelques hommes fana- « tiques, disait l'ambassadeur, avaient mal conseillé la « Porte, en lui faisant adopter les mesures relatives à la « navigation ; quant à la question de la pacification, elle « touchait à un principe sur lequel tous les musulmans « étaient d'accord. »

Lorsque dans la conférence, comme il l'avait déjà fait bien souvent, lord Strangford avait parlé de l'insurrec- tion, qui n'avait pas de fin, Saïda-Pacha lui avait ré- pondu, en lui reprochant que tous les alliés et amis de la Porte continuaient toujours à soutenir la révolte, comme l'ambassadeur devait bien le savoir. « Et à qui, dit le .

---

(1) Lettre de lord Strangford au comte Nesselrode, du 22 septem- bre. MS.

« ministre turc, l'idée serait-elle jamais venue de repro-
« cher à l'Angleterre de ne pas avoir terminé en deux
« ou trois campagnes la lutte avec ses colonies? Strang-
« ford ajouta ensuite, dans sa dépêche, qu'on ne lui
« avait jamais indiqué un moyen précis d'atteindre ce
« but de la pacification, ni une proposition bien déter-
« minée dont il aurait pu se servir pour arriver à la so-
« lution de cette question qui, tous les jours, devenait
« plus épineuse et *plus étrangère au ressort des diplo-*
« *mates.* C'est pourquoi, disait-il, il n'avait suivi les ins-
« tructions de Vérone qu'en tant qu'il avait insisté pour
« que la Porte continuât le système de la modération ré-
« cemment adopté, et une série de faits démontrait d'une
« manière incontestable que le gouvernement turc avait
« actuellement suivi ses conseils ; depuis toute une année,
« il n'y avait pas eu, dans la capitale, ni exécution ni
« arrestation pour des crimes contre l'État. Quant aux
« mesures prises dans les Principautés, la Porte les jus-
« tifiait par ce qui se passait en Bessarabie et par d'autres
« raisons résultant de l'état général des affaires. »

Strangford envoya aussi à Metternich un rapport semblable (23 septembre). « La première série des demandes
« russes, y disait-il, les quatre articles de l'ultimatum
« étaient acceptés, ainsi que la seconde série de demandes,
« celle de Vérone, y compris les deux conditions de la
« satisfaction à donner à la dignité de l'empereur et de
« *la série des faits* qui prouvaient que la Porte avait
« adopté un système de modération. La manière dont le
« gouvernement ottoman avait satisfait à la première de
« ces conditions (la lettre du reïs-effendi) avait eu, disait
« Strangford, un cachet véritablement turc, on ne pour-
« rait pas le nier ; mais, quant à la seconde, les Turcs

« s'y étaient conformés dans un sens beaucoup plus
« chrétien qu'on n'aurait pu s'y attendre de leur part.
« Même la *troisième* série de demandes, telle qu'elle
« était contenue dans la lettre de Nesselrode en date du
« 19 mai, avait été exécutée, excepté la seule demande
« de la pacification immédiate. La sagesse de l'empereur
« devait décider maintenant si la somme de tous ces ré-
« sultats suffisait pour motiver le retour de l'ambassade
« russe. Lord Strangford recommanda d'une manière
« particulièrement pressante de bien peser l'influence
« morale que ce retour exercerait précisément sur la
« pacification, sur la solution de ce problème presque
« insoluble. Les principes de tous les Turcs étaient en
« opposition directe avec cette pacification tentée par
« des ingérences étrangères ; quant à l'ambassadeur lui-
« même, il avait été arrêté par le caractère même de ses
« instructions qui lui indiquaient un but, mais non pas
« le moyen de l'atteindre. Pour son action en faveur de
« la pacification, il aurait pu trouver un stimulant dans
« l'approbation de sa nation, approbation qui ne laissait
« indifférent aucun cœur anglais ; mais il n'avait eu
« devant lui, disait-il, que le seul chemin du devoir, con-
« duisant vers le seul but qui lui parût le plus important,
« tant que les événements n'auraient pas démontré de
« quelle manière on pourrait rendre une intervention
» salutaire, et tant qu'il ne serait pas prouvé lequel des
« deux était le plus important ; *ou* de délivrer les Grecs
« de l'oppression des Turcs, *ou* d'empêcher que la Grèce
« révoltée ne devînt la proie des rebelles et le refuge du
« rebut de tous les pays. »

Quatrième série de demandes russes.

Lord Strangford croyait peut-être que sa mission était

terminée, et qu'on ne pouvait plus douter sérieusement
que l'ambassade russe ne retournât à Constantinople,
lorsque tout d'un coup il entrevit une quatrième série de
demandes venant de Czernowitz. Dès le milieu de cette
année, le prince Metternich avait songé à donner un nouveau contre-poids aux influences de Pozzo, et d'enlever
de nouveau, aussi vite que possible, à son entourage
russe, le czar, qui, dans toutes ces affaires, était le miroir
fidèle du sultan, par sa susceptibilité et sa mesquinerie,
par ses chicanes et sa résistance opiniâtre, par sa haine
et sa défiance. « Il faut absolument le tenir au milieu de
« nous, disait le grand chancelier au prince Hatzfeld,
« autrement il nous échappera. » Metternich avait donc
provoqué une nouvelle réunion des deux empereurs à
Czernowitz, sur la frontière de la Galicie. Effectivement,
les deux monarques s'y rencontrèrent (commencement
d'octobre); mais Metternich, malade, dut rester à Lemberg où Nesselrode alla le trouver.

On n'avait pas encore reçu les dernières nouvelles de
Constantinople; les rapports de Tatistchev avaient représenté au czar des résultats quelconques comme aussi peu
probables que possible. L'autocrate était ennuyé et irrité
de ces délais continuels; il s'impatientait en voyant que
Metternich voulait étouffer par les paroles de ses dépêches
les griefs réels de la Russie contre les Turcs; il était sur
le point de se rendre dans le Midi de son empire pour y
passer une grande revue, et de faire un voyage dans les
provinces qui avaient souffert de la stagnation du commerce. Il dépendrait, disait-il, de l'arrivée et de la teneur
des expéditions prochaines de Constantinople, s'il y rén-
verrait son ambassade ou *s'il déclarerait immédiatement
la guerre.*

« Des intérêts immenses, écrivit Gentz (1), sont
« ici en jeu; il ne s'agit pas seulement de l'existence
« ou de la non-existence de l'empire turc, mais bien de
« la continuation ou de la dissolution de tout le système
« politique! »

A ce moment arrivèrent à Czernowitz les rapports de
Strangford, et quel était le fruit de la montagne en
travail? La « résolution immense », qu'on voulait
prendre, se réduisit encore en une demi-mesure, com-
promettant encore une fois ce qui avait été déjà gagné;
cependant, d'après les déclarations qu'il pria le prince
Hatzfeld de transmettre au roi de Prusse, Metternich
considéra encore une fois cette affaire comme « compléte-
« ment terminée ». On exposa de la manière la plus
fâcheuse l'ambassadeur d'Angleterre qui, d'après les instructions les plus précises de Metternich, avait poursuivi
et obtenu le rappel des mesures qui réglaient le commerce comme la question principale dont devait dépendre, en dernier lieu, le rétablissement des relations
diplomatiques.

Mais, à ce moment, l'évacuation complète des
Principautés était devenue de nouveau l'objet du ca-
price de l'empereur de Russie, qui voulait qu'elle pré-
cédât le retour de l'ambassade.

Le czar envoya, à la vérité, le conseiller d'État Minciaky à Constantinople, mais seulement avec la mission,
très-nettement circonscrite, de mettre la dernière main
aux arrangements concernant le commerce (2). « L'em-

---

(1) Correspondance entre Gentz et A. Müller, p. 376.
(2) Lettre du ministre des affaires étrangères de Russie au reïs
effendi. Lemberg, octobre. MS.

« pereur, écrivit-on (10 octobre) à lord Strangford (1),
« appréciait les difficultés que l'ambassadeur anglais
« avait trouvé à vaincre par rapport à la question de la
« pacification ; mais il ne saurait la laisser tomber. Du
« reste, dans cette question, qui, d'après la conviction
« du czar, ne devrait être attaquée que par une interven-
« tion faite en commun par toutes les puissances (2),
« l'empereur de Russie s'adresserait à ces cours aux-
« quelles il ferait présenter un travail que Metternich et
« Nesselrode prépareraient en commun ; la question sur
« l'évacuation serait au contraire à vider immédiatement
« à Constantinople. »

On ajouta à ces lettres un Mémoire (3) qui devait
servir à repousser les objections des Turcs et leurs justi-
fications au sujet des mesures prises par eux dans les
Principautés. Avec sa clarté si distinguée et avec l'énergie
que ses instructions l'autorisaient à déployer, lord Strangford devait profiter des considérations contenues dans
ce Mémoire pour obtenir l'évacuation ; l'internonce, qui
avait reçu de nouvelles instructions (13 septembre), était
chargé de l'appuyer dans cette œuvre. Mais dès ce moment, lord Strangford s'effaça davantage et se montra
moins actif, sous prétexte de céder, dans cette question,
le pas à l'Autriche, en sa qualité d'État voisin. Par conséquent, l'internonce présenta la nouvelle demande dans
une conférence (14 octobre). Strangford l'appuya sous

---

(1) Lettre du comte Nesselrode à lord Strangford. Czernowitz, le
10 octobre. MS.
(2) Lettre du prince Metternich à lord Strangford. Léopol (Lemberg).
le 16 octobre. MS.
(3) Observations concernant les principautés de Valachie et de Moldavie. MS.

main, comme Canning lui-même le lui avait enjoint; il
chercha des aides; il noua des relations intimes avec
Ghalib-Effendi qui lui promit son entremise pour obtenir
l'évacuation, si lord Strangford voulait lui donner l'assurance que l'ambassade russe reviendrait aussitôt, et
que la cour de Russie n'élèverait plus d'autres prétentions.

Cependant, les démarches de l'internonce n'eurent pas
de résultat. Il est vrai qu'on expédia avec plaisir le
firman demandé comme passe-port par Minciaky et qu'on
le fit avec des formes, telles qu'on n'en avait jamais employé à l'égard d'aucun ambassadeur; mais on refusa
l'évacuation par des motifs convenables et avec des
formes bienséantes (1). Malgré cela, les ministres du
sultan eux-mêmes croyaient qu'on était arrivé à une
crise décisive; on s'attendait à la formation d'un gouvernement entièrement nouveau depuis le moment où le
célèbre Ghalib-Effendi, l'élève du sultan Sélim (Cf. p. 95),
était arrivé dans la capitale turque; on s'attendait à un
gouvernement qui, des deux côtés, offrirait les garanties
nécessaires pour qu'on exécutât les promesses, mais aussi
pour qu'on cessât enfin d'en faire d'autres.

On trouva la garantie pour ce dernier point déjà dans
ce fait que Djanib (octobre) avait de nouveau commencé
à siéger dans le conseil des ministres peu de temps avant
que Ghalib, qui, en dernier lieu, avait été commandant
des troupes sur le Bosphore, vînt à Constantinople
(27 octobre). Cet homme, issu d'une famille byzantine
peu connue, avait à ce moment à peu près soixante ans.
Il avait rempli presque toutes les hautes fonctions à l'in-

(1) Note de la Sublime-Porte à l'internonce, du 8 novembre. MS.

térieur et à l'extérieur, et, pendant son ambassade à
Paris (en 1802), il avait pu connaître aussi les mœurs et
l'état de choses de l'Occident. Intelligent, plein de re-
parties spirituelles (1), exempt de fanatisme religieux et
politique, d'humeur paisible et sachant toujours garder
la mesure, il passait sans contestation, pour le seul
homme dans l'empire qui possédât la connaissance parfaite des relations extérieures, et qui fût capable d'envisager les choses sous un point de vue rationnel et élevé,
comme les conjonctures si difficiles le demandaient.

Peu de temps après son retour à Constantinople, il fut
nommé grand vizir (13 décembre), avec des formes qui
marquaient la distinction dont le sultan voulait l'entourer.
Dans le chatcherif, on avait, pour cette fois-ci, supprimé
les fameuses paroles : « Voyons un peu comment tu t'y
prendras ! » D'après sa teneur, cette ordonnance semblait
attribuer de nouveau à Ghalib toute la plénitude des
anciens pouvoirs du vizirat, droit que, sous le sultan
actuel, aucun des vizirs n'avait encore pu s'attribuer.
Par suite de la nomination de Ghalib, les autres ministres
furent changés aussi, comme on s'y était attendu, de
sorte que Souleïman-Effendi, qui avait été en dernier lieu
ministre de l'intérieur, fut remplacé par le reïs-effendi
Sadik, comme celui-ci eut pour successeur Saïda-Effendi
qui partageait tout à fait les opinions de Ghalib ; c'était

---

(1) Après son retour de Boukharest, où il avait signé la paix, son
ennemi Chalet le reçut en lui disant avec sarcasme : « *Rusili ghâlib*
« *geldy !* » ce qui peut signifier : « La Russie est sortie victorieuse, »
ou encore : « le Russe (*rusly*) Ghalib est venu. » Ghalib répondit :
« *Bu halet meïdanda iken, rusili ghâlib gelyr !* » c'est-à-dire : « Dans
« cet état de choses, la Russie doit être victorieuse ; » ou bien : « Puis-
« que Chalet est dans cette position, il faut que le Russe soit victo-
« rieux. »

cet ancien ministre récemment disgracié dont nous avons souvent parlé avec éloges. Le grand vizir s'efforça aussitôt d'imprimer au gouvernement une forte direction, et abandonna au favori, au silichdar, les intrigues du sérail. Mais malheureusement Ghalib aussi, comme déjà Benderli-Ali peu de temps avant lui, devait faire l'expérience qu'il était extrêmement difficile, dans sa position, d'empêcher le mal, et qu'il était impossible d'y faire le bien.

Dernières démarches de lord Strangford.

M. de Minciaky fut reçu à Constantinople avec de grands honneurs (22 janvier 1824), lorsqu'il y arriva enfin après avoir été fort longtemps en route. Avec une attention délicate, la Porte rappela Danesis (Cf. t. XII, p. 102) par un firman de grâce de son exil. Mais aussitôt on vit s'élever de nouvelles difficultés au sujet de la position du délégué russe. Il avait été envoyé à Constantinople pour protéger le commerce et la navigation de la Russie; ce droit supposait la faculté de remettre au divan des Notes officielles, faculté que jusqu'alors la Porte n'avait attribuée qu'aux ambassades. Le conseiller d'État russe revendiquait donc les droits d'ambassadeur, tout en déclarant en même temps qu'il n'en avait pas le caractère. Puis, les négociants russes à Constantinople, placés provisoirement sous la protection de l'internonce, avaient accepté le tarif autrichien pour les douanes; Minciaky demanda qu'on rétablît le tarif russe, tandis que le reïs-effendi exigea une révision et un renouvellement de ce tarif dont le terme avait expiré pendant ce temps.

Cependant, lord Strangford réussit à faire surmonter ces nouvelles difficultés, comme il avait déjà profité de l'arrivée de Minciaky pour remporter un autre avantage;

dans un entretien secret avec Ghalib, événement devenu
très-rare, il obtint encore une fois, du moins en principe,
la concession que les Turcs évacueraient les Principautés
sur la promesse que ce serait la dernière de toutes les
demandes de la Russie. Lorsque lord Strangford revint
de cet entretien, il dit : « J'ai trouvé mon homme! » Il
avait dû s'entendre dire par Ghalib les choses les plus
fortes sur le changement dans l'attitude de l'Angleterre.
Beaucoup d'incidents récents et de diverse nature ; une
conspiration ourdie par des Ioniens à Constantinople
qu'on venait de découvrir ; les excès dont quelques
Anglais s'étaient rendus coupables ; la brouille qui était
survenue entre le gouvernement anglais et le dey d'Alger,
et dont Canning n'avait pas même fait avertir la Porte :
tout cela avait rempli les ministres d'amertume et avait
irrité le peuple, qui se laissait aller publiquement à des
imprécations contre les Anglais.

Cet état de choses détermina l'ambassadeur d'Angleterre à ne pas hâter ses démarches au sujet des Principautés. En outre, il y avait encore des motifs trop graves
qui s'opposaient à l'évacuation complète de ces provinces,
pour que la Porte n'éprouvât des difficultés dans l'exécution immédiate de cette mesure. Il fallait qu'elle eût de
bonnes raisons pour se montrer si tenace dans cette
affaire, puisque, dans d'autres questions d'une importance
infiniment plus grande, elle fit preuve d'une loyauté et
d'une facilité extrêmes. Le schah de Perse retardait la
ratification du traité de paix au moment même où la
Russie, après avoir vu que ses rapports avec la Porte
s'amélioraient, ne s'inquiétait pas si ses relations avec la
Perse s'empiraient, et suscitait de nouveau des querelles
très-envenimées sur la délimitation des frontières.

C'est pourquoi le prince Abbas-Mirza fit proposer à la
Porte une alliance offensive et défensive, afin « de se
« garantir mutuellement des effets de la terrible prépon-
« dérance russe » ; mais la Turquie refusa d'y accéder
par égard pour la Russie ; le sultan voulait éviter tout ce
qui pourrait donner lieu à de justes plaintes. La diplomatie se détermina enfin à profiter de cette bonne disposition de la Porte, afin de donner un dernier assaut
pour enlever l'évacuation. L'internonce et le chargé
d'affaires de Prusse essayèrent d'ouvrir la brèche, puis
Strangford devait faire l'attaque principale. Ghalib la prévint par une sortie.

Au moment même où l'ambassadeur anglais avait terminé sa Note, Ghalib lui fit remettre un Mémorandum
(9 avril) dans lequel il lui disait, avec les formes les plus
convenables, les vérités les plus dures au sujet d'actes
hostiles commis par des sujets anglais, actes que le gouvernement britannique pourrait évidemment empêcher s'il
le voulait, et, ajouta Ghalib, il était temps de le *vouloir*.
Malgré tous les mauvais augures que ses collègues lui
faisaient remarquer, lord Strangford ne se laissa pas empêcher de remettre sa Note (1) le lendemain (10 avril).

Cet écrit ne pouvait guère ajouter d'arguments nouveaux aux anciens qu'il avait répétés déjà si souvent.
Cependant on y avait habilement accentué le reproche
qu'on faisait à la Porte de ce que, il y avait plus d'un an,
le reïs-effendi (dans sa lettre du 25 février 1823) avait
déclaré, dans les termes les plus positifs, qu'on avait
exécuté l'évacuation qui n'avait pas encore été effectuée

---

(1) Note de l'ambassadeur anglais adressée à la Sublime-Porte, le
10 avril 1824. MS.

au moment actuel. Strangford pouvait ensuite mettre à côté de cette pilule amère un appât séduisant : il se déclara autorisé par le czar à faire savoir officiellement à la Porte, qu'actuellement l'évacuation complète et immédiate des Principautés était *la seule et l'unique* condition dont l'empereur faisait dépendre le rétablissement complet des relations diplomatiques avec la Turquie.

Les ministres turcs imposèrent silence au ressentiment que leur avait inspiré l'ambassadeur anglais ; dans la conférence avec lui (27 avril), ils reconnurent formellement la nécessité de l'évacuation, et lui donnèrent l'assurance solennelle que les désirs des alliés seraient réalisés. Le dernier obstacle qui s'opposât au retour de l'ambassade russe allait donc tomber. Toutes les autres mesures prises par la Porte, sa manière de traiter la question du tarif et celle du traité avec la Sardaigne, témoignaient du désir sincère des Turcs d'arriver à une réconciliation, bien que la Russie n'y répondît pas du tout. Les quatre navires, relâchés dernièrement par la Russie, avaient été de nouveau expédiés d'Odessa ; l'un d'eux avait un tonnage qui dépassait d'un tiers le maximum du tonnage admis par les traités ; cependant les Turcs ne lui suscitèrent aucune difficulté.

Ainsi lord Strangford pouvait donc considérer son œuvre comme terminée. Il avait obtenu un congé dont il désirait profiter à ce moment-là. Il annonça encore une fois ses succès définitifs au czar, au comte Nesselrode (29 juin) et au prince Metternich (1er juillet). A ce dernier il fit connaître, en prenant congé de lui, son opinion sur la grande question de savoir si, après tous ces succès, le rétablissement des anciennes relations amicales était réellement consolidé, si la paix était effectivement assurée. Strangford dit qu'il avait toujours fait remarquer confidentiellement au prince, qu'après avoir satisfait aux demandes russes, on serait obligé d'attaquer la question des contre-demandes turques, bien qu'on l'eût toujours évitée comme un *noli me tangere* : il ne doutait pas, ajouta-t-il, que la Porte ne demandât contre la Russie le même service d'intervention que les alliés avaient rendu au czar contre le sultan, et qu'immédiatement après le retour de l'ambassade russe, les ministres turcs ne reprissent la question des frontières en Asie. Les relations rétablies avec peine entre les deux cours seraient compromises par de nouvelles aigreurs, et cela, au moment même où l'on allait s'occuper des plus difficiles et des plus délicates de toutes les questions dont la solution dépendrait entièrement du degré de confiance qu'on réussirait à inspirer à la Porte. Le seul moyen de vaincre sa résistance au sujet de l'immixtion dans ses affaires serait de lui prouver que les puissances, et la Russie en premier lieu, ne refusaient pas d'examiner aussi les demandes turques avec justice. « La plus grande impartialité et « l'équité la plus consciencieuse dans toutes nos relations « doivent être la première base de la négociation pro- « chaine. Sans elles, point de succès. »

Cette lettre semblait envisager les événements futurs d'une manière assez triste; mais dans les cercles diplomatiques, on avait plus de courage et on croyait pouvoir « interroger l'avenir avec une nouvelle confiance ». Le gouvernement russe nomma M. de Ribeaupierre ministre à Constantinople, jusqu'à l'arrivée duquel Minciaky (1)

---

(1) Office du comte Nesselrode à l'ambassadeur d'Angleterre. Saint-Pétersbourg, 16/28 août, et au reïs-effendi de la même date. MS.

devait, comme chargé d'affaires, remplir les fonctions
de l'ambassadeur. Les empereurs d'Autriche et de Russie
adressèrent à lord Strangford et au roi d'Angleterre des
lettres, afin de les combler de leurs remerciements pour
les services qui leur avaient été rendus. A ce moment,
la diplomatie se vit arrivée en sûreté au but des travaux qui l'avaient sans cesse occupée depuis trois ans.

La pacification dans la cinquième série des demandes russes.

Et pourtant, à peine les rapports qui contenaient le
récit des victoires de lord Strangford furent-ils partis de
Constantinople, que, après une opération nouvelle, mais
préparée de longue main par l'empereur de Russie, il se
produisit aussitôt, dans la capitale turque, un nouveau
revirement qui annonçait un nouvel état de guerre diplomatique. L'ambassadeur anglais venait de déclarer, en
termes fort clairs, autant qu'une simple intelligence pouvait le comprendre, que l'évacuation était la *dernière de
toutes* les demandes russes. Aussitôt, dans une cinquième
série, on vit de nouveau surgir la pacification, celle qui
de toutes les prétentions était la plus odieuse à la Porte,
question que la Turquie pouvait croire avoir écartée en
exécutant l'une des deux alternatives posées à Vérone,
et au sujet de laquelle tous les diplomates à Constantinople avaient jusqu'alors observé le plus profond silence.

Le *Constitutionnel* de Paris publia (31 mai) tout à
coup des extraits d'un Mémoire russe exposant une nouvelle base pour la pacification de la Grèce, dans un
esprit tout autre que celui des propositions antérieures
de l'Autriche. Cette publication fut connue à Constantinople au moment même où lord Strangford venait d'expédier ses derniers rapports. On croit que la publication
de ces fragments significatifs, profond secret de la diplo-

matie, a eu pour auteur le parti qui, en Russie, était pour
la guerre, parti qui aimait à lancer de pareils brandons
dans le monde, afin de rendre toute paix impossible. Un
premier succès immédiat ne lui manqua point. L'effet
produit par cette publication sur le divan se manifesta en
ce que l'évacuation des Principautés, qui avait été pro-
mise, fut de nouveau arrêtée ; qu'on la fit dépendre de
l'expulsion de tous les sujets étrangers, établis dans ces
provinces, et que le grand-vizir Ghalib fut destitué.

Poursuivi par la défiance du sultan ; peu aimé des
janissaires ; abandonné par les ulemas après que ceux-ci
s'étaient servis de lui pour amener la chute de son prédécesseur ; délaissé de son parti dès qu'on vit qu'il s'occupait plutôt des intérêts de l'État que de ceux de ses
adhérents ; jalousé par le favori ; tracassé par l'intendant
de la monnaie, Housny-Bey, ennemi des Francs, et par
le ministre de l'intérieur, Sadik, élève de Djanib : Ghalib
n'avait presque qu'un seul partisan véritable et fidèle,
le reïs-effendi Saïda, qui, à ce moment, était malade et
alité. De cette manière, Ghalib tomba parce qu'il n'avait
pas eu d'appui et, comme le disait le chatcherif (16 septembre) adressé à son successeur, parce que, sorti de la
classe des écrivains, il avait négligé sa véritable mission
si grande et si importante, la répression de la rébellion
grecque. Pauvre et endetté, il quitta son poste pour aller
dans l'exil à Gallipoli. Son successeur, Mehmed-Selim-
Siri-Pacha, en dernier lieu gouverneur du district de
Silistri, savait toute la distance qui le séparait de lui :
« Ghalib, disait-il, était la véritable colonne d'or de
« l'empire, tandis que moi je ne suis qu'un faible
« roseau, incapable de porter un aussi lourd fardeau. »
A ces causes de faiblesse s'ajouta encore la mort de

Djanib qui survint à ce moment (20 septembre) ; le reïs-effendi, privé dès lors de tout appui solide, sentit qu'il n'avait aucune influence.

Les derniers hommes d'État qui possédaient des principes politiques avaient disparu ; dans l'incertitude où l'on était, on se vit livré à la puissance et à l'influence des conjonctures, au moment où l'ennemi fit voir qu'il avait adopté un nouveau plan d'attaque systématique. En effet, depuis longtemps déjà, le czar avait continué en secret à jouer avec la question de la pacification. Lorsqu'à Vérone il l'avait remise au second plan, et que, pour cacher sa retraite, il avait fait semblant de faire ce sacrifice au désir de ses alliés, il n'avait, dans son opinion, consenti qu'à la séparation et à l'ajournement de la question. Dès que les points en litige strictement russes semblèrent arriver à une solution, résultat auquel on était parvenu pendant le séjour des deux empereurs à Czernowitz, le czar recommença de nouveau à renouveler les démonstrations de sa sollicitude pour ses coreligionnaires. Il s'y était ajouté, dans cette réunion, encore une seconde considération : on venait de recevoir précisément ces jours-là la nouvelle de la reddition de Cadix ; les affaires d'Espagne, qu'on avait commencé à traiter dans la dernière réunion des monarques, avaient été terminées dans celle-ci ; la fin des troubles en Occident permettait de revenir très-sérieusement aux troubles en Orient.

L'indécision des mesures prises à Czernowitz pour rétablir les relations diplomatiques avec la Porte, avait trouvé son explication déjà dans ces considérations. Par égard pour les Grecs, on ne voulait pas envoyer à Constantinople un ambassadeur proprement dit, dont la seule

présence aurait été considérée par la Porte comme un
triomphe remporté sur les rebelles, tandis que, d'autre
part, elle aurait soupçonné l'ambassadeur russe de con-
nivence avec les Grecs, si ceux-ci avaient continué à
être victorieux. Nous nous rappelons que de Czernowitz
même on avait déchargé lord Strangford de toute autre
démarche dans l'affaire de la pacification, puisque le
czar voulait préalablement s'entendre avec ses alliés sur
ce sujet; Nesselrode avait annoncé (10 octobre 1823) à
l'ambassadeur anglais que lui, le ministre russe, et Metternich, élaboreraient ensemble un Mémoire sur cette
question.

Metternich ne fut pas peu étonné et embarrassé, lorsqu'il apprit cet engagement tout à fait surprenant que le
ministre russe avait pris de son propre chef; car enfin,
se disait le grand chancelier, le Mémorandum fait par
lui existait, pourquoi alors un second, et cela au moment
où lui-même aurait préféré ensevelir dans l'oubli même
le seul qui existait, le sien? Sa consternation allait augmenter encore. A peine le czar avait-il de nouveau quitté
l'atmosphère autrichienne à Czernowitz, qu'il se dirigea
à pleines voiles vers son nouveau but. D'abord une circulaire (du 21 octobre) répéta que la cour impériale se
ferait un devoir de développer toutes ses vues sur cette
question. Puis un courrier d'Odessa (commencement de
novembre) annonça à Metternich la résolution du czar
de proposer à ses alliés d'ouvrir dans ce dessein des conférences de leurs ministres à Saint-Pétersbourg; le grand
chancelier vit dans cette proposition une intrigue dans
laquelle Kapodistrias, qu'il croyait avoir complétement
éloigné, jouait de nouveau un rôle.

Le cabinet de Saint-Pétersbourg envoya aussitôt de

cette ville une invitation à toutes les cours, pour les engager à donner à leurs représentants ou aux plénipotentiaires qu'elles enverraient des pleins pouvoirs tels, que
leurs résolutions pourraient être envoyées directement à
Constantinople comme instructions pour les ambassadeurs, et sans qu'on fût obligé d'attendre d'autres ordres
de leurs gouvernements. On comprend qu'à Londres ces
propositions trouvassent un accueil encore plus froid qu'à
Vienne. La susceptibilité de George Canning avait été
déjà blessée de ce qu'on n'avait jamais songé à charger
l'Angleterre de la pacification des colonies de l'Amérique
du Sud, tandis qu'on avait confié aux autres puissances
une mission semblable : à l'Autriche celle de pacifier
l'Italie, à la France celle de rétablir la paix en Espagne,
et que la Russie voulait se faire charger de la pacification de l'Orient.

Puis Canning trouva à blâmer dans le choix du lieu
de réunion ; des conférences, tenues sur ce sujet à Saint-
Pétersbourg, devaient nécessairement, disait-il, exciter
l'opinion publique et donner à demi gain de cause au
parti de la guerre. D'ailleurs un ministre anglais n'avait
pas le droit de donner à des ambassadeurs des pleins
pouvoirs tels que ceux qu'on demandait. Dans tous les
cas, Canning désirait qu'on retardât les conférences jusqu'à l'arrivée de Ribeaupierre à Constantinople et jusqu'à
la communication du Mémoire annoncé qui devait contenir le plan de la pacification. Pendant quelque temps,
on aurait dit que cette attitude froide de l'Angleterre
refroidissait aussi le zèle du czar. Nesselrode ne parlait
plus du Mémoire, Metternich n'y insistait pas non plus.

Sur ces entrefaites, ce document parut cependant tout
à coup, au commencement de la nouvelle année (9 jan-

vier 1824); on l'expédia promptement à Londres et à
Vienne, d'où il fut communiqué, sans qu'on sache exactement par quelle voie, aux journaux français qui le
publièrent. On crut y voir renaître l'esprit de Kapodistrias. Le Mémoire (1) insistait sur ce point « que les
« mêmes puissances qui avaient rétabli l'ordre en Italie
« et en Espagne devaient aussi mettre un terme à l'effu-
« sion du sang qui, pendant trois ans, n'avait cessé de
« couler en Orient et que, suivant toute probabilité, même
« la quatrième campagne n'arrêterait pas. Le remède
« se trouverait précisément au milieu entre les deux
« extrêmes, entre le rétablissement de sa domination
« absolue sur les Grecs, tel que la Porte le poursui-
« vait, et la continuation de la rébellion, but des fau-
« teurs de troubles dans toute l'Europe. La Russie pro-
« pose donc, continuait le Mémoire, de laisser les îles
« grecques sous l'empire de leurs anciennes institutions
« démocratiques, de former de la partie orientale de
« l'Hellade continentale (de la Thessalia, de la Boiotia et
« de l'Attique), de la partie occidentale (de l'Epeiros et de
« l'Akarnania) et du Péloponèse avec l'île de Kreta, trois
« principautés placées sous la suzeraincté du sultan, où
« quelques forteresses seulement devaient garder des
« garnisons turques et où l'organisation intérieure serait
« garantie par les puissances. »

Quelle ne dut être la frayeur de Metternich à la vue de
cette leçon si différente de *ses* propres propositions ano-
dines de pacification ! Le Mémoire russe avait, dans sa
franche clarté, pour but d'effectuer les commencements
de l'émancipation grecque par l'intervention de la Russie ;

---

(1) On en trouve la traduction dans Trikoupis, t. III, p. 385.

d'empêcher l'union de tous les Grecs, union qui pourrait les conduire bien trop près de la puissance et de l'indépendance ; d'éluder un affranchissement complet ; de fonder l'influence de la Russie au Sud de la Turquie comme au Nord, et de hâter le moment où la Turquie devait tomber sans qu'on mît à sa place une puissance qui pût s'y substituer. Mais quel motif pouvait avoir déterminé alors la Russie à montrer ainsi au grand jour et d'une manière si ouverte et si peu voilée ses projets que, dans les derniers temps, elle avait si soigneusement cachés et reniés? Nulle autre raison que le danger imminent de voir toute la question grecque échapper à l'influence et à l'intérêt de la Russie.

Dès 1822, les Moréotes avaient adressé leurs pétitions à l'Angleterre pour réclamer sa protection ; et qui pouvait savoir jusqu'à quel moment un ministre, tel que Canning, résisterait à la tentation d'établir un protectorat anglais sur la Grèce? Déjà les sympathies des Anglais pour la cause grecque étaient montées à un tel point que le poëte le plus célèbre de son pays et de son époque, lord Byron, prit les armes pour elle ; que des individus et des partis s'en emparèrent à l'envi, et qu'on négocia à Londres un emprunt qui promettait de tenir lieu pour les Grecs d'une puissance auxiliaire. Déjà, dans toute l'Europe, le philhellénisme était devenu une force morale qui menaçait de *désorienter* la cause grecque et de la changer en affaire entièrement occidentale et tout européenne. En face de ces grands mouvements dans les esprits de l'Occident, il fallait faire en Orient une nouvelle démonstration politique ou militaire. Telle fut la raison qui avait donné naissance au Mémoire russe destiné à devancer le Mémorandum autrichien ; telle fut la raison qui mit Kapodistrias en campagne contre Canning, et qui donna de nouveau à la politique de l'homme d'État russe un appui plus puissant que jamais auprès du czar.

Mais pour pouvoir comprendre entièrement les relations diplomatiques ultérieures qui, à partir de ce moment, changèrent d'une manière essentielle entre les puissances, il sera nécessaire de raconter d'abord les faits et les événements de l'année 1823. Puis nous aurons à jeter un regard investigateur sur l'histoire de l'opinion publique en Europe. De cette manière nous arriverons à ce point que l'histoire de la diplomatie venait d'atteindre, et nous pourrons la suivre avec les connaissances préliminaires indispensables.

D. — TROISIÈME ANNÉE DE LA GUERRE. — ÉPUISEMENT RÉCIPROQUE

Commencement de la lutte des partis à l'intérieur.

Deux années venaient de s'écouler, années remplies de luttes terribles, de victoires et de défaites sanglantes, de siéges meurtriers et de ravages affreux. Cette période paraît être à l'Européen civilisé marquée par une destinée terrible; mais les Grecs y voient les deux années heureuses de leur insurrection, quand ils les comparent

avec ce qui les suivit. Jusqu'alors on avait pu regarder
comme une espèce de règle que l'union ou les discordes
intestines parmi les insurgés étaient toujours la suite des
succès obtenus ou des échecs subis par leurs armes dans
la lutte contre les Turcs ; malheureusement cette règle
allait se montrer applicable en grand, encore à ce moment, après les grands succès des campagnes de 1822.
S'il eût été possible aux Grecs, non-seulement de mettre
soigneusement les avantages conquis à l'abri de tout
danger, mais encore de s'en servir pour obtenir de nouveaux succès ; si les révoltés eussent profité du profond
épuisement de l'ennemi, après les désastres qui l'avaient
frappé pendant cette dernière année, pour créer immédiatement une organisation politique solide à l'intérieur,
pour concentrer toutes leurs ressources afin de les appliquer aux besoins de la guerre, et pour transporter la
lutte aux points les plus favorables, ils auraient peut-être
réussi, à ce moment, à atteindre rapidement le premier
but de leur insurrection.

Mais au lieu de cela, pendant cette période où les
dangers extérieurs étaient moindres, toute la Grèce fut
précipitée dans un chaos inextricable et dans le désordre
le plus grand ; elle y fut jetée par les discordes qui s'é-
levèrent entre le gouvernement central et les gouvernements locaux, entre les autorités civiles et les chefs
militaires, entre les primats civils et les soldats. Le gouvernement central, privé de son chef par l'éloignement
de son président Mavrokordatos, semblait avoir perdu
avec lui toute intelligence et toute capacité, comme ce
défaut de capacité lui avait enlevé toute considération, et
que l'absence de considération l'avait privé de tous les
moyens d'action. La catastrophe d'Argos lui avait fait

perdre tout courage et toute énergie; ses membres s'é-
taient réfugiés, au premier moment, à bord des vaisseaux
dans le golfe d'Argos (du 8 juillet au 24 août 1822);
puis ils s'étaient rendus à Hagios-Ioannis (dans l'ancienne Thyreatis) pour s'établir enfin à Kastri, sur la
côte du Péloponèse, vis-à-vis d'Hydra (13 octobre).

Dans l'opinion des hommes de guerre, le gouvernement
central, en désertant pour ainsi dire les drapeaux, avait
perdu sa considération au même degré que l'assemblée
législative qu'Ypsilantis avait vainement engagée à quitter les vaisseaux et à revenir sur la terre ferme au milieu
des dangers. Le gouvernement aurait pu alors, à la vérité, regagner cette considération perdue, en payant
exactement la solde; mais l'épuisement de son trésor était
tellement grand, qu'on pouvait prévoir que, pendant la
campagne suivante, il ne pourrait rien faire pour procurer à l'armée de l'artillerie, ni pour rétablir le petit
corps de tacticiens, ni pour payer les équipages de la
flotte, ni même pour réparer les vaisseaux. Les membres
du gouvernement souffraient personnellement à un tel
degré des privations et de la misère, que le vice-président Kanakaris, qui avait abandonné la vie agréable et
facile d'un riche primat pour se consacrer à la révolution,
et dont le patriotisme et le désintéressement s'étaient
montrés véritables à l'épreuve, mourut à cette époque
(26 janvier 1823) sur la paille et dans une telle pau-
vreté, qu'il ne possédait plus que quelques paras.

Dans ces circonstances, le gouvernement avait perdu
son influence, dans son voisinage immédiat comme au
loin. Odyssevs, qui persécutait l'aréopage et qui méprisait
le gouvernement suprême et ses ordres, tenait le gouver-
nail dans l'Hellade orientale. A l'Ouest, les capitaines

étaient divisés entre eux par des querelles, et le sénat local était dissous. Le sénat du Péloponèse seul avait fini par s'entendre avec Kolokotronis, et il avait autant gagné en force que le gouvernement central en avait perdu. Le gouvernement n'avait pu confirmer Kolokotronis dans la dignité de général en chef que le sénat lui avait conférée, puisqu'il avait donné le commandement déjà dans le temps à Petrobey, et qu'il lui était venu du Maïna des plaintes au sujet de cette nomination faite par le sénat ; néanmoins il ne put la lui enlever de fait.

Pour sortir de sa position méprisée, le gouvernement essaya de s'entendre avec ses adversaires, à la tête desquels se trouvait Kolokotronis ; mais ceux-ci demandaient l'expulsion de ceux des membres du gouvernement qui leur étaient hostiles, par conséquent une espèce de suicide. On proposa encore un autre moyen d'accommodement, afin de réconcilier le sénat, en recevant ses membres dans l'assemblée législative ; le faible gouvernement en aurait été satisfait, mais le sénat, plus fort que lui, rejeta cette compensation.

Assemblée nationale à Astros.

Cependant la fin du pouvoir suprême, institué pour un an, était arrivée. Tout le monde, le pouvoir lui-même, désirait un changement. Une loi (21 novembre 1822) avait convoqué de nouveaux représentants pour la fin de l'année à Astros ; mais personne n'y parut. Ensuite, par une loi destinée en même temps à hâter les élections, on prolongea les pouvoirs du gouvernement jusqu'à la fin de février. Comme les représentants ne venaient pas encore tout de suite après ce second appel, on résolut de maintenir les pouvoirs du gouvernement et de transférer son siége à Nauplia ; cependant Plapoutas refusa de l'y

recevoir, puisque, disait-il, ses fonctions étaient expirées.
Mais, pendant ce temps, on voyait arriver, peu à peu
(février, mars 1823), de nouveaux représentants à Astros, et cela en si grand nombre, que bientôt on eut plus
à se plaindre de leur trop grande affluence qu'auparavant on n'avait été embarrassé par leur absence.

Les élections des partis opposés dans les éparchies
avaient fourni des représentants doubles; d'autres venaient avec le mandat qu'ils s'étaient donné à eux-
mêmes; d'autres, comme représentants de certains corps
de troupes, et même des membres de l'assemblée et du
gouvernement, dont les fonctions venaient d'expirer, se
présentèrent de nouveau et furent accueillis. Il arriva
donc que l'assemblée compta trois fois plus de membres
que celle de Piada, et que la marche qu'elle suivit fut
aussi désordonnée que celle de la première avait été régulière. Les deux partis, celui des représentants civils et
celui des militaires, se trouvèrent dès lors dans une opposition infiniment plus tranchée qu'auparavant ; l'un
était d'autant plus acharné à l'établissement d'un gouvernement légal et régulier, que l'autre, qui se prévalait
de ses nouveaux mérites, voulait, avec une plus grande
impétuosité, diviser le pays en districts militaires et le
gouverner par ses bandes.

A la tête de ce parti était, dans le Péloponèse, Kolokotronis, et Odyssevs dans l'Hellade orientale; Ypsilantis
avait eu assez peu de sens pour se joindre à eux. Cependant, si des arrière-pensées hétairistes ou russes ne l'eussent égaré, toutes ces circonstances auraient dû l'engager
à mettre ses connaissances militaires au service de Mavrokordatos et d'être avec lui du parti de l'ordre et de
l'unité. Les partisans parlementaires du parti militaire

s'assemblèrent d'abord à Nauplia, quartier général de Kolokotronis, tandis que le parti civil se réunit à Astros.

Heureusement, à ce moment même, Mavrokordatos arriva avec quelques capitaines rouméliotes et avec environ cent hommes armés; ce renfort donna au parti civil un certain point d'appui contre le triumvirat militaire, et ébranla l'unité dans le parti militaire dont les membres n'étaient d'ailleurs attachés les uns aux autres que par de faibles liens. Quelques-uns des chefs rouméliotes, qui étaient dans des rapports intimes avec des hommes tels que Zaïmis et Lontos, se mirent avec le parti civil, et même des Péloponésiens, tels que Giatrakos, Anagnostaras et les Petmezades se rangèrent de leur côté : Petrobey était poussé vers eux déjà par la rivalité naturelle entre lui et Kolokotronis.

Une espèce de juste milieu était formé entre les deux par les insulaires, parmi lesquels les Kontouriotis et les Orlandos durent, entre autres choses, s'employer pour que ceux des représentants qui appartenaient au parti militaire se résolussent néanmoins à quitter Nauplia et à se rendre à Astros. Dans cette ville, les deux partis étaient, du reste, placés l'un en face de l'autre, et habitaient, pour ainsi dire, deux camps opposés dans deux groupes de cabanes d'hivernage séparées par un torrent. Les travaux parlementaires n'étaient pas faits en commun; mais les membres du parti civil délibéraient entre eux seuls, et soumettaient leurs résolutions au parti militaire pour obtenir son approbation. Le nombre, la position et la condition des partis s'étaient dessinés, dès le principe, à l'occasion des travaux nécessaires pour constituer l'assemblée; l'influence du parti civil était ici, comme à Piada, fortement prépondérante. Petrobey fut élu président, l'évêque Theodoretos vice-président, et Negris secrétaire; tous étaient pris dans les rangs des politiques.

Les sujets des discussions étaient là, comme à Piada, moins les affaires de la constitution que des questions d'un intérêt personnel et de celui des partis. On confirma, avec quelques petites modifications, la loi organique votée à Epidavros. Nous passons sous silence ces travaux de l'assemblée qui avaient pour but la Constitution, de même que ceux qui s'occupaient de la législation, de l'administration et des finances, puisque, comme l'année précédente, tout se réduisit à de vaines paroles. L'assemblée ne put parvenir à établir sa propre autorité et celle du gouvernement, puisqu'elle ne réussit pas à trouver les moyens qui donnent l'autorité, c'est-à-dire de l'argent, une armée et une flotte. Elle autorisa des emprunts, mais elle n'arriva pas à trouver de prêteurs.

L'acte qui aurait pu avoir l'influence la plus bienfaisante, c'était la suppression des sénats locaux dans le Péloponèse et dans l'Hellade orientale et occidentale; mais, malheureusement, on ne parvint pas à réformer le principal abus, le règne de l'arbitraire et du bon plaisir des chefs militaires. L'assemblée mit l'obéissance du dictateur à l'épreuve en nommant une foule de généraux, en supprimant le titre de général en chef que Kolokotronis avait pris, et en lui demandant de livrer la forteresse de Nauplia et de remettre à l'assemblée certains papiers. Le général donna les papiers et garda la forteresse, établissant ainsi une ligne de démarcation entre les affaires civiles et les affaires militaires; du reste, tout le parti militaire permettait tranquillement aux politiques de s'occuper des travaux parlementaires et d'en discourir; mais il se mettait à crier aux empiétements et à la violation de ses droits, dès que le parti civil entreprenait seulement de faire des enrôlements.

Lorsque, avant de se dissoudre (11 avril), l'assemblée procéda à l'élection du nouveau gouvernement, l'influence des politiques s'y montra encore décisive. Petrobey fut nommé président; parmi les autres membres, il y avait Sotiris Charalampis et Andreas Zaïmis du parti civil; en y ajoutant A. Metaxas, homme d'intrigue, on voulut tendre la main à Kolokotronis, son ami; la cinquième place fut laissée vacante pour un insulaire. Le rusé et violent Kolokotronis s'était laissé déterminer, il est vrai, à une docilité apparente par un appel que Zaïmis avait adressé à son patriotisme; mais il profita de cette fusion maladroite, pour jeter la désunion parmi les politiques et pour se glisser lui-même au sein du gouvernement, c'est-à-dire dans cette même polyarchie qui autrefois avait été l'objet de ses critiques continuelles.

Par cette composition du gouvernement, on blessa les Rouméliotes auxquels on n'avait pas songé; puis le petit parti d'Ypsilantis qui avait été complétement écarté, et même celui de Mavrokordatos, puisqu'on n'avait donné à ce dernier que les fonctions subordonnées de secrétaire d'État; le méchant Negris qui, de cette manière, perdit cette place de secrétaire, fut jeté, par cette combinaison, dans le parti militaire, dans les bras de ses adversaires. Il s'unit dès lors à Kolokotronis, afin de provoquer une agitation dont le but était de convoquer une contre-assemblée, au sujet de laquelle le parti militaire délibéra à Silimna. Le faible gouvernement ne put contrecarrer ce mouvement qu'en faisant offrir, par Delyannis, la cinquième place encore vacante dans son sein à Kolokotro-

nis; celui-ci se laissa encore une fois persuader, « pour
« l'amour de la patrie, à céder et à entrer dans le gou-
« vernement ».

Si l'on avait espéré séparer, par cette concession, le
klephte d'avec son parti, les suites montrèrent qu'on
s'était abusé. Kolokotronis réussit, au contraire, à provoquer une division très-marquée dans les rangs du parti
civil. Il attira vers lui les Delyannis qui, depuis longtemps, avaient été ses ennemis, en fiançant son fils Konstantinos, âgé à peine de neuf ans, avec la fille unique
de Kanelos Delyannis, et en excitant le chef de la famille
des Anagnostis, alliée à celle de sa bru, à revendiquer la
présidence de l'assemblée législative. En même temps, il
prit toutes ses mesures pour consolider et pour étendre
sa puissance, qui avait été le but de ses désirs. Sa résolution bien arrêtée était de ne pas quitter le Péloponèse,
où son autorité était bien établie, et la lenteur avec laquelle on faisait la guerre cette année-là lui permit d'y
rester fidèle; il se donna à peu près les fonctions d'un
ministre de la guerre, et prit soin des troupes et des
approvisionnements.

Lorsque, pour contrecarrer les opérations militaires
des Turcs dans l'Hellade orientale, le gouvernement
envoya ses membres en mission, Charalampis à Megara,
Zaïmis et Metaxas à Patras, ce dernier, le partisan de
Kolokotronis, se sépara, de sa propre autorité, à Kalavryta de Zaïmis, et suivit les autres, dont la destination
était Megara. Kolokotronis semblait vouloir l'avoir plus
près de lui, car le gouvernement avait transféré son siége
à Salamis (mi-juillet), afin de surveiller, comme on prétendait, la campagne des troupes envoyées sous les
ordres de Nikitas de l'autre côté de l'Isthme; mais,

en réalité, le gouvernement voulait guetter l'occasion favorable pour s'emparer de l'akropolis d'Athènes, qu'il voyait à regret entre les mains de Gouras et d'Odyssevs.

Tripolitsa, qui renaissait de ses ruines, avait été de nouveau choisie pour être le siége des autorités suprêmes; mais, après le départ du gouvernement, la confusion dans les affaires intérieures y atteignit son point culminant, lorsqu'il s'agit d'élire le président de l'assemblée législative en remplacement de Petrobey, nommé président du gouvernement. On voulut d'abord dédommager les insulaires par le choix d'un membre pris dans leurs rangs; cependant, comme ils ne purent tomber d'accord sur la personne à élire, Anagnostis Delyannis se présenta comme candidat, soutenu par toute l'influence de Kolokotronis, qui vint aussitôt en personne de Salamis. Mais l'assemblée, pour se débarrasser d'Anagnostis, imagina même une mission pour lui en Portugal, où il devait demander un roi, et choisit Mavrokordatos.

Apprenant cette décision, Anagnostis se laissa aller à des discours furieux et quitta l'assemblée en la menaçant d'avoir recours aux armes. Kolokotronis aussi se répandit en invectives très-violentes contre Mavrokordatos. Cet homme désintéressé était tout prêt à renoncer, pour l'amour de la paix, à ces fonctions qui autrement lui étaient fort agréables; mais l'assemblée n'accepta pas son désistement. Alors la tempête se déchaîna contre lui avec une véritable fureur parmi les partisans bruyants de Kolokotronis.

Ce dernier nous présente lui-même, dans son autobiographie, un tableau très-frappant et sans le moindre

apprêt des scènes de ce temps-là. Un jour, il avait été
invité, avec un assez grand nombre de députés, à une
réunion pour y être entendu au sujet de la mission dont
on avait chargé Anagnostis pour le Portugal. Il y mit
sur le tapis l'élection de Mavrokordatos et échangea des
paroles aigres avec l'évêque d'Arta, contre lequel il avait
une rancune particulière, parce que, d'adversaire du
président, l'évêque venait de se déclarer son ami et qu'il
lui avait donné sa voix dans l'élection. L'évêque défendit
le choix par le besoin qu'avait l'assemblée de Mavrokordatos et par l'instruction supérieure de celui-ci. « Il n'y
« a pas longtemps, disait Kolokotronis, vous ne pouviez
« assez le blâmer, comment se fait-il que tout d'un coup
« il soit devenu si beau? — Le beau aussi est quelque-
« fois méchant, répondit l'évêque. — Si tu le trouves
« beau, répliqua Kolokotronis en éclatant, décampe-moi
« vite à Arta et ne frappe pas du pied, autrement je
« frapperai de l'épée et je te couperai la tête! »

L'évêque se sauva bien vite. Le soir du même jour,
Kolokotronis se débarrassa aussi de Mavrokordatos, qu'il
fit appeler chez lui avec Anagnostis pour lui demander
raison de sa conduite. « Avec son sourire habituel »,
Mavrokordatos justifia son passage du secrétariat d'État
à la présidence, en disant que l'assemblée législative
était d'une importance bien plus grande pour la nation
que le pouvoir exécutif. « Mais je te dis, s'écria Kolo-
« kotronis en s'abandonnant à sa colère, tu ne seras pas
« président, car je te poursuivrai et je te jetterai des
« écorces de citron sur ton frac avec lequel tu nous es
« venu! » Ensuite il s'éloigna enflammé de colère; Anagnostis, qui restait, versa encore son venin dans la blessure, en faisant comprendre au président que Koloko-

tronis l'aurait tué, si lui, Anagnostis, n'avait été là. La nuit même, Mavrokordatos s'éloigna et se rendit à Hydra chez les insulaires, qui l'accueillirent avec de grands honneurs, qui montrèrent leur antipathie pour le gouvernement et trouvèrent l'assemblée législative seule digne de quelque confiance.

L'assemblée mit beaucoup d'insistance à considérer toujours Mavrokordatos, même malgré son absence, comme son président, et ne le remplaça que provisoirement par Panoutsos Notaras. La discorde avait ouvertement éclaté entre les deux corps d'État. Mais le germe de ces dissensions, que Kolokotronis venait d'y jeter, ne devait pas porter non plus de bons fruits pour lui-même, ni pour son parti. Il fut abandonné d'un grand nombre de ses anciens partisans, qui continuaient à nourrir contre les Delyannis une haine plus ancienne encore. Les habitants de Karytaina eux-mêmes prirent les armes contre lui, à l'instigation de Plapoutas, qui était fort courroucé de ces liens de parenté noués par Kolokotronis avec la famille des Delyannis; de la même manière les habitants de Leontari se mirent en opposition avec leur compatriote Dikaios, le ministre de l'intérieur, qui à ce moment était du parti de Kolokotronis.

Cependant, à Tripolitsa, le nombre des adversaires de Mavrokordatos était tellement grand, les persécutions ouvertes et secrètes de ceux qui, irrités de son élection, poussaient à la dissolution de l'assemblée législative étaient si incessantes, que cette dernière résolut (août) de se transporter à Salamis, où elle serait plus près des îles et où elle trouverait un appui dans Petrobey. Mais précisément cette mesure n'était pas du goût de Kolokotronis, qui engagea dès lors le gouvernement à quitter

Salamis pour s'établir à Nauplia ; dans cette forteresse il
pensait se rendre facilement maître de l'assemblée. Le
gouvernement se laissa déterminer par lui et se transporta (7 octobre) à Nauplia.

Mais l'assemblée législative ne tomba pas dans le
piége que Kolokotronis lui avait tendu. Elle se rendit en
hésitant sur la terre ferme ; mais elle resta à Argos et
engagea à s'établir près d'elle le gouvernement, qui, à
son tour, l'invita à venir à Nauplia. Toutes ces conten-
tions amenèrent bientôt la rupture complète, pendant
que toutes les éparchies de la Morée étaient déchirées
par de petites querelles de parti et que la grande cause
commune était comme oubliée. Devant Modon et devant
Koron, on ne livrait que des combats inutiles avec la plus
grande nonchalance, et le siége de Patras restait tout à
fait suspendu, de telle sorte que, par suite de l'anarchie
complète dans l'Elis (Élide) et dans l'Arkadia, les Turcs
pouvaient librement faire des excursions de Patras jusqu'à Gortouni et Kalavryta.

Plans de campagne des Turcs.

Dans ces circonstances, c'était un bonheur immense
et, en même temps, une preuve et un témoignage de la
grande importance des victoires de l'année précédente,
que la Porte ne fût pas en état de prendre d'importantes
et énergiques mesures contre l'insurrection. La position
des belligérants, à la considérer à l'extérieur, ne diffé-
rait pas beaucoup, cette année, de ce qu'elle avait été
au commencement de l'année précédente.

En Morée, les Osmanlis étaient encore en possession
de toutes les forteresses maritimes à l'exception de Nauplia, de Navarin et de Monemvasia ; dans l'Hellade orientale, ils étaient maîtres de toute la partie de la plaine que

leurs postes à Larissa, à Zitouni et à Chalkis pouvaient dominer et maintenir. Aussi leurs plans d'opérations militaires ressemblaient-ils à ceux de l'année précédente, s'ils n'étaient pas les mêmes; ils semblaient être conçus avec plus de circonspection, mais l'exécution en était confiée à des chefs plus faibles et à des forces moindres en nombre; les mouvements étaient combinés avec plus de soin, mais des hommes plus négligents étaient chargés de les réaliser, de sorte qu'ils allaient de nouveau échouer contre l'immense force du pays et contre celle de ses boulevards naturels.

L'armée de l'Est, qui s'avançait par la Boiotia (Béotie), ne devait pas franchir cette fois-ci les défilés du Kithairon et de la Megaris (Mégaride), avant qu'un second corps fût venu de la plaine de la Boiotia et de la Phokis (Phocide) pour occuper les baies de Galaxidi, d'Aspraspitia et de Livadostro (Krissa, Antikyra et Kreusis). Moustapha, pacha de Skodra, homme ambitieux, effleuré par la civilisation européenne et qui nourrissait le projet secret de se mettre à la place d'Ali-Pacha et de régner en maître indépendant sur le peuple albanais, devait réunir une armée à Trikkala pour opérer de là sa jonction avec Omer-Vrione dans la plaine de l'Acheloos. Les deux généraux devaient ensuite prendre ou cerner Missolonghi et passer en Morée après avoir été renforcés par des troupes d'Asie, que la flotte était chargée d'amener à Patras.

En même temps, la division de l'armée de l'Est, réunie sur la côte septentrionale du golfe de Korinthos, devait être transportée au delà du golfe en Achaïa, afin de maintenir, le long de la côte de ce dernier pays, les communications ouvertes entre Patras et Akrokorinthos qui était encore au pouvoir des Turcs. Les armées réunies

devaient faire lever le blocus d'Akrokorinthos, afin de
coopérer ensuite avec l'autre division de l'armée de
l'Est dans la plaine de la Boiotia; les défilés, qui conduisent de la Megaris à l'Isthme, devaient être attaqués des
deux côtés pour qu'on pût effectuer de cette manière la
jonction des deux armées principales. Les Albanais, seuls
capables de tenir tête aux Grecs dans les combats au
milieu des montagnes, avaient été chargés de la mission
beaucoup plus difficile de soumettre l'Akarnania et l'Aitolia. Les opérations à l'Est devaient être abandonnées aux
Osmanlis; renforcés par un corps de troupes que la flotte
débarquerait en passant en Eubée, les Turcs devaient
occuper sans difficulté, comme on l'espérait, toute la
contrée jusqu'au pied du Kithairon.

Dans cette campagne, la flotte n'avait à s'imposer
aucune autre tâche que celle de coopérer avec les mouvements de l'armée de terre, afin que, dans cette nouvelle expédition, on tirât surtout meilleur parti de la
domination maritime sur le golfe de Korinthos que dans
l'année précédente. On avait fait tout ce qui était possible pour mieux armer et pour fortifier la flotte au même
degré que la marine grecque avait été affaiblie; on en
avait éliminé les vaisseaux de ligne lourds et difficiles à
manier, de même qu'on y avait fait entrer les vaisseaux
des Barbaresques. Le sultan lui-même activait les travaux
dans l'arsenal; lorsque la flotte mit à la voile (3 mai), il
y monta en personne et l'accompagna pendant quelque
temps, innovation bien grave qui cependant, au dire des
astrologues, s'effectua sous les meilleurs augures.

On avait prescrit une tout autre manière de procéder
au nouveau kapoudan-pacha Chosrev : par ses instructions, comme par toute la marche des campagnes dans

cette année-là, il était facile de voir qu'on voulait, aussi dans la guerre, essayer du même système de clémence et de ménagements que la diplomatie remarquait dans l'administration de la justice au sein de la capitale, et dont elle ne pouvait s'empêcher de faire l'éloge. On lui avait donné des pleins pouvoirs pour proclamer l'amnistie, aussi bien que pour entamer des négociations à l'amiable, et personne ne douta que le sultan n'eût réellement ces sentiments de clémence ; en effet, les atrocités commises l'année précédente à Chios avaient révolté tous les Turcs bien intentionnés eux-mêmes.

Pour que l'amiral eût sous la main un négociateur capable de s'entendre avec les Grecs, on mit à bord de son vaisseau l'ex-kaïmakam Vogoridis, qui, il est vrai, était aussi détesté des Grecs que des Turcs. L'amiral lui-même semblait avoir été choisi plutôt pour négocier la paix que pour faire la guerre. Il passait pour l'homme le plus astucieux et le plus faux qui, en fait de ruses et d'intrigues, pouvait se mesurer avec le Romaïque le plus fin et qui avait trompé déjà la confiance de plus d'un diplomate.

La flotte turque.

La flotte, avec laquelle le grand-amiral quitta les Dardanelles (23 mai), était composée de quinze frégates, de treize corvettes, de douze bricks et de quarante transports. Une escadre d'Hydra avait pris la mer pour couvrir Psara, car on appréhendait une attaque contre cette île ou contre Samos, puisque toutes les deux expédiaient continuellement leurs vaisseaux pour faire des razzias sur les côtes de l'Asie Mineure, qui étaient horriblement tourmentées par ces expéditions. Mais, d'après le plan que nous venons d'indiquer, et après avoir embarqué près de Moskonisi et de Tchesmeh dix mille hommes de troupes asiatiques, le kapoudan-pacha se dirigea droit sur l'Eubée, où la flotte mouilla devant Karysto (8 juin).

En Eubée, les insurgés découragés avaient relevé la tête depuis la chute de Dramali. L'Olympien Diamantis surveillait constamment la ville de Chalkis; Kriezotis assiégeait de nouveau Karysto qu'il avait déjà réduite à la dernière extrémité, lorsque la flotte turque apparut et jeta dans la forteresse trois mille hommes de renfort qui attaquèrent aussitôt le camp grec et en dispersèrent les soldats. Chosrev approvisionna aussi Chalkis, sans cependant troubler le repos de Diamantis dans son camp près de Vrysakia. Continuant ensuite son voyage, l'amiral envoya une escadrille à l'île de Kreta; il débloqua Koron et Modon et fit ensuite son apparition devant Patras (23 juin). Dans toute cette expédition maritime, il ne rencontra aucun obstacle de la part des Grecs, car les Psariotes et les Samiens aimèrent beaucoup mieux visiter les côtes de l'Asie Mineure avec leurs expéditions de corsaires qui, à cette époque, occasionnèrent des représailles terribles contre les pauvres chrétiens à Bergamo (Pergame). Les Hydriotes, de leur côté, préféraient faire une tournée dans les Kyklades (Cyclades), pour mettre à contribution les catholiques peu patriotiques de Syra, de Naxos et de Santorin.

L'Hellade orientale.

Un mois avant le départ de la flotte, Mehmed-Pacha avait dénoncé la suspension d'armes illusoire (16 avril) qu'Odyssevs avait conclue avec lui. Mais les forces turques, rassemblées à cette époque à Larissa et à Zitouni, n'avaient pas la moindre ressemblance avec l'armée im-

posante de l'année précédente. D'après les renseigne-
ments fournis par un espion grec, leur nombre ne dépassait pas le chiffre de cinq mille hommes, qui étaient, en
outre, occupés par les révoltés en Magnesia. Dans cette
contrée, à la pointe orientale de la Chersonèse, les indigènes avaient été rejoints encore par des Olympiens et
par des habitants de Kassandra en fuite ; tous avaient
pris, sous le commandement de Karatassos, une position
fortifiée près de Trikeri. Pendant l'expédition projetée
contre le Sud, les Turcs ne pouvaient les laisser derrière
eux ; le kioutachi (Rechid-Pacha, le vainqueur de Peta)
détruisit Lechonia et un grand nombre d'endroits jusque
vers Trikeri ; mais ce fut en vain qu'il essaya (26 mai)
d'emporter par un assaut la position que les insurgés y
avaient prise, et même, dans d'autres endroits encore,
les Grecs combattirent avec succès.

Bien que, dans cette contrée dépourvue d'eau, les Magnesiens eussent à supporter toutes les privations et
qu'ils eussent à partager toutes les peines et toutes les
fatigues avec les mercenaires de l'Olympe et de la Macé-
doine qui à cette époque servaient pour rien, ils se main-
tinrent néanmoins avec une grande opiniâtreté dans leur
position où ils ne recevaient que de faibles approvisionnements de l'Eubée. Ils empêchèrent ainsi les Turcs de
dégarnir la Thessalia entièrement de troupes, et ils affai-
blirent les forces disponibles destinées à marcher sur
l'isthme. Cette armée de l'Est quitta enfin Zitouni
(comm. de juin) pour se mettre en mouvement ; mais
l'un des deux corps, celui qui sous les ordres de Perkophtali (le même Youssouf-Pacha qui, en 1821, inonda
la Moldavie) devait se rendre à Salona, ne comptait pas
plus de six mille hommes ; l'autre qui, commandé par

Salih-Pacha, le vizir d'Andrinople, marchait sur Thebai (Thèbes), n'était fort que de quatre mille hommes.

Le gouvernement n'avait rien fait à temps, ni pris aucune mesure sérieuse pour défendre le pays. Odyssevs,
ayant quitté Astros pour retourner à Athènes (mai),
avait annoncé aux capitaines qu'ils devaient songer à
défendre la province avec leurs propres ressources. Mais,
lorsque les Turcs descendirent dans le pays, ils trouvèrent les défilés abandonnés même par les indigènes. La
troupe, destinée à marcher vers le golfe de Korinthos,
arriva dans la vallée du Kephyssos jusqu'à Manesi; elle
partit de là pour battre d'abord une petite troupe des
gens d'Odyssevs postés près du couvent d'Ierousalem,
en brûlant en même temps Arachova (22 juin) et Kastri; mais voulant ensuite s'avancer au delà de Chryso,
elle trouva une résistance telle, qu'elle dut céder devant
elle. Néanmoins, cette troupe arriva (24 juin) jusqu'à
Desphina sur le golfe de Korinthos, d'où elle retourna
cependant à Manesi.

L'autre division, qui traversait la Boiotia et l'Attique
pour se rendre à l'Isthme, ne trouva presque nulle part
la moindre résistance. Tous les habitants s'enfuirent à
son approche dans les îles ou de l'autre côté de l'Isthme.
Les Athéniens transportèrent leurs femmes et leurs enfants dans l'île de Salamis, ce glorieux refuge des Athéniens du temps des Perses, cet asile séculaire sous la
domination des Slaves. Odyssevs lui-même, qui ne sortit d'Athènes qu'avec six cents hommes, ne put rien
faire. Nikitas était venu du Péloponèse à Megara, mais
avec des troupes beaucoup trop faibles pour pouvoir entreprendre la moindre chose. Par conséquent, la route
de l'Isthme aurait été tout à fait ouverte aux Turcs qui

auraient pu aller débloquer Akrokorinthos ; cependant ils se laissèrent déterminer par Omer-Pacha de Karysto à passer en Eubée pour y étouffer l'insurrection qui y avait été toujours faiblement organisée.

Une division sous Salih-Pacha resta à Thebai ; mais Youssouf franchit l'Euripos (juillet). Le camp de Vrysakia y avait été presque entièrement abandonné ; par jalousie et par haine contre le vaillant Diamantis, Odyssevs avait excité les capitaines de l'Eubée contre ce dernier ; lorsque ensuite les Turcs approchèrent, les trois bâtiments grecs qui maintenaient le blocus devant Chalkis s'enfuirent ; les troupes qui étaient encore à Vrysakia se jetèrent dans la montagne (comm. d'août), où, malgré les positions les plus favorables, ils durent abandonner aux ennemis une position après l'autre. Les débris de ces troupes armées se réfugièrent à Skiathos ; Diamantis lui-même dut faire sa paix avec les Turcs ; la réduction de toute l'île était terminée et les insurgés de Trikeri aussi se virent, par conséquent, forcés d'accepter les conditions du kioutachi. Odyssevs était venu en Eubée avec un corps de troupes auxiliaires de mille hommes ; mais lui aussi dut se retirer de cette île qui avait tant séduit son ambition et qui avait été si peu favorable à sa gloire.

Les Turcs, quittant alors (comm. de septembre) l'Eubée, inondèrent toute l'Attique, mettant tout à feu et à sang. Gouras, jaloux de sa puissance, cet objet de l'envie des indigènes, occupait avec quatorze cents hommes l'akropolis d'Athènes qui était bien approvisionnée et armée pour la défense. Mais les Turcs, qui ne semblaient pas songer à vouloir assiéger la citadelle, se retirèrent à Kalamos (13 septembre) ; ce fut là que les Grecs trou-

vèrent des secours inespérés dans une épidémie qui força
les Turcs à lever leur camp. Le pacha de Karysto se retira en Eubée, Youssouf et Salih-Pacha retournèrent à
Zitouni. La Porte les remplaça par Aboulaboud, qui
réunit (octobre) par la force une nouvelle armée à
Zitouni, sans que celle-ci aussi pût franchir l'Œta. De
cette manière l'Hellade orientale fut sauvée et conservée
presque sans défense et sans résistance sérieuses.

L'Hellade occidentale.

Les entreprises des Turcs, à l'Ouest de la Grèce, eurent une issue semblable, bien qu'elles y fussent conçues
d'une manière plus intelligente et que l'exécution en fût
confiée à des mains plus fortes. Moustaï-Pacha de Skodra devait, avec treize mille Ghèques et Mirdites, quitter la Thessalia, faire irruption dans l'Aitolia en passant
par Agrapha, et s'avancer jusque dans la plaine de Vrachori pendant que Omer-Vrione, en venant avec trois
Albanais de Karvasara, inonderait l'Akarnania; ensuite,
les deux généraux devaient opérer leur jonction sur les
bords de l'Acheloos et devant Missolonghi. Cet orage,
qui se formait à l'horizon, était d'autant plus dangereux
que, depuis le départ de Mavrokordatos, toutes les
affaires allaient bien mal dans cette partie de la Grèce.

Les gens armés se dispersaient dans le pays et vivaient
de brigandage. Quelques-uns, sous Markos Botsaris,
d'autres sous Tsavelas, Tsonkas et Makris restaient dans
les villes de Missolonghi et d'Anatoliko, où ils laissaient
aux bourgeois le soin de subvenir à leurs besoins. Leur
conduite fit naître de fréquents conflits. Partout il y avait
des querelles entre les bourgeois et les soldats, de même
qu'entre les différents capitaines. En outre, les dissensions intestines entre les autorités centrales se faisaient

sentir d'une manière funeste dans des mesures absurdes prises par les différents partis. A la place de l'autorité provinciale formée par trois chefs, telle que Mavrokordatos l'avait quittée, le gouvernement avait. nommé Konstantinos Metaxas général en chef des forces militaires dans toute l'Hellade occidentale, et ce n'était pas sans courir des dangers que ce dernier avait quitté l'éparchie de Patras pour se rendre à son poste.

Kolokotronis et ses amis, qui avaient provoqué cette mesure, n'auraient pu en conseiller de plus fâcheuse. Le général indiqué par l'état actuel des choses pour prendre le commandement de ce pays après la soumission de Varnakiotis aurait été Markos Botsaris. Ce dernier, ami de Mavrokordatos, jeune homme de petite taille, pâle de visage et sobre de paroles, était le seul des insurgés élevés dans le métier de la guerre qui se rangeât en toute sincérité du parti de l'ordre. Modeste, d'une grande douceur, fidèle à sa parole, juste et plein de mesure dans ses manières, il l'emportait sur tous les autres membres du parti civil par son dévouement désintéressé pour la cause qu'il avait embrassée. Résolu et ardent dans la guerre, il surpassait la plupart des chefs militaires les plus éminents par ses mœurs militaires fort simples et par sa bravoure personnelle. Il était adoré par sa famille et profondément vénéré par ses Souliotes, dont les rudes cœurs avaient été remplis d'un orgueil militaire poussé à un haut degré par les malheurs de la patrie et par la conscience de leurs glorieux exploits.

Mais ces vaillants soldats, qui avaient dû s'enfuir de leur pays, de même que leur chef, étaient l'objet de la jalousie envieuse de tous ceux qui les entouraient. Ils avaient demandé la permission de s'établir à Zapanti (près de Vrachori), ce que le gouvernement leur avait accordé ; mais les capitaines et les politiques du lieu opposèrent à cette décision la résistance la plus violente. On essaya d'aplanir ce différend dans une assemblée qui eut assez de mesure pour décider qu'on combattrait d'abord l'ennemi menaçant, et qu'on viderait ensuite la querelle par des voies pacifiques. Le conseil de guerre arrêta que les Souliotes, sous les ordres de Botsaris, s'opposeraient, à Karpenisi, avec d'autres corps de troupes, à Moustapha-Pacha, qui faisait irruption dans le pays, tandis que Makris et d'autres capitaines surveilleraient l'approche d'Omer-Vrione, qui arrivait par Karvasara.

Les capitaines regardaient avec jalousie même la nomination de Botsaris au commandement suprême, bien que nul d'entre eux ne voulût contester son mérite militaire. Le gouvernement soupçonneux avait de nouveau attisé cette jalousie, en envoyant à plusieurs autres capitaines, comme à Markos, des brevets de général. Cette mesure blessa à un tel point même ce jeune homme modeste, qu'il déchira son brevet en disant : « Celui qui en « est digne prendra son brevet demain devant l'en-« nemi ! »

Aussitôt il quitta Missolonghi pour se rendre à Karpenisi. C'était dans cette direction que Skodrapacha avait pénétré dans le pays, en passant par les hauteurs d'Agrapha ; aucun des capitaines d'Agrapha et d'Aspropotamos ne lui avait opposé la moindre résistance. Son avant-garde, forte de cinq mille hommes, commandée par son neveu Djeledin-Bey, campa (17 août) au pied du Velouki (Thymphrestos), près de Karpenisi. Markos, arrivant avec les siens à Mikrochori et à Makrochori, apprit la position et la force de cette avant-garde ; che-

min faisant, il s'était réuni avec une troupe sous les ordres de Gioldassis, de même qu'à Savolako il s'était joint
aux gens de Karaïskakis, homme vaillant et infatigable,
de l'école d'Ali-Pacha. Ce chef, d'un tempérament en-
joué et plein d'esprit, mais maigre et d'une santé délicate, était à ce moment malade et alité au couvent de
Proussos, où il cherchait à se rétablir.

Toutes ces troupes ensemble ne dépassaient pas le
chiffre de douze cents hommes; Markos comprit que si
peu de soldats ne pourraient rien faire en bataille rangée
contre une division aussi nombreuse; il résolut donc de
l'attaquer pendant la nuit. Quelques hommes hardis qui
connaissaient la langue de leurs ennemis, entre autres
Dousas, le neveu de Markos, pénétrèrent pendant la
nuit (19 août) dans le camp des ennemis, où ils prirent
des informations sur tout ce qu'il leur importait de savoir.
D'après leurs rapports, on résolut de se jeter sur le camp
la nuit suivante, cinq heures après le coucher du soleil,
en divisant la troupe en deux corps dont l'un devait venir du côté de la montagne, tandis que l'autre, commandé par Markos, arriverait de la plaine.

Au moment marqué, Markos arriva sur le point indiqué avec ses trois cent cinquante Souliotes; il attendit
pendant un quart d'heure l'autre division; puis il attaqua seul et porta la terreur et la confusion dans les rangs
des Turcs, qui, n'ayant appréhendé aucune attaque, se
dispersèrent et s'enfuirent en combattant assez souvent
les amis à la place des ennemis quand il leur arrivait de
se servir de leurs armes. Malheureusement les succès de
cette nuit ne compensèrent pas la grave perte qu'y fit la
Grèce. Dans la mêlée, Markos fut d'abord légèrement
blessé à la cuisse, et lorsque, ne faisant pas attention à

cette blessure, il continuait à combattre, au moment
même où il passa la tête au-dessus d'un mur à hauteur
d'homme, derrière lequel il y avait des ennemis, il fut
frappé d'une balle au front au-dessus de l'œil droit.
D'abord on cacha sa mort; mais lorsque, à la pointe
du jour, les Grecs commencèrent d'opérer leur retraite
dans le meilleur ordre, on vit Dousas emporter sur ses
épaules le cadavre de cette noble victime.

Du côté de la montagne, peu de soldats, sous les ordres des Tsavelas, avaient fait leur devoir; la plupart,
récalcitrants aux ordres reçus, étaient restés en arrière.
Néanmoins on emmena un butin considérable en armes
et en bêtes; chose curieuse, dans ce combat, ce n'étaient
pas des Grecs et des Turcs, des chrétiens et des musulmans, mais des Souliotes et des Mirdites, des chrétiens
albanais qui luttaient avec des gens de la même race (1).
Toute la Grèce, plongée dans un deuil profond, déplora
la mort de Markos comme une calamité nationale. On
l'enterra avec de grands honneurs à Missolonghi; le misérable gouvernement qui, de son vivant, lui avait montré peu d'estime lui fit encore peu d'honneur après sa
mort; dans ses adieux adressés à Botsaris, il répandit un
mensonge pompeux et indigne du vaillant héros, en
disant que dix mille Turcs étaient tombés dans le combat nocturne de Karpenisi! Son frère Kostas se mit à la
tête de son bataillon, qui retourna à Vlachos; les autres
Souliotes, sous les ordres des Tsavelas, prirent position
sur les hauteurs du mont Kalliakouda, où, résolus à défendre l'éparchie de Karpenisi, ils s'accrurent par

---

(1) C'est pourquoi un chant populaire disait, par haine contre les
catholiques, qu'un Latin avait tué Markos d'un coup de feu.

des renforts jusqu'au nombre de deux mille hommes.

Le Skodrapacha n'osa s'avancer jusqu'à la côte avant d'avoir détruit ce camp qui occupait une position dont le côté méridional, escarpé et fortifié par la nature, passait pour imprenable, de sorte que les Souliotes trouvaient à peine nécessaire de le couvrir avec cent hommes. Quatre attaques, faites contre le côté du nord, furent repoussées (9 septembre) les unes après les autres ; mais, pendant ces combats, quatre cents Turcs audacieux réussirent à pénétrer dans le camp, du côté sud, et à prendre les Grecs par derrière. Placés entre deux feux, les Souliotes se frayèrent un chemin à travers les ennemis en abandonnant cent cinquante morts, parmi lesquels un Tsavelas et un Kontoyannis.

Siége d'Anatoliko.

Sans trouver d'autres obstacles, le Skodrapacha continua sa route, pendant qu'Omer-Vrione arrivait en même temps à Lepenon en Akarnania ; devant la faible troupe de ce dernier, tous les habitants s'enfuirent dans les montagnes, dans les îles des lacs de Vrachori et de Lezini, ou à Missolonghi et à Anatoliko. Les deux armées turques firent leur jonction (fin septembre) sur la rive gauche de l'Acheloos ; ils établirent des communications avec l'escadre turque dans les eaux de Patras et de Naupaktos, et s'avancèrent ensuite par les pas du lac de Trichonis (Hydra) et par les défilés de l'Arakynthos (Mont-Zygos) qui forment les dernières fortes défenses des lagunes entre l'Acheloos et l'Evenos (Phidaris).

Arrivés sur le bord de la mer, les Turcs occupèrent d'un côté Paliosaltsena à trois lieues d'Anatoliko, et de l'autre Bochori et Galatas, à l'est de Missolonghi, de sorte qu'on était dans le doute si c'était l'une ou bien l'autre des deux villes que les Turcs comptaient attaquer. Il était assez naturel de supposer que, pour réparer l'échec de l'année précédente, les Turcs désireraient enlever le boulevard qui seul leur barrait le passage du détroit. C'est pourquoi les primats de Missolonghi adressèrent des demandes pressantes au gouvernement, pour qu'il leur envoyât une flottille avec Mavrokordatos, dont le nom sonnait mieux ici que parmi les klephtes du Péloponèse.

Cependant le gouvernement, hostile à Mavrokordatos et brouillé avec les insulaires, restait dans une inaction honteuse et laissait faire les choses. Vers la fin de l'année, lord Byron était attendu à Missolonghi ; il entra en correspondance avec Mavrokordatos, qui dirigea toute l'attention du lord anglais, son assistance personnelle et les secours en argent que ce dernier offrait avec une grande libéralité, exclusivement vers une seule œuvre qui était la plus urgente, c'est-à-dire vers la protection de Missolonghi. Ce ne fut qu'alors que le gouvernement arma une petite escadrille qui n'amena Mavrokordatos dans cette dernière ville qu'à un moment où c'eût été peut-être trop tard, si l'attaque des ennemis avait été dirigée contre ce point.

Pour reconnaître le véritable dessein des Turcs, les habitants d'Anatoliko avaient dressé une embuscade (16 octobre) où ils surprirent une division de leur cavalerie ; ils firent quelques prisonniers et apprirent par eux qu'il s'agissait pour cette fois-ci d'une attaque contre leur ville. L'issue du siége entrepris l'année précédente par les Turcs contre Missolonghi leur avait donné une idée exagérée de la force de cette ville ; c'est pourquoi ils voulurent faire, à ce moment, une tentative contre

Anatoliko. Cette petite ville, située dans une île de la lagune, était entièrement dépourvue de fortifications et nullement préparée à soutenir un siége; elle n'avait ni eau ni d'autres provisions et n'était occupée que par cinq cents hommes.

Heureusement, la mer était ouverte. Peu de temps auparavant, la flotte, commandée par Chosrev-Pacha, avait fait, à la vérité, une apparition dans ces eaux en venant de Patras; mais, trouvant le rivage devant les deux villes dégarni de troupes, elle avait étendu la ligne de ses vaisseaux depuis Naupaktos jusqu'au cap Kandili; puis elle avait débarqué des troupes, brûlé Bochori, de même que Galatas, et elle avait dressé un camp. Mais ce dernier avait été détruit par les habitants de Missolonghi et d'Anatoliko, qui avaient rejeté les Turcs sur leurs vaisseaux; la flotte ennemie, renforcée encore par les Africains jusqu'à faire un total de soixante voiles, mais éparpillée par ce blocus étendu, ne put cependant pas empêcher les petites chaloupes de se glisser partout à travers la ligne de ses vaisseaux.

Depuis ce temps, Chosrev avait quitté le golfe où Youssouf-Pacha seul était resté avec une escadre qui pouvait, il est vrai, apporter à l'armée de siége de gros canons et d'autres approvisionnements, mais qui se trouvait dans l'impossibilité d'entrer dans les eaux de ces deux villes. Ainsi les communications entre ces dernières, par les lagunes étaient, pendant quelque temps, entièrement ouvertes, jusqu'à ce que les Turcs, qui avaient commencé à bombarder Anatoliko (17 octobre) avec trois batteries, en élevassent une quatrième dans un endroit favorable pour empêcher ces arrivages d'approvisionnements. Mais les Grecs avaient là à leur service un

ingénieur habile, du nom de Kokkinis, et un artilleur
anglais, Martin ; puis ils reçurent du métropolitain
Ignatios, à Pise, trois canons, dont un de quarante-huit,
et bientôt ils réduisirent cette batterie au silence. Alors
les assiégeants construisirent des bateaux plats, afin de
pouvoir naviguer dans les eaux peu profondes le long de
la côte ; mais dès que les Turcs aperçurent seulement
quelques vaisseaux grecs, ils brûlèrent eux-mêmes ces
petits bateaux et renoncèrent au projet d'empêcher ces
communications par mer qui permettaient aux assiégés
de s'approvisionner de tout, excepté d'une quantité suffisante d'eau potable. Mais encore un hasard, pareil à un
miracle, remédia même à ce manque d'eau, et les chrétiens, qui y voyaient une faveur spéciale de la Providence, sentirent renaître leur courage ; une bombe
turque tomba dans l'église de l'Archange-Saint-Michel,
et en ouvrit le sol d'où jaillit une abondante source d'eau.

Tout ce qu'il fallait encore à ce moment, c'était que
les assiégés bien approvisionnés fissent naître, à leur
tour, la disette dans le camp des ennemis. Les Grecs
apprirent que les convois de vivres des Turcs étaient
dirigés de Patras sur Bochori, et de là, par terre, sur la
grande route, devant Anatoliko. Kitsos Tsavelas prit un
de ces convois (29 novembre) et tua ou jeta dans les
marais les soldats qui l'escortaient. Ces désastres et l'approche de l'hiver déterminèrent les pachas à lever le
siège. Pendant une nuit orageuse, ils s'enfuirent en toute
hâte (12 décembre), comme s'ils avaient à craindre la
poursuite la plus redoutable et le même sort que celui
qui, l'année précédente, avait frappé l'armée de siège
devant Missolonghi.

Une partie de l'armée s'en retourna par Vonitsa et

l'autre en passant par le Makrynoro. Deux mille assiégeants, enlevés en grande partie par des maladies,
avaient péri dans cette entreprise. Les deux mille bombes
qu'ils avaient lancées dans la ville n'y avaient fait que
peu de mal, et Anatoliko partagea la gloire dont les habitants de Missolonghi s'étaient couverts par leur défense
de l'année précédente. La superbe entreprise contre
l'Hellade occidentale s'était fondue comme de la neige
et avait eu le même résultat que la campagne dans la
Grèce orientale. Les succès de cette année furent cou-
ronnés par la reddition d'Akrokorinthos, comme les
succès de l'année précédente l'avaient été par celle de
Nauplia. Puisque les vaisseaux turcs circulaient librement dans le golfe de Lepanto entre Patras et Korinthos,
il avait été facile de se maintenir dans la citadelle imprenable de cette dernière ville. Cependant les renforts
que le gouvernement, à plusieurs reprises, avait envoyés
à l'armée de blocus sous les ordres de Ioannis Notaras
avaient enlevé les magasins turcs situés sur le bord de
la mer. En même temps, ils avaient occupé Rachia,
dans le dessein de prévenir le débarquement d'autres
provisions, et Lonkos, afin d'empêcher les sorties des
assiégés.

De cette manière, et après quelques mois de disette,
les Turcs se virent obligés d'entamer des négociations;
le gouvernement grec y envoya à cette fin des délégués
parmi lesquels Kolokotronis devait nécessairement se
trouver. Grâce à la loyauté de Nikitas, on exécuta cette
fois-ci fidèlement les conditions de la capitulation; on
transporta la garnison, avec ses armes et ses vêtements,
à Saloniki.

La flotte grecque.

Chosrev-Pacha, inactif et maladroit en mer, comme le sont tous les Turcs, s'était tiré de son expédition maritime avec moins de pertes, mais encore avec moins d'avantages que son prédécesseur, de la campagne de l'année précédente. En quittant (6 septembre) la station à l'Ouest où il était resté pendant deux mois, il y avait laissé Youssouf-Pacha avec trois frégates et douze bâtiments plus petits qui n'avaient plus beaucoup gêné les Grecs à Anatoliko. Dès que (décembre) la flotte d'Hydra et de Spetsia, amenée par Mavrokordatos au secours des villes dans les lagunes, apparut dans ces eaux, Youssouf se retira à l'intérieur des petites Dardanelles (golfe de Lepanto).

Les vaisseaux grecs ne trouvèrent plus rien à faire après avoir arrêté un brick turc destiné à porter la somme de 500,000 piastres de Preveza à Patras. Ils échouèrent le vaisseau turc sur les rochers d'Ithaque et en massacrèrent l'équipage sur le sol de cette île, dont ils violèrent la neutralité; ensuite les Hydriotes partirent avec l'argent, après avoir eu avec les Spetsiotes une querelle qui avait failli dégénérer en lutte armée.

Si les exploits de la flotte, pendant la campagne de cette année, n'avaient pas été dignes de louanges, la flotte grecque aussi n'était parvenue que bien tard à montrer un peu d'activité; à l'exception des Psariotes, dont la petite flotte pouvait être plus facilement entretenue par les razzias productives dans l'Asie Mineure, les insulaires avaient été forcés, par le manque d'argent, de rester pendant tout l'été dans leurs ports. Les ressources des primats étaient près d'être épuisées. L'honneur de la puissance maritime ne tenait pas tant au cœur à un

Kolokotronis et à son gouvernement klephte que, l'année précédente, à Mavrokordatos.

Ce ne fut que fort tard, lorsqu'on annonça le retour de Chosrev de Patras, que les Grecs semblèrent avoir quelque honte de leur inaction : le gouvernement réunit alors un peu d'argent, afin de pouvoir opposer une escadre à l'amiral turc lorsqu'il parut dans la mer Égée. Quelques-unes des îles, qui n'étaient pas préparées à se défendre, envoyèrent des messages pour attester leur fidélité à Chosrev lorsqu'il passait devant elles. Tinos, au contraire, fit la fière. « Ce sont des enfants, laissez-les « jouer ! » dit l'amiral à ses officiers, qui auraient voulu châtier cette île. Quand la flotte parut devant Paros, les Psariotes, qui étaient les plus prompts entre les marins grecs, se montrèrent les premiers; Chosrev s'enfuit devant eux à Mitylène.

La flotte grecque réunie et forte de quarante-six voiles, commandée par Miaoulis, alla l'y chercher (20 septembre). Une tempête la dispersa (26 septembre) et poussa le lendemain le vaisseau amiral avec trois autres bâtiments au milieu de la flotte turque; ils ne s'échappèrent à grande peine qu'après un combat de quatre heures et après avoir subi de grandes pertes. Les Turcs dirigèrent dès lors leur course vers le golfe de Volo, où leur apparition détermina les Trikeriotes à se rendre à Rechid-Pacha (Cf. p. 159). Tout à coup les Grecs parurent, à leur tour, dans le golfe; ils chassèrent l'avant-garde de la flotte turque jusqu'à Artemision et expédièrent deux brûlots contre elle, mais sans obtenir de résultat. Chosrev, qui craignait les brûlots, essaya de se sauver en se tenant aussi loin que possible des vaisseaux grecs et en passant par le détroit entre les rochers de Pondikonisi et

d'Artemision. Il entra dans l'Hellespont et n'eut pas
honte de conduire à Constantinople, comme ses trophées,
quinze petits navires qu'il avait ramassés çà et là.

Lorsque les Grecs aussi partirent de Skiathos, ils
firent encore une heureuse capture à laquelle ils ne
s'étaient pas attendus. Dans le canal d'Oreos (Histiaia),
ils rencontrèrent dix vaisseaux de guerre commandés
par le pacha de Saloniki et ayant à leur bord des prisonniers d'Eubée. Les Turcs prirent les Grecs d'abord pour
des compatriotes et se dirigèrent sur eux sans crainte :
mais, s'étant aperçus de leur erreur, ils échouèrent leurs
navires sur la côte. Une corvette et quatre bricks furent
pris sans qu'ils fissent résistance, une goëlette fut incen-
diée par son équipage, tandis que les autres vaisseaux
s'échappèrent à Hagia-Marina.

La guerre civile dans le Péloponèse.

Les secours que l'Hellade occidentale avait reçus du
gouvernement se bornaient à l'arrivée tardive de la
petite escadrille et à trois cents hommes de troupes que
Lontos avait envoyés au moment de l'invasion de Moustapha, et qui avaient pris part au combat dans les retranchements sur le Kalliakouda. Cette négligence avait pour
cause la durée et l'accroissement des troubles intérieurs
dans le Péloponèse. Pour tenir ouvertes les routes qui
conduisent dans l'Hellade occidentale, il aurait fallu
établir un blocus rigoureux autour de Patras, comme le
gouvernement en avait eu le projet. Mais comme il avait
donné le commandement en chef à Giatrakos et non pas
à Kolokotronis, les partisans du vieux klephte, les
Delyannis, les Sissinis et autres n'y vinrent pas, tandis
que le chef lui-même fit tout pour dissoudre le camp
entièrement. De cette façon, les ennemis n'y avaient

pas été molestés et les villes de l'Hellade occidentale
étaient restées sans secours, tandis que, dans l'intérieur
de la péninsule, les dissensions produisirent des luttes
ouvertes de tribu à tribu.

L'influence de Kolokotronis commençait à s'affaiblir
de plus en plus au milieu de ces querelles. Depuis qu'il
avait abandonné le service purement militaire pour se
consacrer aussi à la politique, il avait perdu un grand
nombre de ses anciens amis. Comme cela était arrivé
déjà auparavant à Mavrokordatos et comme cela allait
arriver plus tard à Odyssevs, cette double occupation lui
enleva l'énergie nécessaire pour bien s'acquitter de
chacune d'elles; la paresse et l'inaction auxquelles il
s'abandonna pendant cette année-là effacèrent, dans
l'opinion publique, tout ce qu'il avait fait de méritoire
l'année précédente.

De toutes les provinces du Péloponèse, l'Arkadie était,
pour ainsi dire, la seule où son autorité ne reçût aucune
atteinte. Petrobey, qui, dans la sphère du gouvernement,
se mettait ordinairement de son côté, était pourtant trop
en opposition avec lui par la force même des choses pour
que le Maïna eût pu se confier entièrement à Kolokotronis. Lorsque la rupture entre les partis se déclara plus
ouvertement, Mourtsinos lui-même à Skardamoula, ancien
rival de Petrobey et jusqu'alors fidèle compagnon de
Kolokotronis, se déclara pour le gouvernement légal. Les
hommes de l'Argolis et de l'Elis conservèrent plutôt la
neutralité, excepté Sissinis, qui resta fidèle à Kolokotronis.
L'Achaïa se trouvait entièrement entre les mains du
parti civil « des Andreas » (Zaïmis et Lontos), des
Notaras et d'autres; les insulaires étaient les adversaires
les plus décidés de Kolokotronis.

L'assemblée législative, qui continuait à siéger à Argos, se méfiait de tous les membres du gouvernement, à l'exception du seul Zaïmis; aussi se mit-elle de plus en plus en opposition avec Kolokotronis, qui se trouva par là même déterminé à refuser formellement la vice-présidence du gouvernement, sans vouloir pour cela renoncer à son action politique. Il était impossible que la tension provoquée par cet état de choses durât plus longtemps. Dans les éparchies, les partis arrivèrent à une rupture ouverte. Sissinis s'opposa, les armes à la main, aux deux Andreas, qui voulaient entraîner l'Elis dans leur ligue achéenne.

Le gouvernement envoya contre eux des troupes sous les ordres de Kolokotronis et de Plapoutas, de sorte que la guerre civile semblait avoir éclaté déjà. Heureusement, ceux qui s'étaient armés contre Sissinis étaient divisés entre eux et s'étaient retirés; les Zaïmis étaient allés à Kalavryta et Lontos s'était rendu à Vostitsa. En effet, on vit bientôt que les gens du peuple, qui ne s'intéressaient nullement aux intrigues de leurs notables ambitieux, n'avaient pas plus envie de s'entre-déchirer pour ceux-ci qu'ils n'y avaient intérêt, de sorte que les rencontres hostiles se passaient d'ordinaire très-pacifiquement et sans qu'il y eût de sang versé; souvent même elles se changeaient en querelles particulières au sein des partis, et renversaient ainsi d'une manière inattendue toutes les combinaisons des chefs. Au moment même où Plapoutas partit pour porter secours à Sissinis, un grand nombre d'éparchiotes s'étaient réunis à une foire à Dimitsana, où un des Delyannis fut blessé dans une querelle. Aussitôt ses parents tuèrent d'un coup de feu le coupable, un des compagnons de Plapoutas; ils coupèrent les cheveux à sa femme et allèrent assiéger Paloumpa, résidence de la famille de Plapoutas ; celui-ci s'en revint immédiatement de son expédition contre Zaïmis et rencontra les assiégeants près d'Akovi.

Consterné de cette querelle soudaine entre deux familles qui appartenaient au parti du gouvernement, Kolokotronis, allié depuis peu de temps à la famille des Delyannis, accourut à Karytaina pour aplanir ce différend ; Metaxas aussi s'y rendit, sur l'invitation et avec le consentement de l'autorité suprême. En éloignant ces deux hommes, le gouvernement réduisit le nombre de ses membres présents au siége du pouvoir suprême à deux (Mavromichalis et Sotiris Charalampis), et comme il continua à faire des actes officiels contrairement à la loi qui demandait la présence de trois membres, l'assemblée législative saisit cette occasion pour destituer Metaxas (7 décembre) et pour nommer Kolettis à sa place.

Les deux membres du gouvernement, que l'assemblée législative n'avait pas destitués bien qu'ils fussent aussi cause de l'éloignement de Metaxas, saisirent alors le même prétexte que l'assemblée législative avait fait valoir contre le pouvoir exécutif, pour s'en servir contre elle : ils la déclarèrent illégale, parce qu'elle n'était plus en nombre complet, et qu'elle ne comptait plus les deux tiers de ses membres dont la présence était requise par la loi, nombre sur lequel on n'avait cependant jamais insisté. En outre, ils ne considéraient Metaxas nullement comme relevé de ses fonctions et ne reçurent pas non plus Kolettis au milieu d'eux ; ils opposèrent un coup d'État à l'autre et envoyèrent (10 décembre) Panos Kolokotronis, Nikitas et autres à Argos, pour dissoudre l'assemblée et pour arrêter les principaux coupables.

Ceux-ci pénétrèrent avec deux cents hommes dans la salle des séances ; ils dispersèrent les députés, pillèrent leurs demeures et enlevèrent les archives. Mais comme dans leur aveuglement ils ne voulurent rien faire pour empêcher une nouvelle réunion des représentants, ces derniers s'échappèrent secrètement par terre et par mer à Kranidi, où ils se trouvaient dans le voisinage des îles dont les habitants étaient les amis de leur cause ; même les archives furent habilement enlevées à Nikitas par son propre beau-frère Zacharopoulos et restituées à l'assemblée.

Les insulaires accueillirent avec joie la proclamation (15 décembre) de l'assemblée dans laquelle les députés publièrent les motifs qui les avaient portés à transférer ainsi le siège de leurs réunions, et les invitèrent par des lettres (1) à destituer aussi les autres membres du gouvernement. C'est ce qui fut fait (18 janvier 1824) ; dès lors les quelques membres de l'assemblée qui étaient restés fidèles au pouvoir se séparèrent au nombre d'environ quinze et se rendirent au siège de l'ancien gouvernement, à Nauplia.

En même temps, l'assemblée législative institua un conseil suprême composé d'hommes qui partageaient les mêmes opinions ; le président était Georgios Kontouriotis, les autres membres étaient Botassis (un second insulaire de Spetsia), Nikolaos Lontos et Kolettis. Zaïmis lui-même, le seul des membres de l'ancien pouvoir qu'on eût conservé, fut encore remplacé plus tard par Spiliotakis, parce qu'on croyait pouvoir se servir de lui plus utilement en dehors de l'action gouvernementale. Celles

---

(1) Trikoupis, t. III, p. 377.

des éparchies dont les représentants avaient été éliminés furent invitées à faire de nouvelles élections. L'ancien pouvoir, à Nauplia, prescrivit, de son côté, de nouvelles élections pour une autre assemblée nationale, et transféra son siége à Tripolitsa.

Victoire du parti civil.

De cette manière, il y avait dès lors deux gouvernements rivaux, dont l'un siégeait à Kranidi et l'autre à Tripolitsa, et qui se reprochaient l'un à l'autre d'être illégal ; les hommes du parti civil appelaient leurs adversaires des klephtes, ce qui était devenu alors un terme d'insulte, tandis que ceux du parti militaire, en reprenant leur ancien rôle odieux de kodjabachis, désignaient leurs opposants par le nom de phanariotes ; mais le nom de rebelles (ἀντάρται) resta au parti militaire. L'assemblée nationale et le nouveau gouvernement avaient de leur côté les insulaires et, par conséquent, la flotte, la seule chose qui pût assurer la puissance en Grèce. Mais ce qui leur donna une base plus solide, ce fut la perspective d'un emprunt, au sujet duquel on avait négocié déjà depuis quelque temps en Angleterre et qui, s'il réussissait, devait nécessairement être le partage du gouvernement civil, ami de l'ordre, comme il devait aussi lui assurer même la supériorité militaire sur le parti opposé.

La Grèce continentale restait indifférente au milieu de ces dissensions parmi les Moréotes ; le peuple, dans l'Hellade occidentale, subissant l'influence de Mavrokordatos, se rangeait, du reste, plutôt du côté du gouvernement légal. La presse de Missolonghi et d'Hydra, dont l'existence date de cette époque, se prononça dans le même sens ; c'est ce que fit aussi le grand nombre,

ceux qui possédaient, les hommes de talent, de même
que les écrivains et les coryphées de l'opinion publique
qui avaient reçu de l'instruction. D'autre part, Kolokotronis n'avait pour lui que les armes de quelques partisans d'une fidélité douteuse et l'assistance d'un rival
également douteux, de Petrobey qui, contre la nature
des choses, avait quitté le parti civil pour se mettre de
son côté. Outre les forteresses de Nauplia et d'Akrokorinthos, qui étaient entre les mains de ses partisans, il
avait essayé d'obtenir encore, par corruption, Monemvasia, mais il n'y avait pas réussi. Il avait demandé à
Ypsilantis, qui vivait dans la retraite à Tripolitsa, d'essayer de tenter une médiation ; mais la fusion, que
celui-ci proposa (fin de février) à Kranidi, fut rejetée.

L'ancien gouvernement n'était plus en sûreté dans son
siége même, à Tripolitsa ; une confrérie secrète, composée en majeure partie d'artisans, essaya même, bien
que sans succès, de se soulever contre lui. Sur ces
entrefaites, les hommes de Kranidi attaquèrent leurs
adversaires au sein même de leur pouvoir ; ils procla-
mèrent Nauplia le siége du gouvernement, et se transportèrent par mer (18 mars) au village des Moulins
(Myloi) dont ils attaquèrent la garnison à coups de
canon ; puis ils engagèrent Panos Kolokotronis à leur
rendre la ville et la forteresse. Sur son refus, il le déclarèrent traître envers la patrie, ils le bloquèrent dans le
fort avec sa belle-mère, Bobolina, et avec Metaxas ; ils
occupèrent Argos et obtinrent (2 avril) la reddition
d'Akrokorinthos, dont le commandant Cheliotis était
tourmenté par ses gens, à cause de leur solde arriérée ;
puis ils firent marcher leurs troupes sur Tripolitsa.
Kolokotronis et ses fidèles, avec environ mille hommes,

s'y étaient postés dans la ville et autour d'elle ; trois mille hommes, sous les ordres de Lontos, de Zaïmis, de Notaras, de Giatrakos et de Kephalas, marchèrent contre eux ; ils occupèrent les faubourgs (13 avril) et commencèrent à en venir aux mains avec Grivas.

Les rebelles reçurent, par Petrobey et par Plapoutas, des renforts consistant en mille Arkadiens. A la première rencontre, après leur arrivée, on craignit généralement qu'il n'y eût une grande effusion de sang ; mais il ne tomba qu'un seul homme ; les gens de la suite des capitaines, aux yeux desquels les querelles de leurs chefs ne valaient pas une seule goutte de sang, profitèrent tout simplement de cette bataille entre citoyens pour s'amuser à décharger leurs fusils. Dans le camp même de Tripolitsa, Kolokotronis et Petrobey n'étaient pas très-unis non plus ; c'est pourquoi on en vint bientôt aux négociations (17 avril), par suite desquelles on permit aux rebelles de partir sans qu'ils fussent molestés.

A ce moment, la nouvelle se répandit qu'un premier payement de 40,000 livres sterling de l'emprunt, qui avait été effectivement réalisé à Londres, était déjà arrivé à Zante (24 avril). Kolokotronis, calculateur clairvoyant dans ces sortes d'affaires, comprit aussitôt clairement que lui et son parti seraient perdus, s'il ne s'emparait pas violemment et promptement de tout le gouvernement, avant que cette somme d'argent tombât entre les mains de ses ennemis. C'est pourquoi il combina aussitôt toute une série de mesures habilement conçues, qu'il se mit à exécuter avec la rapidité énergique qui lui était particulière. Arrivé à Karytaina avec quinze hommes seulement, il y renforça sa troupe si rapidement et à un tel point qu'il put aussitôt marcher de nouveau sur Tripolitsa, afin d'assiéger ceux qui, il n'y avait que quelques jours, l'avaient enfermé lui-même.

Petrobey devait marcher vers le Sud, pour occuper, si c'était possible, Kalamata ; Gennaios Kolokotronis et Plapoutas reçurent l'ordre d'aller au secours de Nauplia qui était bloquée. Chemin faisant, tous les deux firent d'abord cent cinquante prisonniers, dont ils s'emparèrent par un coup de main à Kandyla ; puis ils opérèrent leur jonction avec Nikitas, et arrivèrent à Koutsopodi (20 mai), où ils rencontrèrent Hadschi-Christos, que le gouvernement avait envoyé contre eux avec un corps de troupes boulgares attirées en Grèce par leur haine contre les Turcs et par leur humeur aventureuse. Alors on se battit pendant plusieurs jours à Koutsopodi, près de Dalamanara (Genesion) et de Tyrinthis, en se livrant à des combats continuels, combinés presque toujours avec des sorties que faisaient les assiégés à Nauplia.

Dans les environs de Tirynthis, Hadji-Christos se trouva une fois serré de très-près ; mais, renforcé ensuite par cinquante hommes sous les ordres du vaillant Makriyannis, il mit en fuite les rebelles ; afin d'arrêter ses gens, le valeureux Nikitas se jeta par terre en jurant qu'il y mourrait ; mais il fut abandonné par ses soldats, et dut les suivre, afin de ne pas être pris par Makriyannis. Même dans une rencontre aussi sérieuse de deux hommes également braves et également entêtés, on se ménageait d'une manière visible, de sorte que, des deux côtés, il n'y eut que vingt-huit morts. Dans une nouvelle sortie, Panos Kolokotronis réussit (23 mai) à rejoindre son frère Gennaios ; puis on fixa le lendemain pour une nouvelle attaque qu'on voulait exécuter en commun.

Les deux Kolokotronis devaient faire une nouvelle
sortie, et Nikitas devait surprendre l'assemblée législative à Argos, pendant que trois cents Tzakones s'appro-
cheraient des Moulins en passant le long du golfe. Mais
ce projet bien conçu fut mal exécuté. Des coups de
mitraille lancés par un brick de la flotte de Miaoulis
contre les Tzakones forcèrent ceux-ci à se retirer tout effrayés dans un vieux château sur le Pontinos, où Hadschi-
Christos les força à se rendre ; Nikitas aussi, dans sa
tentative contre Argos, fut mis en fuite par Makriyannis.
Kolokotronis désespéra alors de sa cause. Il demanda
une entrevue aux deux Andreas, qui vinrent à Tripolitsa
(3 juin). De peur de se mettre trop dans la dépendance
des insulaires, et afin de ne pas se brouiller entièrement
avec lui, ces Achéens lui firent les conditions les moins
rigoureuses. On paya 25,000 piastres pour ses gens à
Panos, qui, en revanche, livra Nauplia (19 juin). Les
rebelles déposèrent partout les armes, et tous les jours
on adressa des demandes de grâce au gouvernement,
qui proclama une amnistie générale (14 juillet).

Coup d'œil rétrospectif.

Si l'on jette un regard sur la position des deux parties
belligérantes vers la fin de la troisième année de la révolution, on ne voudra guère accuser de sophisme les
diplomates russes, quand ils affirmaient, à ce moment,
que la Porte était déjà arrivée au bout de ses ressources.
Pendant tout le temps qu'avait duré cette insurrection
qui disposait de si faibles moyens, le gouvernement
turc n'avait pu rien faire contre elle, soit qu'il eût
d'abord essayé de la violence et de la cruauté, soit
qu'il eût eu recours ensuite aux moyens plus doux des
négociations, des bonnes paroles et de l'amnistie.

Son épuisement touchait à l'impuissance. Pendant le
cours de ces années, ses finances étaient tombées dans
une ruine de plus en plus profonde. Pour leur venir en
aide, et comme on ne pouvait, par aucun moyen, déterminer le sultan à créer un papier-monnaie, on s'était de
plus en plus abandonné aux anciens errements de l'abais-
sement du titre des monnaies. Déjà avant le commencement de l'insurrection (commencement de 1821), on
avait fait frapper des pièces de 4 piastres en or qui n'en
valaient pas la moitié ; plus tard, un autre arrêté du
gouvernement ordonna (automne de 1822) la fabrica-
tion de nouvelles pièces en or de 10, de 5 et de
2 piastres 1/2 qui étaient tellement falsifiées qu'on cal-
cula à 68 p. 100 le profit que ce changement du titre
avait produit ; de plus, peu de temps après, le crieur
public annonça que les nouvelles pièces de 10 piastres
en devaient valoir 12.

A la même époque, on publia un firman ordonnant la
remise de toute l'argenterie contre une compensation
arbitraire, mesure qu'on exécuta avec une grande
rigueur. Outre l'argent qui manquait, les hommes
capables de servir dans la flotte faisaient complétement
défaut ; dans les armées de terre, on ne pouvait jamais
compter, avec une entière confiance, sur les Albanais ;
en effet, quand ils le pouvaient, ils traversaient les plans
de campagne des Turcs, afin de traîner la guerre en
longueur. Enfin, par suite du découragement du peuple,
de la disposition des janissaires et de la diminution des
impôts, on ne pouvait songer à de trop fortes levées de
troupes dans aucune des provinces exclusivement otto-
manes.

Les observateurs les plus clairvoyants, tels que Leake,

prédirent que, pour la nouvelle campagne de 1824, la Porte ne pourrait réunir dix mille hommes sur aucun des trois points principaux des opérations militaires, ni dans l'Hellade orientale, ni dans l'Hellade occidentale, ni en Morée. Cependant on sentit qu'il était indispensable de faire, pour cette quatrième campagne, un suprême effort; effectivement, dans le cas où la fin en serait aussi stérile que l'avaient été les campagnes précédentes, on osait à peine songer à une cinquième à venir, par la crainte d'une réaction parmi les Osmanlis, réaction dont les dangers auraient de beaucoup dépassé ceux qu'offrait la révolution grecque.

On manquait, en outre, d'officiers de marine capables et de chefs militaires d'une valeur éprouvée. Le pacha de Skodra, l'ami des chrétiens et dont les meilleures troupes étaient composées de chrétiens, homme que les Albanais considéraient à cette époque comme le chef de leur race, était un allié indispensable, mais redouté et soupçonné. Quant à Omer-Vrione, le pacha d'Ianina, on pouvait savoir qu'il n'aimait pas à s'éloigner beaucoup de sa résidence, parce qu'il craignait la Porte et son rival Moustapha de Skodra, qui menaçait ses possessions dans l'Albanie centrale, et parce qu'il se méfiait des chefs albanais qui autrefois s'étaient unis aux Grecs pour soutenir Ali.

Dans cette disette extrême de ressources, d'hommes, de serviteurs intelligents et fidèles parmi ses officiers supérieurs, la Porte se trouva, dès ce moment, réduite à la dure nécessité de se décider à demander des secours extraordinaires au plus puissant de ses vassaux, au plus redoutable de tous ses alliés dangereux, et à offrir au vice-roi d'Égypte le commandement suprême des troupes

de terre et de mer. Son kapou-kiaya (agent) à Constantinople, Nedjib-Effendi, fut envoyé (commencement de
1824) avec cette mission secrète au Caire, où le vice-
roi le reçut (17 mars) avec grande pompe, avec une
curiosité et une ambition toutes joyeuses.

Mais *quels* étaient les secours que les Grecs, délaissés
de tout le monde, avaient à chercher, de leur côté, eux
qui, après avoir espéré en vain que les chrétiens s'arme-
raient pour une nouvelle croisade, n'avaient trouvé
qu'une neutralité équivoque, qui les abandonnait à leurs
propres efforts? Leurs faibles ressources étaient aussi
complétement épuisées à ce moment-là. Ils n'avaient
pas les moyens de prendre régulièrement à leur service
les hommes armés des campagnes; ils n'avaient pas les
moyens de payer une solde régulière à la marine au
sein de laquelle l'anarchie durait toujours, et qui devait
nécessairement dégénérer en une bande de pirates indis-
ciplinés.

Ils avaient autant à se méfier de la fidélité, de
la fermeté et du désintéressement de leurs capitaines,
que la Porte pouvait peu compter sur ses vassaux. Ils
étaient engagés, au sein du Péloponèse, dans une guerre
civile qui menaçait de les détourner entièrement de la
cause commune de la patrie et de leur enlever, en même
temps, les sympathies du monde européen. Or c'était
au moment même où leur dernier espoir semblait dépendre de ce qu'il se formât au milieu d'eux un état de
choses justifiant une intervention en faveur de leur indépendance et la reconnaissance de leur existence politique; il leur fallait provoquer les sympathies des individus et des masses, et les élever à un tel degré qu'elles
pourraient pousser à des démarches médiatrices même

les gouvernements des nations de l'Europe les moins intéressées dans la question.

Mais, par bonheur, ces dissensions intestines n'arrivèrent pas à un tel point qu'elles pussent changer en antipathies les sympathies de l'Occident qui s'étaient de plus en plus développées, par suite des atrocités toujours renouvelées par les Turcs. L'humeur querelleuse des Grecs, étroitement liée à leurs meilleures qualités, à leur activité, à leur esprit et à leur besoin d'agir avec indépendance, trouvait son antidote dans ces facultés mêmes. Le but mesquin d'un pouvoir passager et partagé sur un petit territoire, pomme de discorde pour les chefs de partis, ne nourrissait cependant pas en Grèce des ambitions assez fortes pour que les chefs eussent pu exploiter la cause de l'insurrection dans un intérêt entièrement personnel.

Les velléités napoléoniennes de tant de chefs de l'Amérique du Sud ou de tant de pachas turcs ne pouvaient pas facilement naître et trouver un terrain favorable dans l'organisation démocratique de ces petites communes formées par des tribus ; l'heureux instinct des masses formait un contre-poids aux querelles communes des capitaines, divisés entre eux. De cette manière, ces dissensions intestines, quelque fâcheuses qu'elles fussent, eurent cependant le résultat bien rare de donner, malgré l'anarchie dans les affaires et dans l'époque, malgré l'absence de tout danger pressant du dehors, la victoire au parti civil sur les klephtes, aux autorités légales sur les rebelles, aux hommes de l'ordre sur les fauteurs de troubles, et à l'intelligence et à la conscience, quelque peu qu'il en restât, sur la force brutale.

De cette manière, il fut possible qu'il se formât des

liens non-seulement de sympathies vagues, mais d'intérêts matériels entre l'Occident et ce jeune parvenu dans
la famille des peuples de l'Europe. Il fut possible que la
Grèce acquît des auxiliaires au moment où la Porte
engagea son allié d'Égypte à son service. Les auxiliaires
de la Grèce étaient des secours matériels et moraux
qu'elle trouva chez les hommes d'opinion libérale et
humanitaire en Europe, tandis que la Porte, s'humiliant
ignominieusement devant un vassal, appela au secours
contre ses rayas un pouvoir despotique de l'Orient d'une
séve nouvelle et d'une force toute vivace.

La catastrophe de toute l'insurrection, le point culminant du malheur des Grecs, le point qui marque le
commencement de leur délivrance et, en même temps,
le noyau et le foyer idéal de leur révolution et de leur
régénération, se trouvent dans cette nouvelle condition
à deux faces : la question de savoir si la Grèce devait
appartenir à l'Occident ou bien à l'Orient, à l'Orient
gréco-chrétien ou à celui de l'islamisme, devait y être
résolue. Si l'expédition auxiliaire faite par l'Égypte eût
conduit la Porte tranquillement à la victoire, et qu'elle
eût donné au vice-roi Kreta et la Morée comme récom-
pense de sa victoire, cette grande puissance parmi les
Barbaresques de l'Afrique se serait ajoutée encore à la
barbarie asiatique des Osmanlis, pour s'étendre en
Europe sur le pays et sur le peuple des Grecs : l'Orient
aurait célébré un nouveau triomphe, la chrétienté aurait
subi une nouvelle honte.

Mais ce résultat aurait été pourtant trop en contradiction avec tout le génie de l'époque. Ces craintes donnèrent plus d'énergie aux sympathies de l'Occident pour
ce peuple menacé d'anéantissement, et resserrèrent plus

étroitement les liens entre l'Europe et la Grèce. Ces appréhensions finirent même par entraîner les gouvernements, et les amenèrent du silence à la parole, et de la parole à l'action. Notre première tâche sera donc de jeter nos regards sur ces auxiliaires des deux parties belligérantes, sur les philhellènes et sur les Égyptiens.

4. — LES PHILHELLÈNES ET LES ÉGYPTIENS.

A. — SYMPATHIES DE L'OCCIDENT POUR LA CAUSE DES GRECS.

Premiers commencements du philhellénisme.

La réserve observée jusqu'à ce moment par les gouvernements de l'Europe à l'égard du mouvement grec ; les subtilités légitimistes de l'empereur de Russie ; l'indifférence de la Prusse ; la politique expectante et peu systématique de la France ; les calculs froids de l'Angleterre et de l'Autriche et l'interdit prononcé à Vérone contre les Grecs : toutes ces causes n'avaient pu refroidir l'intérêt chaleureux que portaient à la Grèce la plupart des individus appartenant aux différentes classes de la société de tous les pays. Les destinées et les exploits de tout peuple qui se lève pour la défense de sa liberté et de son indépendance excitent les passions des hommes ;

mais ce qui donnait à la révolution dont nous nous occupons un intérêt particulier, c'était le nom seul des révoltés, c'était la terre seule où les Grecs soutenaient leur lutte inégale contre la domination des Barbares, dont la durée offensait encore de nos jours, comme à l'époque de Luther, le sentiment universel du monde chrétien.

Le réveil des souvenirs de la grandeur déchue et des longs malheurs dont cette nation, défigurée par les stigmates de l'esclavage, s'efforçait de se relever, avait rempli l'Occident d'une immense pitié; dès le principe même, ce réveil avait excité les sentiments humains et les consciences de l'Europe et les avait poussés à prêter aux Grecs une assistance active, par laquelle on croyait devoir se laver d'un ancien crime et s'acquitter d'une ancienne dette de sang. De cette première sympathie exaltée, on avait brusquement passé aux espérances les plus exagérées, lorsque les vaillants exploits des Grecs à Chios, dans l'Argolis et à Missolonghi avaient enflammé l'imagination des enthousiastes et arraché des témoignages d'admiration même aux gens difficiles et aux adversaires de cette cause.

Il y avait beaucoup de personnes qui, au commencement de l'insurrection, avaient la ferme persuasion que l'Europe entreprendrait une croisade générale; mais un beaucoup plus grand nombre encore croyait que la Russie ferait une expédition militaire, afin de rétablir l'empire byzantin suivant les vœux des Grecs. On entendit un homme tel que Niebuhr se plaindre qu'on ne prît pas au mot le czar quand il protestait de son désintéressement, afin d'entreprendre contre la Porte une guerre dont se chargerait toute la chrétienté, pour fonder de nouveaux États en Turquie et pour créer un contre-poids à l'Amérique par la colonisation de l'Asie occidentale. Si des hommes pareils proféraient de semblables plaintes, comment pourrait-on s'étonner que les volontaires pleins d'enthousiasme des corps francs, qui s'armaient pour voler au secours des Grecs, vissent la régénération de l'antique Hellas déjà en pleine voie de s'accomplir, et prédissent le rétablissement prochain du conseil des Amphiktyons et des Jeux Isthmiques et une transformation nouvelle des arts par les mains de ce peuple ressuscité ?

Il est vrai que cette ardeur du premier enthousiasme s'était bientôt refroidie, lorsque les récits des premiers croisés philhellènes se furent répandus dans l'Occident, où beaucoup d'entre eux revenaient les faire eux-mêmes. La plupart de ces hommes pleins d'enthousiasme étaient parvenus jusqu'en Arkadia, ce but de leurs désirs, moins préparés et se figurant moins les privations qui les y attendaient, que les Anglais qui étaient allés en Colombie mettre leurs bras au service des créoles. L'absence complète de tout ce qui compose les besoins ordinaires de la vie ; la manière inhumaine de faire la guerre ; le défaut de succès durables ; le déni de toute reconnaissance et de toute sympathie de la part des révoltés jaloux et malveillants dont ils étaient venus cependant mériter la gratitude : tout cela dut bientôt abreuver d'amertume ces enthousiastes irréfléchis et ralentir leur zèle. Il n'y eut que la seule Madon Mavrogenis, de l'île de Mykonos, qui, touchée des sacrifices faits par les philhellènes étrangers, leur sût gré d'avoir quitté la vie civilisée et confortable pour combattre à côté de ses frères à demi barbares ; les autres Grecs ne voyaient qu'un trait de folie bizarre dans ce dévouement désintéressé. Il n'y eut

que le seul Mavrokordatos qui, revêtu du costume européen, reçut les volontaires étrangers à l'européenne,
et qui désirât introduire la culture intellectuelle et la
discipline de l'Occident dans la vie civile et militaire des
Grecs. Les autres se plaisaient à porter le turban brodé,
les souliers rouges et le cafetan vert qui leur avaient été
défendus sous la domination des Turcs ; ils riaient des
« mouchettes » qui voulaient les dégoûter de leurs vêtements bouffants, et ils avaient plus de confiance en leur
manière grossière de faire la guerre que dans les arts des
Francs. « Un soulier de ta ville natale, quelque rapiécé
« qu'il soit! » disait la sagesse populaire dans un de
leurs adages.

Il fallait avoir le caractère bien trempé et beaucoup de
pénétration pour ne pas perdre tout intérêt sympathique
à la cause des Grecs, en voyant de près toutes ces misères dans un milieu aussi inhospitalier. Quelques hommes d'élite, tels que Gordon, Raybaud et Hastings,
étaient ballottés de la satisfaction au mécontentement, de
l'espoir au doute, comme on les ressentait à cette époque
en face du développement de cette histoire si récente, comme on les ressent encore aujourd'hui en face
de tout l'avenir de cette nation si jeune. Ils avouaient
bien eux-mêmes, il est vrai, qu'ils étaient accessibles à
ces impressions extrêmes qui les faisaient passer de l'enthousiasme à l'indignation et de l'indignation à l'enthousiasme, suivant qu'ils étaient témoins de la bravoure ou
de la lâcheté, de la générosité ou de la brutalité de leurs
compagnons d'armes; mais ils ne se laissèrent jamais entièrement décourager par les traits les plus rebutants du
caractère populaire, parce qu'ils savaient les comprendre et les expliquer.

Loin de la Grèce, d'ailleurs, les plaintes isolées de ceux d'entre les croisés philhellènes qui se sentaient découragés expiraient sans trouver d'écho, en face de l'intérêt durable et solide, maintenu vivace par les grandes questions historiques de civilisation qui étaient engagées dans cette lutte. Le parti libéral, dans les différents pays de l'Europe, ne pouvant plus s'attacher, après la réduction de l'Espagne, qu'à cette cause des Grecs, éleva la voix pour eux et exhorta à les secourir au nom de la civilisation, de l'humanité, de la religion, des belles-lettres et de l'antiquité classique : ces leviers agirent trop puissamment et d'une manière trop générale sur l'opinion publique, pour que la réaction et le parti conservateur n'eussent pas fini par être de plus en plus ébranlés dans leur ténacité.

Il s'était formé peu à peu dans tous les pays des comités de secours, dont le but était de venir en aide à ceux qui souffraient et qui combattaient en Grèce. Elles donnaient leurs secours en argent et en hommes, comme l'acquit tardif d'une ancienne dette sacrée, contractée par le monde pour les bienfaits qui lui étaient venus de ce berceau de toute civilisation et de toute culture humaines. La presse éleva sa voix timide et devint, dans le cours des années, si unanime et si puissante dans la défense de cette cause, qu'elle brava toutes les intimidations et qu'elle imposa le respect même à la voix des plus puissants entre les adversaires des Grecs. Un nombre infini d'écrits sur les affaires grecques virent tout d'un coup le jour en Allemagne, en France et en Angleterre, et dominèrent, pendant quelque temps, toute la littérature.

Cette presse s'adressait également aux hommes d'É-

tat, aux partis politiques, aux aventuriers, aux savants,
aux beaux esprits et au monde des femmes faciles à
émouvoir.

Leake, Gell et Pouqueville, dont les voyages da-
taient déjà d'assez loin, profitèrent de la faveur du
moment pour publier leurs savants ouvrages d'histoire et
de voyages. Un grand nombre de philhellènes répandirent leurs Mémoires dans le public; on fonda en Allemagne des Revues spéciales pour alimenter cet intérêt du
jour; la nombreuse race des écrivains qui servent la curiosité du moment était en pleine activité, pour bien at-
tiser la flamme de la haine contre les Turcs par des
choses vieilles et neuves, par des ouvrages originaux
comme par des traductions.

La littérature néo-grecque, en tant que les communications de Leake y suffisaient, fut aussitôt introduite en
Allemagne par des écrivains tels que Sickler, Theodor
Kind et Iken; Wilhelm Müller les suivit plus tard avec ses
Chants grecs, marchant ainsi sur les traces de Fauriel,
ce savant historien et critique qui, avec une grande prédilection peu académique pour toute poésie naïve et populaire, avait traduit, dès 1823, les *Profughi di Parga*
de Berchet, pour servir ainsi la cause des Grecs, et qui
publia ensuite, en 1824, ses *Chants populaires de la
Grèce moderne*. Cet ouvrage, qui avait même attiré l'attention de Goethe, a eu, peut-être plus que tout autre,
une influence favorable à la cause grecque, parce qu'il
a été le premier à faire connaître en détail à l'Europe
l'esprit et les ressources morales de cette nation malheureuse. Même les chants populaires des Serbes firent à
cette époque (1825), dans la traduction allemande par
Talvy (Mlle von Jakob), une sensation qu'ils n'avaient pu

produire à l'époque où Vouk Stephanovitch en avait pu
blié les originaux (1814).

Jamais un intérêt aussi général ne s'était attaché à un
aussi petit coin de la terre; les vœux de toutes les nations, de presque toutes les classes de la société et de
toutes les coteries étaient pour la cause de la Grèce; la
résistance qu'elle trouvait encore dans les rangs plus
élevés de la société diminuait de plus en plus avec le
nombre des années que durait l'insurrection. En premier
lieu, l'enthousiasme des humanistes allemands osa bra-
ver la force oppressive de l'art avec lequel Metternich
voulait étouffer ce mouvement; ensuite, l'ardeur poétique de lord Byron réussit à faire fondre, pour un moment, la glace qui couvrait le cœur des tories et l'âme
des boutiquiers en Angleterre; enfin, le zèle chrétien
des royalistes français, qui voyaient dans la Grèce une
Vendée de la chrétienté, fit une brèche à la confession
de foi politique de leur propre parti, et Chateaubriand
fut tout étonné de voir que les nuances les plus différentes
de tous les partis, que Bonald et Constant, Béranger
et l'abbé de Genoude, le *Journal des Débats* et la *Gazette de France* étaient d'accord dans cette cause.

Ce fut en vain qu'on fit planer des soupçons sur les
comités philhelléniques qu'on accusait, en France,
d'être des foyers de révolution et, en Allemagne, d'être
une conspiration contre les autorités établies; il y avait
des garants trop sûrs et trop à l'abri de tout soupçon au
sein de ces comités auxquels finirent par ne plus refuser
leurs cotisations les familles mêmes de ces princes dont
les gouvernements avaient été les premiers à lancer leurs
anathèmes contre les Grecs. En effet, à la longue, tout
le monde trouva par trop puéril de tourner le principe

de la légitimité contre ces rebelles que le sultan lui-même
n'aurait pas accusés d'avoir violé un seul de ses droits
divins ; il parut absurde de vouloir voir dans le carbonarisme, produit des temps les plus modernes, un des leviers de ce mouvement qui ouvrait de nouveau l'abîme
par lequel, depuis les temps les plus reculés, l'Europe
avait été séparée de l'Asie!

Par suite de cette disposition générale des esprits
dans l'Occident, les intérêts nationaux et locaux pouvaient opposer si peu de résistance aux intérêts généraux
de la civilisation ; la politique était si impuissante en
face de l'histoire, la diplomatie était si faible devant
l'humanité et les gouvernements montraient une telle impuissance à ceux qu'ils gouvernaient, que les cris una-
nimes de l'Europe pénétrèrent lentement jusqu'à la conscience des princes. Peu à peu l'opinion publique força
les gouvernements à avouer que leur système de neutralité n'était plus tenable, et elle finit par les entraîner
dans les voies qui, dès le commencement même de la
guerre, leur avaient été indiquées par la voix populaire. Quelque grande qu'ait été, dans le cours des années, la somme des secours matériels prêtés à la Grèce
par les philhellènes, et quelque salutaire qu'ait été leur
influence, l'œuvre la plus importante de ces amis de la
Grèce a été pourtant de forcer enfin les puissants de
l'Europe à faire des actes qui étaient en contradiction fla-
grante, non-seulement avec les principes qu'ils venaient
tout récemment d'établir eux-mêmes, mais encore avec
les devoirs qu'ils s'étaient eux-mêmes imposés.

L'Allemagne.

La cause grecque trouva les premières sympathies ac-
tives en Allemagne, où la diplomatie garda le silence et

n'imposa pas, dans des vues égoïstes, un frein à l'expression de l'imagination exaltée et de la générosité humaine. A l'époque où Alexandros Ypsilantis se trouvait à Fokchani, il avait envoyé (mars 1821) en Allemagne et en France son médecin particulier, le docteur Ipitis, homme plein d'enthousiasme et versé dans la connaissance des langues, avec des lettres de recommandation pour des Grecs et des philhellènes résidant dans ces pays, afin d'y provoquer l'assistance morale des savants et de ceux qui appartenaient au parti libéral (1). Il se rendit d'abord à Vienne, d'où ses amis le firent partir en toute hâte, pour lui épargner le sort de Rhigas ; partout ailleurs, sur la terre allemande, on l'accueillit avec bienveillance et avec hospitalité, comme à Munich, à Leipzig et à Dresde, à Gœttingue et à Iéna, à Berlin et à Hanovre, à Hambourg et à Kiel.

Thiersch à Munich et Krug à Leipzig étaient du nombre des amis intimes d'Ipitis, amis qui n'attendaient pas ses exhortations ou qui n'en avaient pas besoin pour déployer une activité bienveillante en faveur de la cause des Grecs. Thiersch s'efforça de répandre, par l'organe de la *Gazette d'Augsbourg*, des nouvelles exactes et des idées justes sur le mouvement grec, et d'agir contre les tentatives de l'Autriche qui voulait faire croire à une connexion entre le carbonarisme et la révolution hellénique, révolution dont Koraïs avait prédit à Thiersch l'explosion prochaine, même dès l'année 1813. Déjà pour la fête de la Résurrection (Pâques), Krug avait publié

----

(1) Cf. Philimon : *Insurrection*, t. Ier, p. 93 sq. — L'écrit intitulé : *Considérations sur la guerre actuelle entre les Grecs et les Turcs*, par un Grec, Paris, 1821, paraît se rattacher à sa mission.

un programme scolaire dans lequel il traitait de la régénération de la Grèce ; plus tard (1ᵉʳ août), il fit un
appel pour provoquer la formation de comités de secours,
et pour inviter à la souscription de sommes d'argent qui
devaient servir à équiper des philhellènes désireux de
faire la guerre.

En même temps (5 août) parut une déclaration de
M. von Dalberg, ancien capitaine de la *landwehr* (milice
prussienne), qui se proposa comme chef d'un corps
franc ; le point de ralliement de cette troupe devait être
Offenbach, si, comme Dalberg le désirait, il pouvait
en obtenir la permission par l'entremise du baron de
Gagern, qui, déjà auparavant (juin), à la Chambre à
Darmstadt, avait élevé la voix en faveur des Grecs.
Mais toutes ces démarches avaient été faites avec la conviction qu'elles seraient secondées par les cabinets et
par les gouvernements, dans la supposition qu'on trouverait derrière l'hétairie un point d'appui dans la Russie, et dans le fol espoir que toutes les puissances décla-
reraient la guerre à la Porte. On se vit bientôt trompé
dans cette attente. La publication de l'appel de Krug fut
arrêtée (septembre) ; Thiersch reçut des ordres positifs
de ne pas entrer dans des propositions qui lui seraient
faites relativement à la cause des Grecs ; l'Autriche s'opposa d'une manière absolue à tous les mouvements du
philhellénisme ; le *Moniteur* et les journaux anglais se
moquèrent de l'enthousiasme des jeunes Teutons, tout en
le représentant comme très-suspect.

Cependant les gouvernements des petits États semblaient être dans un grand embarras quant à leurs sujets
et quant aux autres États ; les mesures prises par la police étaient inconséquentes et mal assurées, ce qui ajou-

tait au désir de continuer le mouvement malgré elle. La
Diète resta muette. Les feuilles de Berlin purent imprimer librement des articles d'un ton convenable en faveur des Grecs ; à l'occasion d'une représentation de
Minna von Barnhelm au théâtre de Dresde, tout le public s'abandonna à des transports de joie, lorsqu'on entendit dire à Paul Werner qu'il ne se mettrait pas en
campagne contre les Perses, mais contre les Turcs. Un
grand mouvement régnait entre le Main et le Neckar,
à Francfort, à Mayence, à Offenbach, à Darmstadt et à
Heidelberg. Des comités se formèrent (depuis août) à
Stuttgart, à Darmstadt, à Hombourg, à Francfort et
bientôt dans d'autres villes encore, comme, par exemple, à Heidelberg, où le vieux Voss, le vénérable traduc-
teur d'Homère, donna de sa petite fortune, alimentée
seulement par une modeste pension de retraite, la somme
de 1000 florins « comme une petite contribution, afin
« d'acquitter la grande dette à payer aux Grecs pour la
« civilisation reçue de l'Hellade (1) ».

A ces comités allemands s'en ajoutèrent bientôt d'autres, en Suisse, qui tous agissaient d'un commun accord,
tels que les Sociétés d'Aarau, de Berne (septembre), et,
un peu plus tard (novembre), celle de Zurich, qui, jusqu'en 1825, resta à la tête du mouvement, avant que Ge-
nève devînt le grand point central du philhellénisme.
Pendant l'été de la première année de la guerre, un petit
corps de philhellènes, composé d'individus de toutes les
nations, était parti d'Allemagne, grâce aux secours fournis par ces associations, et s'était embarqué (18 juillet) à

---

(1) Cf. Von Klüber : *Geschichte der Wiedergeburt Griechenland's,*
p. 591.

Marseille dans le même navire qui avait porté Mavrokordatos. Quatre autres expéditions suivirent en automne
(octobre) et, au commencement de l'année suivante, encore deux autres, dont la dernière (24 janvier 1822) comprenait le général Normann ; mais, après que la hui-
tième fut partie de Marseille en automne (novembre),
ces expéditions commencèrent à s'arrêter, au moment
même où le zèle pour cette cause était arrivé à son
apogée.

A cette époque, l'aréopage de l'Hellade orientale avait
envoyé en Allemagne, pour s'y occuper d'affaires de finance, un certain Kephalas ; il conduisit en Grèce ce
qu'on appelait une légion allemande, accompagnée jusqu'à Marseille par Ernst-Emil Hoffmann de Darmstadt,
homme actif et zélé. On avait fixé le nombre des légion-
naires à six cents hommes ; mais on n'avait pu en réunir
que deux cents, et le gouvernement français fit à ce moment des difficultés au sujet de leur passage.

Le congrès de Vérone avait tout à coup modifié l'attitude des cabinets et modéré l'expression de l'opinion
publique. Par un surcroît de malheur, au moment
de débarquer, l'expédition elle-même perdit son matériel de guerre, enlevé par l'infâme Kephalas, qui abandonna la légion à son sort ; tout cela nuisit aux efforts,
faits jusqu'à ce moment par les comités allemands et
suisses, et en arrêta les succès ultérieurs. Leur ardeur
fut un peu stimulée lorsque, pendant la troisième année
de la guerre (janvier 1823), cent soixante voyageurs
grecs, revenant de la Russie d'Asie, passèrent par l'Europe pour retourner dans leur pays, et, qu'avant d'être
expédiés à grand'peine à Marseille par les Zuricois, ils
recommandèrent encore une fois et très-chaudement aux

Suisses la cause de leur patrie avec une éloquence que leur donnaient leur misère et leur dévouement.

Du reste, pendant tout ce temps, lorsque les armes grecques étaient prépondérantes ou qu'elles tenaient les Turcs en échec, les revenus de ces comités et les cotisations qu'ils recueillaient étaient restés dans des limites très-modestes (1) et avaient été employés, en majeure partie, à donner des secours de voyage aux corps francs et quelquefois à faire parvenir à Mavrokordatos de petits envois d'argent. Mais depuis que les années 1823 et 1824 s'étaient terminées sans avoir eu des résultats bien dangereux pour les Grecs, l'intérêt témoigné par les Allemands à cette cause s'éteignit presque entièrement, en partie par la force des choses, en partie par suite des entraves que lui mettaient les gouvernements, jusqu'à ce que les cris d'alarme, retentissant dans les années suivantes, réveillassent des sympathies nouvelles et plus vives.

L'Angleterre.

En effet, ce qui caractérise surtout l'histoire du philhellénisme, c'est que la bienveillance et la bienfaisance de l'Occident se tenaient renfermées dans des limites assez étroites, tant que la victoire radieuse souriait aux armes grecques et que son éclat était assez puissant pour percer les sombres nuages de la guerre. Mais ces sympathies devinrent plus vives à l'instant même où de grands revers effrayaient plus violemment les âmes, de telle sorte que les offrandes affluèrent d'autant plus abondamment et

---

(1) Le comité de secours de Stuttgart, avec ses succursales, avait, depuis le 15 août 1821 jusqu'au 31 mars 1823, réuni la somme de 27,692 florins.

avec d'autant plus de persévérance que le malheur acca-
bla plus profondément les Grecs. Ainsi la catastrophe de
Chios avait provoqué une extension plus grande des comités de secours; mais les renforts que les troupes auxiliaires de l'Égypte fournirent à la Porte furent la cause
qui, dans tous les pays du Nord de l'Europe, fit arriver
ces Sociétés à leur plus grand développement.

La seule Angleterre forma un contraste frappant avec
l'attitude prise par le reste de l'Occident; elle chercha à
exploiter cette période des succès grecs en s'y associant
dans des vues intéressées qu'elle avouait elle-même. En
voyant dans ce peuple, le plus libre de tous, cette indifférence à l'égard d'une cause qui agitait le monde tout
entier, les étrangers, qui se trouvaient sur les lieux, pouvaient croire que la sensibilité et l'intelligence de la nation anglaise s'étaient complétement émoussées. Une
vague jalousie commerciale avait changé, dans ce peuple
calculateur, les sympathies humaines les plus naturelles en antipathie nationale; les appréhensions au
sujet des îles Ioniennes et la crainte des intrigues russes
avaient, dans le principe, entièrement étouffé même la
voix du parti libéral. Les feuilles ministérielles étaient
remplies de fiel quand elles parlaient des rebelles : le
Courrier se moqua du « zéro » grec, ajouté à cette
grande masse d'inertie, l'empire ottoman; il parla tout
ouvertement de la destruction de la Grèce sur un ton que
la diplomatie autrichienne avait du moins l'honnêteté de
dissimuler sous un langage moins cynique.

Ce fut en vain que quelques journaux isolés se répandirent en sarcasmes amers contre cette amitié musulmane
des ministres et contre cette alliance entre la légitimité
turque et la politique des tories anglais, aux yeux des-

quels « le cordon de soie à Constantinople était un avant-
« poste des *bourgs pourris* et des sinécures en Angle-
« terre ». Les appels faits pour inviter à la formation de
comités de secours retentirent sans trouver d'écho. La
première souscription ouverte à Londres par Lamprière,
une des célébrités classiques du pays, n'eut aucun succès.
Seulement lorsqu'on connut la chute de Chios et, en
même temps, les exploits héroïques de la flotte grecque,
comparés aux hauts faits de Leonidas par l'*Observateur
de l'Orient* lui-même, qui autrement était plein de haine
pour les Grecs; lorsque le *Livre de Voyages* par Wad-
dington dépeignit la terrible misère qui régnait à
Athènes et dans les îles, où plus de vingt mille malheureux réfugiés se mouraient de désespoir et de faim :
alors seulement les quakers du moins se trouvèrent assez
de courage pour recueillir des offrandes destinées à adoucir le sort lamentable de ces pauvres victimes; mais encore le firent-ils tout à fait en secret et sans faire de
bruit.

A partir de ce moment, on commença à s'agiter aussi
à Édimbourg et à Leeds; sur l'impulsion venue de ces
villes, les whigs élevèrent la voix dans la Chambre des
communes (juillet 1822); enfin Erskine publia un
livre (1), plein d'invectives on ne peut plus violentes,
dans lequel il attaqua l'alliance entre l'Angleterre et la
Porte, de même que la confraternité entre le roi et le
sultan, union, disait-il, qui était une honte et une ignominie pour la nation tant que la ruine de Chios ne serait
pas expiée.

---

(1) *Letter on the subject of the Greeks to the Earl of Liverpool*. London, 1822.

Mais encore ces voix se seraient tues devant la protes-
tation absolue que les ministres leur opposaient, si toute
la direction de la politique anglaise n'eût été changée par
la mort de Castlereagh et par la brouille que les affaires
d'Espagne avaient fait naître entre l'Angleterre et les
puissances continentales. Ce ne fut qu'après l'arrivée de
Canning aux affaires que le *Quarterly Review* prit un ton
plus amical pour les Grecs; ce ne fut qu'à partir de ce
moment que les souscriptions à Londres, et celles que
M'Crie se donnait beaucoup de peine à organiser à Édimbourg, eurent un meilleur résultat, bien qu'il fût loin
d'être brillant. Il se forma aussi dans la capitale, parmi
les membres de l'Opposition, une Société philhellénique
qui envoya le colonel Leicester Stanhope (Earl of Har-
rington) en Allemagne et en Suisse, pour qu'il s'y mît en
rapport avec les comités du continent; il leur proposa et
obtint d'elles la formation d'un comité philhellénique en
Grèce qu'on chargea de recevoir et d'administrer les
fonds de secours.

On vit paraître sur la scène aussi une autre espèce de
gens qui s'intéressaient à la Grèce et qui, encouragés
par la bonne fortune des Grecs dans les années 1822 et
1823, étaient disposés à relever, par des prêts d'argent,
la Grèce épuisée. Mais encore ces avances n'avaient pas
été peu favorisées par la jalousie des Anglais à l'égard
du continent, où les Grecs avaient fait les premières tentatives pour négocier un emprunt. Kephalas, l'aréopa-
gite, s'était rendu, en 1822, avec une semblable mission
en Allemagne. Plus tard, après avoir essuyé des refus à
Vérone, le comte Metaxas avait confié une partie de ses
pleins pouvoirs à son compagnon de voyage français, au
chevalier de l'ordre de Saint-Jean, Jourdain, afin que

celui-ci cherchât à contracter un emprunt en France (1).
Arrivé à Paris (mars 1823), Jourdain entama des négociations avec le comité de l'Ordre de Saint-Jean, siégeant
à Paris, et signa, à l'insu des véritables supérieurs de
l'ordre à Palerme, un traité provisoire avec le grand-
prieur d'Auvergne (18 juillet).

Les spéculateurs chimériques de Paris, derrière lesquels Canning crut reconnaître les agents de Chateaubriand, s'imaginèrent avoir là entre les mains une
occasion précieuse de regagner une puissance assurée et
de reprendre non-seulement leur souveraineté d'autrefois, mais encore l'ancienne carrière militaire de l'Ordre.
Les deux augustes contractants se garantirent récipro-
quement par ce traité « l'intégrité de leurs possessions
« actuelles » ; l'Ordre renonça à ses anciens droits sur
l'île de Negroponte (Négrepont) et sur la Morée ; mais,
en échange, il se fit adjuger, avec des indications géo-
graphiques très-précises, Rhodos, Skarpathos et Stipa-
laia et, jusqu'à la conquête de ces îles, celles de Syra et
de Sapienza et quelques autres plus petites. Les chevaliers s'engagèrent à faire un emprunt de 10 millions de
francs, et ils expédièrent, avec Jourdain, un des leurs
auquel ils donnèrent des instructions qui trahissaient,
avec une naïveté extrême, les intentions de ces hobereaux
de l'Ordre. Ils voulaient profiter des luttes de la Grèce
pour retrouver dans ce pays leur existence perdue ; ils
voulaient remplir leurs caisses vides avec le butin que
feraient les Grecs, et rétablir, à l'aide de la fortune
grecque, leur crédit qui avait fortement baissé. Ils
croyaient que, dans son état d'abandon, résultat de l'a-

---

(1) Cf. Jourdain, t. II, p. 187 sq.

nathème de Vérone, la Grèce ne saurait acheter assez
chèrement même leur secours équivoque; car ils se présentaient devant ce pays comme les champions de la
légitimité et voulaient lui faire croire que leurs hautes
relations de famille pourraient seules le faire entrer dans
l'ensemble des États de l'Europe.

Tout ce beau château en Espagne s'en alla en fumée.
Les Grecs très-fins repoussèrent avec indignation le traité
et le délégué, et il ne se trouva personne qui voulût
donner de l'argent aux pauvres chevaliers. Il est vrai
qu'à Paris ces derniers surent très-habilement leurrer
le patriotisme des Français, en excitant leur jalousie à
l'égard de l'Angleterre et en faisant miroiter devant leurs
yeux les grands intérêts politiques de la France; mais
les banquiers se tinrent sur la réserve. Lorsque ensuite
ils tentèrent la fortune en Angleterre, les négociations y
échouèrent aussi, parce que, malgré le secret promis, ils
avaient divulgué, dans leurs bavardages, le traité conclu
avec Jourdain.

Pour les Grecs, cependant, ces manœuvres étourdies
eurent un certain avantage; les négociations à Paris
rendirent les hommes d'argent en Angleterre plus disposés à faire à la Grèce un prêt pour la réalisation
duquel le gouvernement grec avait, peu de temps auparavant, envoyé en Europe A. Louriotis d'Arta. Ce dernier avait fait des tentatives en Espagne et en Portugal;
mais tout le monde y était dans les plus grands embarras pécuniaires. De là il était allé en Angleterre, où Blaquière, qui déjà auparavant s'était occupé avec tant de
zèle aussi de la cause de l'Amérique, le mit en rapport
avec les membres les plus considérables du parti whig.
Après avoir tenu conseil (3 mars), ces derniers envoyè-

rent Blaquière et Louriotis en Grèce pour qu'ils prissent des informations sur les lieux mêmes.

De retour en Angleterre, après un séjour de deux mois en Grèce, Blaquière, ce philhellène actif, aplanit par un rapport favorable (1) le chemin pour la conclusion de l'emprunt. Trois délégués grecs, Orlandos, Louriotis et G. Zaïmis, étaient en route pour terminer cette affaire. Leur départ avait été retardé par les troubles du pays ; mais ce retard lui-même fut avantageux à la négociation : ils arrivèrent à Londres au moment même (26 janvier 1824) où tout le monde commercial était agité par la manie de faire des entreprises extravagantes. Ils étaient autorisés à engager les revenus grecs, en particulier ceux des douanes, des salines et des pêcheries, pour contracter un emprunt de 800,000 livres sterling. Ils le conclurent (21 février) au taux de 59 avec Loughnan O'Brien Ellice et Comp. (2). Blaquière, qui, plus que tous les autres Anglais, était le favori et l'admirateur des Grecs, et qui, avec l'ardeur d'un enthousiaste, a écrit l'histoire de leur guerre de délivrance (3), put bientôt (31 mars) s'embarquer avec une somme de 40,000 livres sterling, montant d'un premier payement. Il devait remettre cette somme à MM. Blake, au comte Logothetis

---

(1) Blaquière : *Report of the present state of the greek confederation.* — Rapport fait, le 23 septembre 1823, devant le comité grec à Londres.

(2) Les banquiers retinrent les intérêts à 5 pour 100 des deux premières années et l'amortissement à 1 pour 100 pour deux années ; en outre, ils touchèrent 3 pour 100 pour courtage, commissions, etc., de plus 2/5 pour 100 de commission pour le payement des intérêts ; de telle sorte que, après une perte de 56 2/5 pour 100, le montant de l'emprunt n'était que de 348,000 livres sterling.

(3) Traduite aussi en allemand : *Die griechische Revolution, ihr Anfang und weitere Verbreitung.* Weimar, 1825.

à Zante et à Samuel Barff à Korinthos, qui étaient chargés de la remettre au gouvernement grec, mais seulement
sur l'ordre de lord Byron, de Stanhope et de Lazaros
Kontouriotis.

Lorsque Blaquière vint avec cette somme à Zante
(24 avril), le seul bruit de son arrivée avait causé une
sensation extraordinaire, comme nous l'avons vu plus
haut (Cf. p. 179), et avait fourni les secours les plus
efficaces au gouvernement dans sa lutte contre le parti
militaire. Effectivement, la réalisation de cet emprunt
était un succès plus grand qu'aucun fait d'armes victorieux n'eût pu l'être. On savait bien en Grèce que
très-souvent, par suite de semblables alliances d'argent,
les peuples avaient obtenu la protection de la puissance
et de la politique anglaise; même dans beaucoup de cercles en Angleterre, on considéra ce commencement de
relations financières comme étant de fait la reconnaissance de l'indépendance grecque.

Lord Byron.

Néanmoins ni le gouvernement ni le peuple anglais
n'avait pris une part considérable à ce grand service
rendu aux Grecs; les partis politiques n'y étaient pas non
plus pour beaucoup; il était entièrement l'œuvre de quelques rares têtes ardentes et de quelques spéculateurs peu
scrupuleux. Et encore l'emprunt aurait été difficilement
conclu avec tant de promptitude et de facilité, si lord
Byron n'avait pas jeté un grand éclat sur le philhellénisme, et s'il n'avait pas mis en grande faveur cette affaire
de finance par sa résolution de se consacrer personnellement à la cause grecque.

Pendant les derniers temps de son séjour en Italie, sa
manière de vivre et ses façons avaient moins que jamais

servi à augmenter sa gloire; mais tout d'un coup tout
l'homme changea d'une telle façon, qu'il attira de nouveau et plus que jamais les yeux du monde sur lui.
Poussé dans toutes ses tendances et dans toutes ses
actions par un esprit de contradiction contre sa patrie, il
fit, aussi dans cette question grecque, l'opposition la plus
vive au vil égoïsme de ses compatriotes, comme si, pour
leur confusion, il voulait effacer leur ignominie par un
acte désintéressé du dévouement le plus vrai. Avec son
penchant impétueux et cosmopolite qui l'entraînait vers
la liberté et qui le portait à combattre le despotisme dans
le monde entier, il était devenu jaloux de la gloire de
lord Cochrane. Affilié à la Société des carbonari, il avait
été, dès 1821, prêt à appuyer une révolte dans la Ro-
magne, lorsque l'issue du mouvement à Naples le dégoûta
des affaires d'Italie; depuis ce temps, il tourna de plus
en plus sa prédilection vers les Grecs.

Rien n'était plus facile à comprendre. Dès sa première
enfance, les poésies, l'histoire et des récits de voyages
avaient fait naître en lui le désir de faire un voyage en
Orient. En 1809, il avait commencé avec Hobhouse son
pèlerinage de Harold et, après avoir passé par le Portugal, l'Espagne et Malte, il était arrivé en Grèce, et
d'abord en Albanie, où il avait appris à admirer la bravoure des Souliotes et à pénétrer la nature de tigre d'Ali-
Pacha, leur ennemi. Puis il avait visité Athènes, l'Asie
Mineure et la mer Noire et, pendant son séjour à Constantinople, il avait répété avec succès le voyage de
Léandre, en traversant à la nage la mer entre Sestos et
Abydos. A cette époque, il avait encore regardé avec
mépris et dédain les Néo-Grecs « qui aimaient le moins le
« pays auquel ils devaient tout », et il avait exprimé la

conviction qu'ils ne pourraient se relever ni par leurs
propres forces, ni avec le secours des étrangers (1).

Néanmoins, son cœur était attaché, par les liens les
plus naturels, à cette terre sur laquelle il composa les
premiers chants de son *Childe Harold* et où il avait
trouvé les sujets de ses récits poétiques tant admirés (du
Giaour, de *la Fiancée d'Abydos*, du *Corsaire* et de
Lara) par lesquels il transporta, pour ainsi dire, les
tragoudies klephtes dans une sphère poétique plus élevée.
Même lorsqu'il publia ces poëmes (1813), et quand,
dans le *Giaour*, il comparait avec une profonde tristesse
cette malheureuse terre des Grecs aux beaux traits d'un
homme mort et délivré à peine des luttes de l'agonie, il
n'avait pas encore meilleure opinion de ces esclaves
d'esclaves qui n'étaient plus dignes de leur magnifique
patrie (2).

---

(1) *Childe Harold*, canto 2, 75 :

And many dream withal, the hour is nigh,	Beaucoup rêvent aussi que l'heure est proche
That gives them back their fathers' heritage;	Qui leur rendra l'héritage de leurs pères;
For foreign arms and aid they fondly sigh,	Ils soupirent ardemment après les armes et l'aide de l'étranger,
Nor solely dare encounter hostile rage,	Et n'osent pas seuls s'opposer à la fureur des ennemis,
Or tear their name defiled from slavery's mournful page.	Ni arracher leur nom souillé du triste livre de l'esclavage.
—Hereditary bondsmen! know ye not	Hommes nés esclaves, ne savez-vous donc pas
Who would be free, themselves must strike the blow!	Que ceux qui veulent la liberté ont à frapper eux-mêmes!
— Will Gaul or Moscovite redress you? No!	Les Gaulois, les Moscovites peuvent-ils vous relever? Non!

(2) Dans le *Giaour* il les appelle :

... Stained with each evil that pollutes	... Souillés par toutes les hontes qui flétrissent l'humanité,
Mankind, where least above the brutes;	Là où elle s'élève le moins au-dessus des brutes,

Malgré tout cela, les préoccupations et le travail intérieur du poëte le tenaient attaché à ce peuple; c'est ce
qu'on voit par le célèbre hymne en l'honneur de la levée
de boucliers en Grèce (*Don Juan III*), qu'il écrivit à un
moment (1819) où le monde n'avait pas encore le plus
léger soupçon de l'insurrection imminente. A cette époque, lord Byron vivait déjà en Italie. Après que son di-
vorce eut été prononcé (1816), il avait repris le bâton
du voyageur, incapable de vivre avec les hommes de
la société dans son propre pays et résolu de ne pas y retourner. Il avait traversé l'Allemagne, la Suisse et les
Alpes, il avait vécu deux ans à Ravenne, puis à Pise;
banni de cette dernière ville, il s'était établi à Gênes et,
se détournant du projet d'aller en Amérique qu'il avait
eu un instant, il se laissa déterminer entre autres par
l'influence de Blaquière, à revenir à ses anciennes affec-
tions et à se mettre au service de la cause grecque. Il
avait vu de ses propres yeux la ruine du mouvement italien, entrepris pour la cause de la liberté; ensuite il s'é-
tait bercé, pendant quelque temps, d'autres espérances,
lorsque « la mouche d'Espagne et l'abeille de l'Attique »
agitaient encore ensemble leur dard (1); de nouvelles

Without even savage virtue blest,	Ne jouissant même pas des vertus des sauvages,
Without one free and valiant breast.	Ils ne comptent pas un seul cœur libre et vaillant parmi eux.
— In vain might liberty invoke	Ce serait en vain que la liberté invoquerait
The spirit to its bondage broke,	Un esprit plié à l'esclavage, ou qu'elle voudrait redresser
Or raise the neck that courts the yoke!	Le cou qui cherche avec amour le joug!

(1) *Don Juan*, 9, 28 :

... The web of these tarantulas	... La toile de ces tarentules s'étendra

espérances le captivaient, lorsqu'il vit flotter sur les Andes et sur le mont Athos le même étendard « arboré « par les esclaves de l'Est et par les ilotes de l'Ouest (1) ».

Parmi tous ceux qui combattaient pour la liberté, les Grecs avaient le mieux répondu à l'attente de lord Byron ; il avait appris à les estimer davantage. Pendant son séjour à Gênes, il prit des informations exactes sur l'état de leur cause ; il adressa des lettres (mai 1823) pleines d'instructions, de conseils et d'espérances au comité hellénique de Londres, qui le confirma dans ses idées et qui

---

Increases, till you shall make common cause :	Jusqu'à ce que vous fassiez tous cause commune :
None but the Spanish fly and Attic bee	Il n'y a plus que la mouche d'Espagne et l'abeille de l'Att.que
As yet are strongly stinging to be free.	Qui se servent de leur dard acéré pour se délivrer.

(1) *Age of Bronze*, 1823 :

... In that avenging clime,	... Dans ce climat vengeur,
Where Spain was once synonymous with crime,	Où jadis le nom de l'Espagne fut celui du crime,
Where Cortez and Pizarro's banners flew,	Où flotterent les bannières de Cortez et de Pizarre,
The infant world redeems her name of *new*.	Les jeunes pays rachètent leur nom de Nouveau Monde.
'T is the old aspiration breathed afresh,	Ce sont les anciens élans qui renaissent
To kindle souls within degraded flesh,	Pour enflammer les âmes dans des corps dégradés,
Such as repulsed the Persian from the shore,	Élans qui jadis chassèrent les Perses des côtes
Where Greece *was* — no! she still is Greece once more!	Où *fut* la Grèce... non! où une fois encore revit la Grèce!
One common cause makes myriads of one breast,	La même cause commune donne le même cœur à des milliers d'hommes,
Slaves of the East and helots of the West ;	Aux esclaves de l'Est et aux ilotes de l'Ouest ;
On Andes' and on Athos' peaks unfurl'd,	Déployé sur le sommet des Andes et du mont Athos,
The selfsame standard streams o'er either world.	Le même étendard couvre les deux mondes de ses plis.

le nomma son représentant en Grèce. Après s'être embarqué à Livourne (24 juillet), il fit voile pour Argostoli en Kephalonia (Céphalonie), dans la société du comte Gamba (dont la sœur, la comtesse Guiccioli, l'avait tant charmé à Ravenne et à Pise) et des Anglais Trelawney et Hamilton-Brown (1). Lord Byron y resta pendant six semaines à bord de son navire; il fit prendre les devants à ses compatriotes, pour qu'ils s'informassent exactement de l'état du pays et du caractère des partis déchirés par la guerre civile. Ses messagers rencontrèrent à Tripolitsa Kolokotronis, qui leur déclara, sans autres façons, que, si Mavrokordatos ne cessait pas ses intrigues, il le ferait mettre sur un âne et chasser de la Morée à coups de fouet.

Mais Mavrokordatos n'eut pas beaucoup de peine à convaincre ces hommes que la bonne volonté, l'amour de l'ordre et les capacités administratives ne se trouvaient que du côté de ses amis, du côté du parti civil. Mavrokordatos écrivit (21 oct.) d'Hydra à lord Byron lui-même « que la division était dans le gouvernement, « mais non pas dans le peuple; que s'il voulait venir en « aide à la Grèce, il reconnaîtrait au premier coup d'œil « où était le danger, c'est-à-dire à Anatoliko, qui était « assiégée alors, et à Missolonghi bloquée par les enne- « mis (Cf. p. 167) ». Byron s'apprêta donc à passer à Missolonghi. Il s'embarqua (29 décembre) avec sa suite à Zante dans deux navires, dont l'un, ayant à bord le comte Gamba et une somme de 8,000 piastres d'Es-

_____

(1) Cf. Medwin : *Gespraeche mit Lord Byron*, traduction allemande. Stuttgart, 1824. — *A narrative of lord Byron's last journey to Greece*, *extracted from the journal of Count P. Gamba*. London, 1825.

pagne, fut saisi par une frégate turque et sauvé d'une
manière presque miraculeuse. Le commandant du vaisseau
turc, ayant reconnu dans le capitaine du navire ionien
un homme qui autrefois lui avait sauvé la vie, intervint
auprès des autorités de Patras pour qu'elles missent en
liberté « ces Anglais en voyage ». A Byron lui-même les
ennemis et le mauvais temps firent courir de grands
dangers, jusqu'à ce qu'on envoyât de Missolonghi au-
devant de lui des navires pour l'escorter.

Il arriva (25 janvier 1824) ainsi au terme de son
voyage, accueilli d'une manière brillante et avec des manifestations de joie de la part des habitants de Missolonghi ; le vieux Trikoupis, le père de Spyridon, lui céda
une maison. L'arrivée de lord Byron électrisa, pour ainsi
dire, tous les Grecs. Il leur apparut comme un sauveur :
ils l'avaient attendu, d'après ce que disait, plus tard, le
capitaine Dimitrios à Gamba, comme les jeunes hiron-
delles attendent leur mère (1) ; ils virent derrière lui aussi
bien la puissance de l'Angleterre que les sommes d'argent provenant de l'emprunt, et ils crurent que la bourse
de l'effendi anglais lui-même était inépuisable. En effet,
les versements de l'emprunt n'étant pas encore arrivés,
il fit pendant quelque temps le payeur, pour tirer les autorités de Missolonghi de leurs embarras.

Mais, malheureusement, tout ce qu'il vit dans cette
ville dut diminuer encore les espérances bien modestes
avec lesquelles il était venu. Il trouva à Missolonghi le
colonel Stanhope qui avait été envoyé en Grèce par le
comité de Londres, avant que celui-ci eût connu les pro-

---

(1) Cf. James Emerson : *Journal of a residence among the Greeks.*
Dans : *A picture of Greece in* 1825. London, 1826, t. Ier, p. 109.

jets de Byron. Stanhope s'était entendu avec les comités
du continent afin de réorganiser les débris des corps de
philhellènes; on les mit sous les ordres de l'ingénieur
Parry, qui, lui aussi, pourvu de munitions de guerre,
avait été envoyé, par le comité de Londres, à Missolonghi (fin janvier) pour y former un corps d'artillerie et
pour y établir un laboratoire. A côté de ces étrangers,
observés avec une attention jalouse, on voyait courir à
Missolonghi et dans les environs les gens armés de l'Hellade occidentale. Parmi eux se trouvaient les Souliotes,
qui, depuis le combat de Karpenisi, étaient sans patrie,
sans argent et sans recevoir de solde, et qui s'agglomé-
raient ici où, tous les jours, ils se querellaient avec les
habitants de la ville. Mavrokordatos, nommé gouverneur
de la province, se trouva, sans savoir ce qu'il avait à
faire, au milieu de ces bandes sauvages et indiscipli-
nées.

Lord Byron mit, de tous les côtés, de l'ordre dans cette
anarchie, en faisant preuve d'un nouveau courage, d'un
grand calme et d'un savoir-faire pratique qu'on ne lui
aurait pas supposé. Il fit servir les secours en argent au
but que le comité de Londres voulait atteindre à l'aide
des philhellènes. Déjà auparavant, lui et Stanhope avaient
décidé le comité à accorder 5,000 piastres pour l'armement de la flottille que réunissait, à ce moment, Mavrokordatos afin de débloquer la ville ; lord Byron prit personnellement cinq cents Souliotes à son service pour les
conduire, avec le reste de leurs frères, à une entreprise
contre Lepanto.

Mais l'exécution de ce projet fut déjouée par la mauvaise disposition des Souliotes qui avaient été travaillés
par les adversaires du gouvernement, par les partisans

de Kolokotronis. La nature albanaise se fit jour dans ces compagnons grossiers qui n'étaient plus contenus par Markos Botsaris, dont on n'avait que trop à regretter la mort; ils demandèrent qu'on leur payât l'arriéré de leur solde de neuf mois, si l'on voulait qu'ils quittassent Missolonghi. Ces fâcheuses expériences que le poëte faisait sur ses anciens favoris l'ébranlèrent à un tel point qu'il eut une violente attaque d'épilepsie (15 février). Il allait avoir encore d'autres déceptions. Immédiatement après cette première mésaventure, un Souliote tua l'officier qui était de garde au laboratoire, un Suédois du nom de Sass; lorsque l'assassin fut arrêté, ses compatriotes firent une terrible émeute, mettant en péril même la maison de lord Byron, qui alors, plein d'indignation, menaça de partir.

Enfin, on réussit à expédier vers les frontières de l'Akarnania et de l'Aitolia ces hôtes remuants, après leur avoir payé 3,000 piastres qu'on emprunta à lord Byron. Mais avant d'avoir même entièrement conjuré ce malheur, on en vit un autre qui s'approchait. Karaïskakis, malade et alité à Anatoliko, avait été tenté de jouer le rôle de traître, comme Varnakiotis l'avait fait avant lui; condamné (14 avril), il dut se rendre dans l'exil, d'où il ne fut rappelé que plus tard par un autre gouvernement. Par suite de toutes ces malheureuses affaires, lord Byron eut plusieurs autres attaques d'épilepsie. De même que le milieu moral dans lequel il vivait réagissait d'une manière fâcheuse sur sa santé, les conditions climatériques dans lesquelles il se trouvait ne lui étaient pas non plus favorables; le mauvais temps ne lui permettait pas de prendre l'exercice, comme il en avait l'habitude; à la suite d'un refroidissement, il fut pris d'une fièvre

cérébrale qui enleva rapidement le malheureux martyr
(19 avril).

A cette issue complétement imprévue de sa maladie,
les amis grecs du poëte ressemblaient à des hommes
« frappés d'un aveuglement soudain ». Un deuil profond
était répandu sur Missolonghi, où Spyridon Trikoupis
prononça le discours funèbre sur la tombe du poëte,
lorsqu'on fit ses funérailles. Le poëte lui-même avait,
comme par un pressentiment, prédit sa mort peu de
temps auparavant (1). Cette fin de sa vie était d'une fatalité profondément tragique. La résolution de cet homme,
souvent réprouvé et souvent exalté, de se sacrifier à la
cause de la Grèce lui avait inspiré l'action la plus noble,
peut-être la seule action noble de sa vie, et il fallut que
cet acte, le plus beau de toute son existence, fût inter-
rompu et restât inachevé au moment même où le poëte
commençait à se montrer comme un tout autre homme !

Quittant la vie vagabonde à laquelle il s'était abandonné dans le domaine de l'imagination, pour entrer
dans la vie réelle, il s'était entièrement dépouillé de s

---

(1) Dans une poésie écrite à l'occasion du trente-sixième anniver-
saire de sa naissance, le 22 janvier 1824 ; elle commence par les paroles suivantes :

'T is time this heart should be unmo- ved	Il est temps que ce cœur cesse de battre,
Since others it has ceased to move.	Puisqu'il a cessé de faire battre celui des autres.

Puis il y est dit vers la fin :

If thou regrett'st thy youth, why live?	Pourquoi vivre, si tu regrettes ta je nesse ?
The land of honorable death .	Voici la terre où tu peux trouver une mort
Is here! Up to the field and give	Honorable ! Cours au champ de ba- taille,
Away thy breath!	Et sacrifie ton dernier souffle !

nature de poëte romanesque. Son caractère, comme celui
d'Alcibiade, semblait prendre soudain une tout autre
trempe, dès qu'il se décida à se mêler activement aux
affaires du monde. Pendant qu'il était encore dans sa
patrie, il avait souvent montré le désir d'y jouer un rôle
actif; mais il avait paru manquer de la capacité nécessaire pour satisfaire à cette vocation, comme de la force
suffisante pour y renoncer entièrement. Au milieu de cette
vie sauvage en Grèce, au contraire, cette veine jaillit en
lui comme une source saine et limpide. Dès les premiers
moments de sa vie nouvelle et active, ses actes et ses
projets avaient été irréprochables. Il était venu en Grèce
avec des sentiments qui lui donnaient une place honorable à côté des meilleurs philhellènes parmi ses compatriotes, tels que Gordon et Hastings.

Une fois sa résolution prise, il était fermement décidé
à rester fidèle à la cause des Grecs qu'il avait embrassée,
sans craindre ni les Turcs ni la Sainte-Alliance, tant qu'il
lui resterait une planche à laquelle il pourrait s'attacher
avec honneur. Sans enthousiasme, il voulait mettre
l'épaule à la roue et ne pas s'en prendre à la boue qui
pourrait en arrêter le mouvement. Il avait, comme
disent les Anglais, cloué son pavillon au mât. Se jetant
au milieu du chaos des partis et dans une guerre barbare,
il avait adopté le principe de ne se déclarer pour aucun
parti et de ne tremper dans aucun de leurs méfaits, résolution qu'il a toujours exécutée sincèrement. Il s'adressa
aux hommes de toutes les classes pour les exhorter à la
paix et à la concorde; il écrivit à tous les chefs des
lettres pleines de sens et d'énergie, afin de réveiller en
eux un esprit de conciliation; partout il essaya de prêcher
la douceur et la circonspection, et il saisit chaque occa-

sion pour racheter des prisonniers, afin d'ôter à la
guerre son caractère féroce; plein de désintéressement, il prodigua ses conseils, sa fortune et sa vie;
même la vanité paraissait lui être dès lors tout à fait
étrangère.

Devenu « soldat jusqu'à la folie », il se consacra de
toutes les forces de son âme chevaleresque aux choses
militaires; mais, lorsqu'on lui offrit le commandement en
chef des armées du continent, il eut assez de prudence et
de modestie pour le refuser. S'il eût fallu mesurer le
mérite de ses actes d'après ses *succès*, on aurait dû dire
peut-être qu'il valait mieux pour sa gloire qu'il mourût.
Il est vrai que ses amis, pleins d'admiration pour lui,
auraient prédit à une vie plus longue une brillante carrière.

Plus tout ce qu'il aurait fait en Grèce aurait eu un caractère pratique et solide, et plus il aurait excité l'intérêt
du peuple anglais à la cause grecque et lui aurait donné
une extension et une durée plus grandes.

On aurait facilement mis à sa disposition toutes les
sommes provenant de l'emprunt anglais, en le chargeant
de les employer comme il l'eût jugé convenable, de sorte
que, pour un certain temps, il aurait pu jouer le rôle de
dictateur en Grèce, rôle que beaucoup de ses compatriotes
avaient, dès cette époque, destiné à lord Cochrane. Mais
la Parque jalouse coupa le fil de ses jours. Elle ne voulait
pas que le peuple hellénique achetât sa délivrance à un
prix moindre; elle aimait à enlever aux étrangers, venus
pour le secourir, la vie ou la gloire. Mais la mort du poète
anglais augmenta l'influence fatale des premières effusions
poétiques de sa jeunesse désordonnée sur les peuples de
l'Europe, au moment même où il était sur le point de dé-

mentir, par une nouvelle vie, tout ce que contenaient ces
poésies (1).

Les philhellènes anglais dans le camp du parti klephte.

Avec quel instinct droit et sûr lord Byron avait pris sa
place sur ce terrain boueux et glissant, on ne peut le voir
entièrement que lorsqu'on compare son attitude aux folies
de ses compatriotes et compagnons qui, se jetant au milieu des querelles entre les partis grecs, auraient tout
simplement porté la guerre civile au sein de la petite
troupe des philhellènes anglais, si lord Byron eût vécu
plus longtemps. Pendant quelque temps, on avait vu agir,
à côté du poëte anglais à Missolonghi, le délégué du
comité de Londres, lord Stanhope (1), qui, dans tous ses
actes, montrait le sentiment de sa dignité propre au
grand seigneur d'illustre origine, au soldat, à l'Anglais,
au doctrinaire politique et à l'homme de parti fanatique.

Elève de Bentham, Stanhope était venu sur cette terre
qui voyait renaître la liberté, la tête toute remplie des théories philanthropiques de son maître. Il voulait combler
la jeune nation tout d'un coup de toutes les splendeurs de
la civilisation : c'est pourquoi, immédiatement après son
arrivée à Missolonghi (fin de 1823), il y avait établi une
presse libre et faisait imprimer la *Chronique grecque* qui
paraissait sous la rédaction d'un Suisse, du docteur
Meyer, avec la devise de Bentham : « Le plus grand bien-

---

(1) Quel grand sujet Lamartine n'avait-il pas devant lui, lorsque cette
fin de lord Byron lui inspira son *Dernier Chant de Childe Harold* (1826)!
Quand on quitte ce sujet plein de vie, et que, pénétré de l'intérêt qu'il
offre, on se met à lire cette fiction poétique, on recule plein de dégoût
devant le vide creux de cette rhétorique pompeuse.

(2) *Greece during lord Byron's residence in that country in the years
1823 and 1824*, by the colonel Leicester Stanhope. London, 1824.

être du plus grand nombre. » En outre, il voulait établir
un hôpital à Missolonghi, une poste en Morée et le système
militaire suisse, la procédure judiciaire publique et des
écoles avec la méthode de Lancaster dans toute l'Hellade.
Quand Byron se moquait des théories du « colonel typo-
« graphe » et qu'il insistait sur des armements de guerre,
Stanhope, en vrai disciple de Bentham, défendait son
opinion, d'après laquelle les philhellènes devaient res-
treindre leur bienfaisance à des actes qui « produiraient
« des avantages durables et très-étendus ».

C'est pourquoi aussi il s'agissait, à ses yeux, en première ligne, de mettre les Grecs dans la bonne voie d'une
véritable existence politique, d'extirper en eux l'esprit
du despotisme, d'y implanter celui du républicanisme
« et de faire de la Grèce une nouvelle Amérique ». Dans
les premiers temps, il semblait considérer les deux grands
partis hostiles comme des éléments également incapables
d'enfanter cet avenir qu'il rêvait pour eux. Les oligarques
qu'il voyait entourés de flatteurs, de filles perdues et de
soldats, de saleté, de splendeur et de misères, n'étaient,
à ses yeux, que des Turcs par leurs mœurs et leurs
manières; pourtant, il voyait un élément plus dangereux
de résistance à l'égard de ses projets dans les primats
civils, ces champions de la monarchie tempérée qui lui
paraissait aussi impossible en Grèce qu'une « tigrarchie »
tempérée.

Il se désespérait en voyant l'esprit monarchique pré-
dominer dans ce peuple qui, d'une seule voix, demandait
à grands cris un roi; c'était, pour lui, une abomination
qu'un homme, tel que Mavrokordatos, au lieu d'aspirer
avec grandeur d'âme et avec hardiesse à jouer le premier
rôle de dictateur républicain, ne visât qu'à prendre la

seconde place sous un roi. Occupé de ces projets, il avait, dès le mois de janvier, prêté une oreille très-attentive, lorsqu'on lui disait tout bas à Missolonghi qu'Odyssevs, cet homme animé de sentiments entièrement démocratiques, songeait à ce moment à réunir un congrès à Salona. Quand, quelques semaines plus tard (21 février), le colonel se mit en route pour se rendre au siége du gouvernement à Kranidi, il rencontra, à Athènes, Odyssevs qui désirait cette entrevue encore plus ardemment que Stanhope et qui était même venu exprès pour cela d'Eubée, où il bloquait de nouveau la ville de Karysto.

Le fils d'Androutsos avait gardé une attitude exceptante entre les partis en lutte pendant la guerre civile en Morée. Comme maître de l'Hellade orientale, il ne voyait son autorité contestée de personne, surtout depuis qu'il s'était réconcilié avec Negris, qui autrefois avait signé la sentence de sa mort. Les deux nouveaux amis haïssaient cordialement les politiques du Péloponèse et ils avaient le même intérêt que Kolokotronis à renverser Mavrokordatos, l'homme de l'ordre et leur ennemi commun ; mais tant que l'issue de la lutte restait indécise, ils étaient assez habiles pour cacher leur opinion. Sûrs de rester les maîtres de l'Hellade orientale, ils songeaient tous les deux à étendre leur pouvoir aussi sur l'Ouest et à soumettre ainsi à leur direction toute la Grèce continentale. Pour parvenir à leurs fins, il essayaient, avant tout, de détacher de Mavrokordatos et du gouvernement, non-seulement lord Byron, qui était le but des intrigues de tous les prétendants et de tous les personnages influents, mais encore tous ses amis.

C'est ce dont s'occupa alors Odyssevs, à Athènes et plus tard à Salona, avec un art si consommé de dissi-

mulation fine et habile et avec un talent si supérieur à
manier les hommes, qu'on en oublie presque la déprava-
tion devant laquelle les philanthropes et les aventuriers
anglais restèrent confondus, comme des niais dont on
s'était joué d'une manière ridicule. Parmi ces derniers, il
y avait un certain Humphreys (1) qu'Odyssevs sut éblouir
en flattant sa passion de *gentleman* pour les chiens, les
chevaux et la chasse. Trelawney, homme d'une grande
force musculaire, qui parcourait le pays dans un costume
de palikare, succomba sous l'influence du nouveau milieu
dans lequel il vivait et qui lui faisait prendre des allures
sauvages ; il se laissa charmer par le caractère énergique
d'Odyssevs et en épousa, plus tard, la sœur ; mais,
quant à Stanhope, qui s'était fait fort « de déjouer, par
une conduite franche et hardie, toute ruse et toute habileté
diplomatique », il se laissa duper par ce Grec souple
et habile au moyen d'une comédie qui était un piége
d'un attrait irrésistible pour un philosophe de l'école de
Bentham.

Odyssevs joua devant lui le rôle de républicain,
d'homme populaire et d'ami éclairé des Muses ; il lui
parla de musées, d'écoles et de journaux ; il lui permit
de faire fonctionner à Athènes des presses lithographiques
et le fit assister à des assemblées du peuple, dans les-
quelle on élut des juges, où l'on accorda des impôts et
où l'on fit des rapports sur des hôpitaux qui n'existaient
nulle part. Par ces moyens, il obtint de lui la promesse
d'assister au congrès de Salona qui avait été convoqué,
et de servir d'intermédiaire pour y faire venir aussi lord

---

(1) Cf. W. II. Humphreys : *Journal of a visit to Greece.* Dans le
recueil cité plus haut : *Picture of Greece*, t. II, p. 210 sq.

Byron et Mavrokordatos. Plein d'enthousiasme, Stanhope disait alors dans une lettre qu'il écrivit d'Hydra et dans laquelle il vanta l'esprit ferme et le bon cœur d'Odyssevs, qu'il était brave comme son épée, n'appartenant à aucun parti, ami de la publicité et de la liberté et le seul qui pût maintenir l'ordre, en un mot « précisément l'homme « qu'il fallait à la Grèce ».

Aux yeux de Stanhope, on ne pouvait sauver la Grèce qu'en élevant Odyssevs au pouvoir et en renversant Mavrokordatos. A Kranidi, les partisans du gouvernement lui reprochèrent son alliance avec les ennemis de l'ordre et lui firent des représentations sérieuses à ce sujet, mais en vain. Les klephtes étaient complétement sûrs de lui et de ses amis. Sophianopoulos, le secrétaire de Gouras, disait d'un ton triomphant dans une de ses lettres (commencement de mars), « que les Anglais, désabusés au « sujet du parti du gouvernement réuni à Kranidi, « avaient ouvertement passé au parti de Tripolitsa (1) ». Stanhope se rendit, suivant sa promesse, à l'assemblée de Salona (10 avril). Mais il n'y trouva point ses amis de Missolonghi. Mavrokordatos, craignant le piége qui lui était tendu, n'y envoya que quelques délégués chargés de tout observer; lord Byron était sur son lit de mort.

Stanhope tomba sans défense entre les mains des intrigants les plus dangereux. Il s'abandonna avec enthousiasme à la pensée de voir jouer à Odyssevs le rôle d'un Washington et d'un Bolivar; il était charmé de voir que Negris, qui lui remit une lettre pour Bentham, s'occupât de la rédaction d'un code; tout le monde à Salona lui

---

(1) Cf. Blaquière : *Second visit to Greece*. 1825, t. II, p. 90.

paraissait être animé des sentiments les plus libres et les plus nobles. Il se sépara entièrement de Mavrokordatos, à qui il écrivit un peu plus tard tout franchement, « que parmi les mauvaises gens qui travaillaient contre la Constitution, les pires et les plus ingrats étaient ceux qui agissaient en faveur d'un roi étranger ». Heureusement, Stanhope fut rappelé à ce moment même en Angleterre, par un ordre du roi ; il n'aurait pas cessé de jeter de l'huile dans les flammes de la guerre civile, et de troubler les rapports entre le comité de Londres d'une part et le parti civil et le gouvernement de l'autre, ce qui aurait infailliblement fait manquer le second emprunt plus considérable qu'on songeait à contracter en Angleterre.

Par une lettre très-connue qu'il adressa à Blaquière (22 mai), Mavrokordatos se hâta de prévenir les mauvaises impressions que les rapports de Stanhope pourraient produire à Londres (1). Il y avait fait d'une manière fort honorable sa confession de foi politique. Il y parla des accusations que des membres de la clique de Stanhope avaient élevées contre lui en disant « qu'il « voulait un roi étranger » ; et cependant, écrivait-il, c'était lui qui, dix-huit mois auparavant, s'était mis, avant tous les autres, en opposition avec Negris (le républicain!), lorsque celui-ci avait proposé pour le trône le roi Jérôme. On l'avait accusé « d'être l'ennemi de la « Constitution », et pourtant il ne s'était toujours opposé, au risque de perdre la vie, qu'à ceux qui faisaient de la Constitution un manteau pour voiler leurs infamies et leur brutalité ! On lui avait reproché « de vouloir un « despote », et pourtant on ne portait cette accusation

---

(1) Cf. Même ouvrage, 1825, t. II, p. 78.

contre lui que parce qu'on savait qu'il n'en voulait *aucun*. « S'il est écrit dans le livre de l'histoire, disait-il en
« terminant, que la Grèce doit ramper devant un des-
« potisme militaire, hydre non à sept, mais à cent têtes,
« je ne serai ni l'instrument aveugle, ni l'humble servi-
« teur de ces nouveaux tyrans. »

Heureusement tout se décida peu de temps après, à
Argos, en faveur du gouvernement, et les projets des
hommes du congrès de Salona furent ainsi tous déjoués.
L'autorité d'Odyssevs s'écroula en même temps que celle
de Kolokotronis. Il perdit en même temps son appui en
Eubée où le camp de Vrysakia (5 mai), qui était dans
une condition pitoyable, avait dû être levé. Il courut
ensuite à Argos pour s'offrir comme arbitre dans la lutte
encore indécise qui s'était élevée pendant le blocus de
Nauplia (Cf. p. 181), et pour affaiblir ainsi, autant que
possible, la victoire du gouvernement. Mais, dans cette
ville, personne ne se fia à lui, pas même ses propres
gens. Un jour, on tira sur lui, lorsque, dans la maison de
Nikitas, à Nauplia, il était assis à la fenêtre. Pendant
son absence, on ourdit une conspiration qui ébranla la
fidélité de son lieutenant Gouras. D'une force athlétique;
barbare comme son maître, mais plein de bon sens;
aussi rusé que vaillant; aussi flexible qu'énergique,
ce jeune homme était attaché par d'anciens liens étroits
à Odyssevs, qui, du temps où il était encore capitaine
au service d'Ali-Pacha, s'était servi de lui pour ses
affaires les plus délicates. Au moment actuel, Sophianopoulos, son secrétaire, qui avait été corrompu par le
gouvernement, lui dit tout bas à l'oreille qu'il pourrait
facilement s'élever à la place d'Odyssevs. Pendant quelque temps, le vieux serviteur hésitait; il obéit encore

une fois à son maître qui lui avait ordonné de venir le rejoindre à Nauplia. Après s'y être informé de l'état des choses, Gouras repartit déjà avec l'intention de garder pour lui l'akropolis d'Athènes. Odysseus s'aperçut bientôt qu'il avait perdu son ancienne autorité, par suite de ses malheurs dans la guerre, comme cela était arrivé à Mavrokordatos, et pour avoir voulu à la fois faire de la politique et diriger la guerre, comme c'était le cas de Kolokotronis; il pressentit que son rôle était fini et se retira déjà comme un homme vaincu en Roumélie.

L'impression morale que le mouvement philhellénique avait produite dans la lointaine Angleterre n'avait pas peu contribué à donner de la force à toutes ces causes qui concouraient à la consolidation du gouvernement légitime. Autant il était évident, plus tard, qu'avec la mort de lord Byron les sympathies du peuple anglais pour la cause grecque s'étaient beaucoup refroidies, autant on était frappé de voir jusqu'à quel point le mouvement philhellénique s'était répandu de plus en plus au milieu de cette race anglo-saxonne, depuis que son grand poëte s'y était personnellement consacré.

A l'ouverture du congrès des États-Unis (nov. 1823), le président avait exprimé des vœux bienveillants et des espérances d'un heureux avenir pour les Grecs; une réunion de philhellènes à la Nouvelle-Orléans (23 janv. 1824) demanda au congrès de prendre des mesures en faveur de leur indépendance. Dans cette cité, comme à Philadelphie et dans diverses villes d'autres États, on ouvrit des souscriptions; le comité de New-York fit espérer à celui de Londres qu'on pourrait armer une corvette à vapeur pour les Grecs; on recueillit de l'argent pour eux, même dans le Bengale plus lointain encore. L'intérêt que prenaient précisément ces peuples à la cause de la Grèce promettait de tirer la nation grecque de son état désespéré d'isolement politique, de même que l'emprunt anglais faisait espérer au gouvernement qu'il serait enfin délivré de sa disette d'argent continuelle. La seule perspective d'une solde à gagner augmenta le nombre de ses partisans et donna au gouvernement la prépondérance sur les klephtes et les *antartes* (rebelles), même avant qu'on eût versé un seul schelling de l'emprunt.

Il est vrai que la seule perspective de ces versements, qui étaient retardés d'une manière très-fâcheuse, ne suffisait pas pour faire des armements efficaces dans l'armée et dans la flotte. La mort de lord Byron exerça une influence très-nuisible et très-sensible même sur ces choses-là. Ce ne fut que cinq jours avant la fin du poëte que Blaquière apporta à Zante (Cf. p. 205), le premier à-compte de 40,000 livres sterling ; mais il ne put pas remettre cette somme au gouvernement grec, parce que l'autorisation de lord Byron, qui était une des conditions du payement, faisait alors défaut. Un second envoi, montant à la même somme, et qui arriva à Zante (13 juin), y resta, au désespoir du gouvernement grec, jusqu'à la fin du mois de juillet, où il reçut enfin de Londres la permission de liquider ces deux sommes. Ce retard eut une influence fatale sur la première marche de la guerre dans cette quatrième année de l'insurrection, bien qu'elle fût dénuée de grands faits d'armes, mais pendant laquelle l'Égyptien tant redouté entra en lice.

B. — LA GUERRE DANS LES ANNÉES 1824 ET 1825.

—

Mehmet - Ali.

Le vice-roi d'Égypte, dont nous avons suivi plus haut
la marche lente, mais progressive, vers la puissance,
avait pu consolider de plus en plus sa position en secret,
surtout grâce au bruit de la guerre révolutionnaire en
Grèce qui ne permettait pas à la Porte de se préoccuper
des mouvements de son vassal. Prince temporel et chef
de l'Église dans ses États qu'il gouvernait sous la suze-
raineté du sultan, il était, en même temps, le plus grand
commerçant du monde. Nous aurons occasion de parler,
plus tard, de l'économie politique de ce brigand, de ce
marchand royal dévoré d'une soif d'or inextinguible,
mais élevé jusqu'aux nues par des parasites francs. Nous
dirons de quelle manière il rendait les ressources inépui-
sables de l'agriculture en Égypte productives pour lui-
même, et nous raconterons comment il introduisit la culture du coton dans son pays, pour en monopoliser l'achat
et la vente en traitant seul avec les producteurs et avec
les marchands qui exportaient la marchandise. Nous expo-
serons enfin de quelle façon, en dirigeant ainsi la plus
grande partie des produits du sol et des gains du commerce vers ses propres caisses, il put augmenter ses revenus de manière à dépasser de beaucoup ceux de ses pré-
décesseurs.

La possession et l'exploitation de sa vallée du Nil,

qu'il appelait la perle des pays, exalta tellement son
ambition qu'aucun but ne lui semblait trop élevé ni trop
éloigné pour elle; il croyait qu'après un certain nombre
d'années de paix, il pourrait, par ses ressources et par
ses richesses, ajouter l'Égypte comme sixième grande
puissance aux cinq autres puissances de l'Europe. La
durée de l'insurrection grecque et, en première ligne,
l'événement qui avait poussé les Grecs eux-mêmes à
prendre les armes avaient essentiellement contribué
à consolider et à étendre de plus en plus son pouvoir.

· Mehmet-Ali ne pouvait pas avoir le moindre doute que
la proscription d'Ali-Pacha d'Ianina ne fût le prélude
d'une attaque contre lui-même : on se disait, dès cette
époque, que l'intention du sultan était de partager l'Egypte
en deux et de nommer un autre pacha au gouvernement
de la Basse-Égypte. Pour prévenir l'exécution de ce projet, Mehmet avait fait de grands achats d'armes, remar-
qués par tout le monde, dès que la Porte commença ses
entreprises contre Ali-Pacha. Puis, sans se laisser dé-
concerter, il avait continué ses guerres dans le Sennaar
et dans le Dongola; il avait introduit sur une échelle de plus
en plus grande le *nizam-djedid* parmi ses troupes en
donnant, en même temps, par des moyens artificiels, à
son armée un développement de plus en plus considérable et funeste pour le pays et pour le peuple. Les Grecs
l'avaient observé attentivement, afin de voir s'il ne se
laisserait pas entraîner par la défection d'Ali ou par leur
propre insurrection ; mais Mehmet, qui avait la vue plus
longue, jugea plus prudent, pour le moment, de tenir
le milieu entre la dépendance complète de vassal et la
révolte des infidèles. Il fournit régulièrement à la Porte
ses contributions d'argent et lui donna des preuves

constantes de son dévouement. Afin de satisfaire aux exigences plus grandes et de pouvoir, en même temps, faire dans la Haute-Égypte la guerre pour ses propres intérêts et fournir à la Porte son contingent en argent et en vaisseaux, il pressura son pays de la manière la plus froide par de lourds impôts (1).

Mais malgré toute cette soumission, Mehmet se plaisait dans la pensée orgueilleuse d'habituer les Turcs de plus en plus à l'indépendance et à la spontanéité de ses actions, et de les convaincre d'une manière de plus en plus profonde de la supériorité de ses ressources morales et matérielles. Les nouvelles de tous ses faits d'armes étaient constamment accompagnées de bulletins victorieux; il avait su vaincre les préjugés religieux et nationaux qui s'étaient opposés à ses innovations européennes. A sa cour, il n'y avait pas de factions de sérail qui eussent pu paralyser sa volonté ; dans l'intérieur de son royaume, il n'y avait pas de révolte, de même que, dans ses relations avec l'extérieur, il n'y avait pas de différends diplomatiques.

De la sorte, Mehmet se trouva dans une attitude et une réserve imposantes en face de la Porte qui était profondément ébranlée. A l'égard de son suzerain, il fit son devoir, et rien de plus : ses vaisseaux combattaient à côté de ceux des Turcs, sans rendre plus de services qu'eux; il se faisait rechercher et il attendait l'offre d'un prix plus élevé pour des secours plus grands que ceux qu'il était obligé de fournir. Il n'entra en lice, en déployant toute sa puissance, que lorsque l'insurrection se consolida et continua dans l'île de Kreta que

____

(1) Cf. Mengin, t. II, p. 240.

la Porte dut lui céder ; il ne commença la lutte que quand
on l'appela en Europe en lui offrant des titres et en lui
ouvrant une perspective qui lui laissaient les honneurs de
la lutte et une partie de la conquête. La Porte elle-même
fraya un chemin à son ambition ; elle lui facilita l'accès de
l'Europe, où Kreta était pour Mehmet le pont, et elle l'attira à Constantinople, ville contre laquelle le Péloponèse
était pour lui la tête de pont.

Nous avons donc à raconter ici brièvement comment
il était arrivé que les affaires de Kreta avaient donné au
vice-roi la première occasion de tirer l'épée, afin de
décider l'issue de cette guerre de l'insurrection grecque.

L'île de Kreta.

A l'époque où les habitants de la ville de Sphakia
s'étaient levés pour se faire les champions de la révo
lution en Kreta, Dimitrios Ypsilantis avait nommé Michaël
Aphentoulis son représentant dans cette île (nov. 1821).
Ce dernier, qui avait été autrefois formé pour le service
diplomatique de la Russie, et qui, par conséquent, comme
Ypsilantis, semblait avoir un appui dans cette puissance,
était peut-être de tous les préteurs du prince celui qui le
représentait le plus fidèlement. Au physique et au moral,
il prévenait peut-être encore moins en sa faveur que son
chef : il était petit et boiteux, et d'un caractère faible,
sombre et méfiant. Il montra un talent extraordinaire
pour l'administration, à la tête de laquelle, plus tard, les
paysans krétois le rappelaient souvent de leurs vœux.
Mais au moment actuel, il aurait fallu là, à la place de
l'homme de cabinet, un vaillant soldat, qui, s'appuyant
sur les éparchies de la plaine, eût su dompter les Sphakiens ; en effet, ces gens enclins au brigandage, qui
n'avaient aucune idée d'un but patriotique plus élevé,

disputaient aux musulmans le privilége de pressurer cette
île. Leurs chefs reçurent le gouverneur d'Ypsilantis de la
même manière dont celui-ci avait été reçu lui-même par
Kolokotronis et par ses pareils ; ils songeaient à en faire
l'instrument de leurs projets, ou bien à s'en débarrasser
aussitôt que possible.

Au moment de l'arrivée d'Aphentoulis, la révolution
dans l'île de Kreta ne se maintenait plus que depuis la
côte occidentale jusqu'à Rhethymnon (Retimo). Roussos
occupait les défilés et les routes qui conduisent dans ce
pachalik ; Chania (La Canée) était investie par deux mille
quatre cents hommes sous les ordres de Papadakis. A
l'Est de l'île, où il n'y avait qu'un petit corps de troupes sur
le mont Ida (Psilariti), corps que commandait Antonios
Melidonis, l'insurrection était presque complétement
étouffée. Mais cet homme valait à lui seul une petite
armée. Il avait été un des délégués de l'hétairie, et,
dans ses aventures personnelles, il avait essuyé ce que
la petite guerre, dans cette île, avait de plus amer et de
plus terrible ; suivant les circonstances, clément et dur,
barbare et généreux, il était devenu, par sa bravoure et
par sa présence d'esprit, la terreur des Turcs, le favori
du peuple et l'objet de l'envie des chefs sphakiens (1).
Aphentoulis eut le tact d'attirer à lui cet homme avant
tous les autres ; le frère de Melidonis était le médecin du
gouverneur, qui nomma Antonios lui-même à un poste
militaire élevé : il est vrai qu'en agissant ainsi il s'attira
la haine des Sphakiens, en même temps qu'il l'augmenta
à l'égard de Melidonis.

---

(1) Cf. Gordon-Zinkeisen, t. Ier, p. 588 : *Einige Züge aus dem Leben
des Ant. Melidoni.*

Lorsqu'au printemps de l'année 1822 les Krétois se virent assez forts pour pousser plus énergiquement l'investissement de Chania et de Rhethymnon, ils désiraient, en même temps, donner, à l'Est, plus de liberté aux mouvements de Melidonis que les Turcs avaient repoussé de plusieurs positions sur l'Ida, et en face duquel ils se trouvaient dans des retranchements près de Phourphoura, dans l'éparchie d'Amari. Tous les chefs krétois influents se réunirent dès lors dans la position centrale de Vryssa ; mais la jalousie et les dissensions les divisaient. Les Sphakiens, avides de rapine, surent éloigner Aphentoulis du camp principal, comme on avait écarté Ypsilantis devant Tripolitsa ; quant à Melidonis qui, par un heureux coup de main (mars 1822), venait de renouveler son ancienne gloire, le farouche Roussos s'en débarrassa d'une manière infâme, en l'assassinant pendant un repas auquel l'avaient invité les chefs sphakiens. Par suite de ce crime monstrueux, tout le camp krétois se débanda ; dans son indignation, Aphentoulis renvoya Roussos à Sphakia, tandis qu'il se rendit lui-même à Chania où il engagea à venir aussi le vaillant Balesto qui venait d'arriver avec trois cents Samiens.

Les Turcs de Megalokastro, trouvant les chemins jusqu'à Rhethymnon complétement ouverts, se mirent en marche pour débloquer cette ville investie par les Krétois ; mais, en voyant ce danger imminent, ces derniers se réunirent aussi rapidement qu'ils s'étaient dispersés auparavant. Balesto prit position près de Kastelo où il avait quatre mille hommes sous ses ordres (25 avril) ; il y était même venu des Sphakiens, peut-être avec le projet perfide de perdre Balesto, ce nouvel appui du gouverneur, comme on venait de se débarrasser de Melidonis. Balesto, qui n'avait que des munitions de guerre insuffisantes, considérait comme beaucoup trop risquée une attaque contre les forces réunies des Turcs de Rhethymnon et de Megalokastro qui se trouvaient en face de lui ; il donna ainsi aux ennemis le temps et l'occasion de le surprendre et de l'attaquer lui-même (26 avril). A peine la lutte eut-elle commencé que les Grecs furent saisis d'une terreur panique, provoquée, à ce qu'on croyait, par les Sphakiens ; il s'ensuivit une fuite générale, pendant laquelle Balesto lui-même perdit la vie.

Les Égyptiens dans l'île de Kreta.

De la sorte, Aphentoulis se trouva privé des soutiens militaires, au moment même où il allait perdre aussi son appui dans le gouvernement grec, par suite de l'éloignement d'Ypsilantis, écarté par l'assemblée nationale d'Epidavros. Au moment même où fut soutenu le combat de Kastelo, Petros-Skylitsis Omeridis, le représentant de la nouvelle administration, était arrivé dans l'île, en débarquant (22 avril) près d'Armeni, à une demi-lieue de Souda, où il manda aussitôt le gouverneur d'Ypsilantis. Il y délibéra, avec les primats de la commune, sur une espèce de Constitution, restreignant les pouvoirs du gouverneur qui jusqu'alors avait régné en autocrate, Constitution que celui-ci dut signer lui-même (2 juin). Irrité par ces humiliations, Aphentoulis allait quitter l'île, lorsque l'apparition d'une flotte égyptienne le fit changer d'avis.

Comme l'insurrection de Kreta durait toujours, la Porte avait jugé indispensable de soutenir, par des secours étrangers, les musulmans de cette île. Toutes ses forces étant employées en Grèce, elle avait dû se résoudre, dès cette époque, à placer l'île de Kreta sous la juridiction immédiate du vice-roi d'Égypte et à le charger du commandement en chef contre les révoltés. Hassan-Pacha, le gendre de Mehmet-Ali, commandait la flotte égyptienne qui venait de faire son apparition (9 juin) sur la rade de Souda avec cinq mille Albanais à bord de ses vaisseaux. Après un premier avantage remporté sur les Grecs, qui assiégeaient Chania et qui s'étaient retranchés dans une position fortifiée, près de Malaxa en face des Égyptiens, Hassan-Pacha, fidèle au système adopté dès lors par le sultan, tint un langage pacifique aux rebelles et leur promit des monts d'or, s'ils voulaient se soumettre. Mais les négociations furent interrompues par un acte de violence commis par des Krétois armés de Malaxa; aussitôt (fin de juin) Hassan se jeta sur cet endroit, d'où il repoussa les Grecs; puis il se prépara à une entreprise plus importante contre Sphakia. Néanmoins, on ne fit rien de bien sérieux.

La flotte égyptienne reçut l'ordre de se rendre dans l'Archipel, pour y opérer sa jonction avec la flotte turque. Quant aux troupes de terre, elles semblaient être paralysées par les malheurs qui, à cette époque, faisaient échouer les superbes entreprises des Ottomans dans le Péloponèse; elles s'enfermaient de nouveau dans les forteresses, où leurs rangs furent éclaircis par la peste, tandis que les navires des hardis insulaires de Kassos molestaient les côtes de Kreta sans trouver d'obstacle. A la fin de l'hiver, l'insurrection se répandit (février 1823) à l'Ouest de cette île, dans les éparchies de Kysamos et de Sclinos; elle semblait avoir trouvé un nouvel appui plus solide, lorsque, après l'éloignement d'Aphentoulis, les Krétois offrirent les fonctions de gouverneur à Manolis Tombazis, d'Hydra, afin de s'assurer, par cette tactique habile, l'assistance plus active de la flotte grecque. Ce

nouvel harmoste embarqua à Nauplia une troupe nou-
vellement levée de douze cents hommes qui descendirent
à terre (3 juin) dans la baie de Kysamos ; ils y prirent possession du précieux port de Drapani et s'assurèrent ainsi
les communications avec la Grèce. Le fort de Kysamos,
assiégé par eux, se rendit aussitôt que Tombazis eut
dressé les canons qu'il avait apportés. Ensuite l'harmoste
voulut, par la prise de Kandanos, assurer le triomphe
définitif de l'insurrection de Selinos. Bien que, dans
son attaque contre ce village d'une grande étendue, il
fût battu par les musulmans, réputés les plus vaillants et
les plus cruels de l'île, eux aussi furent pourtant forcés
par la peste à livrer la ville, reddition que souillèrent
la trahison la plus infâme et les atrocités les plus barbares commises par les vainqueurs étrangers et indigènes.

Ces prompts succès de l'harmoste poussèrent les
Égyptiens à faire de nouveaux efforts pour porter cette
fois un coup décisif à l'ennemi. Une escadre, commandée par Ismaël-Gibraltar, porta cinq mille hommes
de troupes de débarquement à Megalokastro, et elle s'en
retourna aussitôt, afin d'y amener, dans un second
voyage, d'autres provisions et de nouvelles troupes. Cette
fois-ci encore, l'arrivée des Égyptiens eut pour conséquence la concentration momentanée des Krétois ; mais,
malheureusement, Tombazis ne sut pas bien les diriger.
Il avait trouvé indispensable d'établir une organisation
militaire qui embrassait toute l'île, et il avait convoqué
(mi-juillet) une assemblée des primats à Arkoudena,
dans l'éparchie d'Apokorona, en y invitant aussi les
Sphakiens arrogants qu'il aurait mieux fait de laisser
de côté.

Les éparchiotes proposèrent d'enlever aux Sphakiens le privilége de fournir des capitaines pour tous les autres habitants de l'île de Kreta, privilége dont ils avaient abusé. Cette proposition fut effectivement adoptée par l'assemblée; mais les représentants de Sphakia, irrités par cette résolution, quittèrent Arkoudena pour s'en retourner dans leurs montagnes. Au lieu d'en laisser là cette affaire, Tombazis fut assez faible pour les ramener par des promesses, pour bannir même quelques-uns de leurs adversaires les plus violents, et pour offrir à Roussos, cet homme abominable, le commandement en chef d'une expédition qu'on résolut, à Arkoudena, d'entreprendre dans l'Est de l'île, afin d'y ranimer l'insurrection.

Dans ce dessein, on avait ordonné une concentration de troupes à Amourgelai, à cinq lieues de Megalokastro ; mais, par suite des mesures insensées prises par l'harmoste, il ne s'y rendit que deux mille Krétois; Roussos lui-même, occupé ailleurs, s'y fit attendre. A ce moment même s'effectua le second débarquement des Égyptiens (septembre). Hassan-Pacha était mort, par suite d'une chute de cheval; le jeune Moustapha-Bey, qui le remplaçait, brûlait du désir de cueillir ses premiers lauriers. Il tomba sur les Krétois, placés près d'Amourgelai, et les dispersa; puis, il entra dans l'éparchie de Mylopotamos, entre Rhethymnon et Megalokastro, et poussa les chrétiens devant lui comme des troupeaux qui s'enfuient.

Cinq cents personnes, pour la plupart des femmes et des enfants du village de Melidoni, se réfugièrent dans la grotte de stalactites située au nord-est de cet endroit, et consacrée, dans l'antiquité, à Hermès de Talaios, où elles furent brûlées ou étouffées. Tous les corps de troupes krétoises se débandèrent ; les ennemis inondèrent toutes les provinces de l'Ouest ; douze ans plus tard, les voyageurs reconnaissaient encore les terribles traces de la dévastation que les Turcs avaient portée dans toutes ces contrées. Les combattants, dispersés dans toutes les directions, se tenaient cachés, pendant l'hiver de 1823-24, dans les recoins les plus éloignés des montagnes, beaucoup d'entre eux se réfugièrent dans les îles de l'Archipel. L'insurrection avait reçu le coup de grâce. Au printemps arriva (mars 1824) Housseïn-Bey, homme sauvage et brutal, destiné à succéder à Hassan. Il parcourut le pays en le dévastant par le fer et le feu, et invita les Sphakiens à se soumettre. Le consul autrichien, Dorkalis, prêta son appui à ces exhortations. Tous les capitaines étaient découragés. L'harmoste, traqué de tous les côtés, menacé d'être trahi par les Sphakiens, s'enfuit dans le port de Loutro et réussit à s'échapper (18 avril). Quant aux capitaines sphakiens qui s'étaient soumis, Housseïn leur prépara un sort qu'ils avaient bien mérité ; il les jeta dans les sombres cachots de Chania. Roussos fut aussi du nombre.

La conquête de l'île de Kreta était achevée. Pour l'assurer dès lors d'une manière durable, il ne fallut plus que la soumission de l'île de Kassos, dont les habitants, marins habiles, inquiétaient le littoral étendu de Kreta, comme les Psariotes le faisaient sur les côtes de l'Anatolie. Souvent ils avaient assisté les assiégeants de Chania et de Rhethymnon, en bloquant ces villes du côté de la mer ; ils pouvaient encore dorénavant tendre la main aux bandes des révoltés dans les montagnes.

L'escadre récemment (en mai) renforcée d'Ismaël-

Gibraltar se transporta deux fois devant Kassos, sans
avoir, en apparence, de projets sérieux sur cette île, et
sans résultat aucun. Lorsqu'elle s'y présenta pour la
troisième fois, elle ouvrit, pendant deux jours, un feu
violent contre la ville. Dans la soirée du second jour
(18 juin), Housseïn-Bey, tout en occupant les Kassiens
sur un endroit tout à fait opposé, jeta vingt-quatre
chaloupes sur la côte, située en face de Kreta et d'un
accès difficile, où sept hommes seulement faisaient la
garde d'une manière négligente. Les troupes, débarquées
dans cet endroit, occupèrent tous les quatre villages de
l'île, et forcèrent les Kassiens, placés ainsi entre deux
feux, à se rendre sans même combattre ; cette soumission
cependant ne devait pas les sauver de l'esclavage. En
vain, le capitaine Markos essaya de se maintenir avec
une petite troupe dans l'Ouest de l'île. Il fut écrasé par
des forces supérieures ; on le conduisit lié devant Housseïn ; mais il brisa ses liens et renversa quelques-uns de
ses gardiens, jusqu'à ce qu'il fût taillé en pièces par les
nombreux soldats.

Armements de l'Égypte contre la Morée.

Avant et après l'hiver de 1823-24, Mehmet-Ali avait
déployé dans l'île de Kreta une activité très-vive, récom-
pensée par des succès décisifs. Mais aussi, lorsqu'il eut
obtenu ces avantages, la Porte lui avait déjà fait entre-
voir comme prix la haute dignité qui excitait toute son
ambition ; puis elle la lui avait conférée, en le chargeant
du commandement en chef de l'armée qui combattait les
insurgés grecs en Morée. (Cf. p. 183.) On voit, par
un seul coup d'œil jeté sur les chiffres de ses forces qui
augmentaient de plus en plus par grandes masses, quelle
impulsion extraordinaire cette nomination avait donnée à

l'extension des projets du vice-roi, et combien il était pressé de hâter toutes les démarches nécessaires pour développer le plus rapidement possible la puissance avec laquelle il voulait commencer cette grande mission en Europe, but de tous ses désirs.

En 1823, avant que la Porte lui eût fait cette proposition brillante, la force numérique de son armée ne dépassait pas encore, d'après Mengin, le chiffre de dix-neuf mille hommes. Mais, dès 1814, les seuls corps exercés d'après les règles de la tactique comptaient déjà quinze mille hommes complétement disciplinés et huit mille hommes qui apprenaient l'exercice (1). Deux ans plus tard, on évalua (2) ses forces armées à quatre-vingt-dix mille hommes, qui se composaient de trente-cinq mille hommes dans l'île de Kreta et en Morée ; de huit mille hommes dans le Kordofan ; de vingt-cinq mille hommes dans le camp d'exercices près du Caire ; de trois mille quatre cents hommes en garnison à Alexandrie et au Caire ; de seize mille hommes sur la flotte et de deux mille cinq cents hommes dans l'île de Kypros et dans différentes autres stations.

L'exercice suivant les règles de la tactique, auquel on rompait ses troupes, avait fait des progrès continuels dans les deux années qui précédaient l'immixtion du vice-roi dans les affaires de l'Europe. Il fit habituer à la discipline beaucoup de milliers de nègres captifs, et lorsqu'il vit que ces derniers ne pouvaient pas supporter ces fatigues, il fit, par une espèce de cons-

---

(1) Rapport du consul général anglais Salt, adressé à lord Strangford. MS.
(2) Rapport du baron Miltitz, du mois de novembre 1826. MS.

cription, entrer peu à peu trente mille fellahs dans ses régiments de tacticiens.

La description que firent les Européens de ces troupes un peu sauvages du vice-roi ne donne pas précisément une image bien flattée de leur extérieur. Ces soldats portaient des pantoufles rouges, des guêtres de drap cousues à leurs pantalons bouffants, une veste collante ouverte en haut et sans col, un fez, une giberne et un fusil avec baïonnette; les officiers étaient habillés à la turque, mais leurs uniformes étaient de la couleur des régiments. A voir le maintien des soldats, on devinait qu'ils avaient été dressés par la force; leurs buffleteries et leurs fusils étaient mal tenus; quand ils n'étaient pas rangés en bataille, ils mettaient leurs souliers dans leurs poches, dès qu'ils le pouvaient, et se présentaient dans toute la saleté et dans le désordre bruyant de sauvages à demi nus.

Les officiers et les instructeurs avaient été pris dans le corps des mamelouks qui, de leur côté, avaient été instruits par des officiers instructeurs français, parmi lesquels le colonel Sève était le plus remarquable. Ayant pris part à la tentative faite pour délivrer le maréchal Ney, après la seconde Restauration, il avait dû quitter sa patrie, et, comme tant d'autres aventuriers français, il avait trouvé le meilleur accueil en Égypte. Dans l'accomplissement de sa tâche, il rencontra les plus grandes difficultés à vaincre au milieu des mamelouks. Parmi ces ennemis tenaces des mœurs étrangères, il y avait des complots continuels contre le nizam-djedid. Pendant l'été de 1824, le pacha se vit obligé de faire exécuter Ibrahim-Aga, le gouverneur de la citadelle du Caire, qui, depuis vingt ans, avait été son ami, mais qui était accusé d'avoir trempé dans une de ces conspirations. La vie de Sève aussi était menacée de dangers continuels; mais il sut vaincre tous ces obstacles, à force de persévérance et de patience, aussi bien que par son courage qui imposait le respect et par son intrépidité calme.

Le vice-roi aurait voulu faire de son instructeur un bon général; mais la loi ne le permettait pas, tant que Sève restait chrétien. Mehmet-Ali profita de ce que, comme Français, il était exempt de préjugés, pour le déterminer à changer de religion. « La cérémonie, lui « dit-il en souriant à l'oreille, se ferait entre eux deux. » Souleïman-Bey, tel était le nouveau nom du colonel, buvait dès lors son vin en secret; mais il organisa son harem publiquement; il rougissait de sa nouvelle position devant ses compatriotes, mais il était un serviteur fidèle des musulmans. Ibrahim-Pacha, le général en chef, qui depuis longtemps s'était exercé aussi au métier des armes, reçut de cette manière un général capable pour l'armée destinée à se rendre dans la Morée, de même que la flotte égyptienne possédait un excellent instructeur dans la personne du Français Letellier.

Depuis le printemps de 1824, un mouvement extraordinaire régna dans les arsenaux du Caire où l'on faisait les armements nécessaires pour cette armée. Les commencements n'en furent pas accompagnés de signes de bon augure. Un terrible incendie et une explosion des poudres dans la citadelle du Caire (22 mars 1824) détruisirent, au grand préjudice du satrape, d'énormes quantités de munitions et de provisions, et coûtèrent la vie à des milliers d'ouvriers, de soldats et de bourgeois de la ville. Mais cet événement funeste n'arrêta pas un seul instant le progrès de ces armements. Le paisible

port de commerce d'Alexandrie se transforma en de
vastes docks pour la marine militaire; des masses de
troupes, qui attendaient leur embarquement, s'y agglo-
méraient dans les alentours; pendant des mois entiers,
le pacha interdit l'exportation de marchandises, afin de
forcer les navires francs qui se trouvaient dans le port à
lui prêter leurs services pour le transport de ses troupes,
services qu'il offrait de rémunérer par de grosses sommes
d'argent.

La flotte qui s'y réunit, pendant le cours de l'été, était
composée de cinquante-quatre vaisseaux de guerre; pour
le transport des troupes et des munitions, on avait nolisé
environ quatre cents bâtiments, parmi lesquels quatre-
vingt-six navires marchands d'Europe. Les forces de terre
consistaient en douze mille tacticiens, deux mille Albanais, deux mille cavaliers, sept cents artilleurs et hommes
du corps du génie, comme en un parc d'artillerie de cent
cinquante pièces de campagne et de siége. Le vice-roi
les expédia comme si elles allaient s'amuser à faire une
petite campagne pour s'exercer. Avec une grande habileté, Drovetti avait aidé Mehmet-Ali à élever l'édifice
de sa puissance et, avec la flatterie d'un courtisan, il
avait fait miroiter devant ses yeux le rôle d'un Bonaparte de l'Orient; il lui représenta à ce moment la réduction de la Morée comme l'affaire de quatre mois tout
au plus, et le vice-roi lui-même, en répétant cette opinion devant le consul anglais, Salt, dit que c'était là sa
propre conviction.

Chute de Psara.

Le gouvernement grec observait avec crainte et en
tremblant, mais, pour ainsi dire, les mains liées, ces re-
doutables préparatifs de guerre, au développement des-

quels, à l'intérieur comme à l'extérieur, des Européens
prêtaient leur assistance, et qui étaient accompagnés
d'autres armements plus formidables encore qu'on faisait à Constantinople pour la marine. Il ne pouvait pas
payer de solde aux marins de sa flotte, et cependant, à
aucun autre moment, elle n'aurait dû, avec plus de
promptitude et de force, être prête à arrêter, dans leurs
premiers mouvements, les Turcs et les Égyptiens qui, à
ce moment, étaient encore séparés. Les matelots, qui ne
recevaient pas de solde, restaient aux îles dans l'inaction
et dans la paresse. Les primats épuisés se tenaient sur la
réserve, dans l'attente d'avances qu'ils voulaient que le
pouvoir leur fît à l'aide de l'emprunt; le gouvernement
souffrait le supplice de Tantale, parce qu'il savait que les
trésors qui pouvaient sauver la Grèce, les quatre-vingt
mille livres sterling, étaient sous séquestre à Zante sans
qu'il pût les toucher.

Ce fut dans cette situation pénible qu'il publia à Lerna
le fameux décret (20 juin) par lequel il autorisa ses croiseurs à détruire tous les navires européens qui servaient
de vaisseaux de transport aux Turcs : acte précipité et
désespéré qui n'avait pu être inspiré aux Grecs que par
la position funeste dans laquelle ils se trouvaient exposés,
sans défense, aux coups de deux expéditions maritimes
d'une force écrasante et dont on ne pouvait méconnaître
la destination fatale. Le vice-roi avait commencé ses
opérations par la réduction complète de l'île de Kreta
afin de se couvrir sur les derrières : son premier but fut
ensuite de s'assurer, aussi complétement qu'il avait
conquis l'île, les communications entre l'Égypte et la
Morée.

Ces communications ne pouvaient pas être appelées

libres et ouvertes, tant que la marine grecque restait dans toute sa force et qu'elle maintenait la réputation de sa supériorité qui inspirait la terreur. On résolut donc de dompter, dans cette campagne, par les levées combinées des Turcs et des Égyptiens, Samos et les trois îles qui avaient l'hégémonie sur mer, et de faire précéder le débarquement en Morée par ce prélude. Dans ce dessein, la flotte turque, plus forte qu'elle n'avait jamais été, s'était mise en mouvement, sous les ordres de Chosrev-Pacha (10 avril) et avait fait son apparition devant Psara (30 juin), dès que les Égyptiens eurent pris l'île de Kassos.

La petite île de Psara était défendue par cent cinquante canons, dressés dans de nombreuses fortifications le long du littoral et sur les murs de la ville; sa population, auparavant très-peu nombreuse, avait été augmentée récemment par des masses de réfugiés de Kydonia et par une troupe de mercenaires macédoniens, de manière à atteindre le chiffre de trente mille âmes. Un si grand nombre d'hommes, faibles et incapables de se défendre, rendait difficile et dangereux tout combat à terre; néanmoins, contre l'avis plus prudent de Kanaris, les primats résolurent de se borner à la défense de l'île. Ils mouillèrent leurs navires dans le port et en enlevèrent même les gouvernails, parce que les Macédoniens avaient demandé cette garantie pour être sûrs de ne pas être délaissés et sacrifiés.

Avec une imprévoyance pareille et à peine croyable, les Psariotes se dépouillèrent des meilleures forces et des plus grandes ressources qu'ils possédassent pour toutes les vicissitudes de la bonne et de la mauvaise fortune, se privant en même temps du seul moyen qui leur restât

pour réveiller de leur inaction leurs frères d'Hydra et
de Spetsia. L'impatience pleine de désespoir du gouvernement grec qui, depuis longtemps, avait vu le malheur
s'approcher d'une manière menaçante, arriva à son
comble à ce grand moment décisif, où il s'agissait de
sauver une de ces îles qui s'étaient mises au premier
rang des combattants, et de conserver une partie précieuse de la flotte, sa vaillante avant-garde au Nord.

Délaissée et abandonnée comme elle l'était, l'île des
Psariotes subit le même sort terrible que celui qui avait
frappé l'île de Kassos et dans des circonstances presque
pareilles. Les Turcs occupèrent (1er juillet) les défenseurs
de la ville par une terrible canonnade qui dura le jour et la
nuit ; quatre heures après le lever du soleil, cachés par la
fumée de la canonnade, cinq cents hommes débarquèrent
sur la pointe Nord-Ouest de l'île pour y enlever un retran-
chement, pendant qu'une autre troupe de débarquement
prit d'assaut une autre position près de Phtelion ; les
deux corps se montrèrent ensuite tout à coup sur les
hauteurs qui dominent les derrières de la ville. Leur seule
apparition jeta l'épouvante dans les troupes des réfugiés,
qui eurent à subir, une seconde fois, toute la terreur du
sort qui les avait déjà accablés. Entraînant les gens
armés avec eux, il se précipitèrent de la ville sur le
rivage et dans les navires ; beaucoup d'entre eux som
brèrent avec les barques surchargées ; la plupart tombèrent, avec les navires, entre les mains des Turcs.

Dix-neuf bricks s'échappèrent seuls de toute la flotte
des Psariotes ; cent navires furent pris et brûlés, à l'exception de ceux qui étaient les plus propres au service. Les
troupes de débarquement turques avaient pénétré de la
côte dans la ville dont les batteries avaient pu prendre à

revers celles qui avaient débarqué les premières ; les
Turcs firent un horrible carnage dans la population ;
puis ils incendièrent la ville après l'avoir pillée. Le fort
seul fut défendu, pendant deux jours et deux nuits, contre
toutes les attaques des Turcs, par une vaillante garnison
dans laquelle il y avait six cents Magnesiens.

Le troisième jour (4 juillet), lorsque le kapoudan-
pacha força toutes ses troupes à faire l'assaut du fort, ces
héros grecs, réduits au tiers de leur nombre, épuisés,
privés d'eau et sans espoir de se voir débloqués, prirent
la résolution de sacrifier glorieusement leur vie : ils se
préparèrent à la mort en célébrant le service divin ; puis,
lorsque les Turcs livrèrent un nouvel assaut, ils jetèrent
des torches dans les poudrières. Une explosion terrible
ébranla toute l'île et ensevelit, à l'exception de deux
hommes, toute la garnison et deux mille des assaillants
turcs sous les ruines du fort et du couvent qui se trouvait
dans son enceinte. De sept mille cinq cents habitants
psariotes, trois mille cinq cents purent seuls se sauver ;
si la proportion était la même entre les étrangers qui
s'étaient réfugiés dans l'île, il y en eut peut-être dix-
sept mille qui furent tués ou faits prisonniers ; ceux qui
avaient pu s'échapper remplirent, dans un état de
misère affreuse, les plages de Syra, d'Aigina et du
Piraios (Pirée).

Les Turcs des côtes de l'Asie Mineure commencèrent
à respirer, lorsqu'on traîna sur leurs marchés, comme
prisonniers, ceux qui les avaient tourmentés jusqu'alors ;
de tous les côtés, les habitants affluèrent vers le littoral
pour prendre part aux actes de vengeance auxquels la
flotte turque, croyait-on, irait dès lors se livrer contre
les insolents insulaires. En effet, tout le monde s'atten

dait à une attaque immédiate contre Samos, qui, à ce moment, aurait infailliblement succombé à la première terreur panique. Mais le « dominateur des mers », le kapoudan-pacha, trouva plus commode et plus agréable de célébrer sa victoire de Psara en s'abandonnant, pendant le mois du beïram, à l'oisiveté dans l'île de Lesbos.

Pendant ce temps, les navires psariotes, qui avaient pu s'échapper et sur lesquels Kanaris et Apostolis s'étaient sauvés, portèrent à Hydra et à Spetsia (4 juillet) la nouvelle du sort terrible dont Psara avait été victime. L'apathie énervante, produite par les succès de la dernière année, en reçut un choc terrible mais salutaire. Le soin de leur propre conservation l'emporta dans les insulaires sur leur égoïsme et sur leur insouciance. Miaoulis mit aussitôt à la voile (6 juillet), espérant pouvoir sauver encore le fort de Psara ; Sachtouris se rendit dans l'île de Samos pour l'encourager à la résistance. Heureusement, l'auxiliaire anglais, bien qu'il fût encore emprisonné dans l'île de Zante, donna du courage aux habitants de Samos, par la seule perspective du secours qu'il pourrait prêter à leur cause. Lorsqu'on apprit que le gouvernement avait destiné une partie de l'emprunt, la somme de 90,000 distiles (piastres d'Espagne) à l'armement d'une flotte auxiliaire, cette nouvelle contribua beaucoup à donner la victoire à l'opinion du plus hardi d'entre les partis samiens qui était décidé à résister à une attaque des Turcs.

Tranquillisé à ce sujet, Sachtouris remit à la voile afin de rejoindre Miaoulis qui était déjà arrivé devant Psara (15 juillet), où il avait surpris vingt-sept vaisseaux turcs mouillés dans le port. Un certain nombre de marins,

qu'il avait jetés dans l'île, s'étaient emparés des ruines
de la ville, et avaient chassé devant eux la garnison que
les Ottomans y avaient laissée; lorsque les Turcs se
furent réfugiés sur leurs vaisseaux qu'ils essayèrent de
sauver par la fuite, les Grecs les poursuivirent aussi sur
mer. L'escadre de Sachtouris, attirée par la canonnade,
s'approcha et, aussitôt qu'elle eut opéré sa jonction avec
les vaisseaux de Miaoulis, elle consomma la ruine de la
flottille ottomane.

Après avoir appris ce désastre, le kapoudan-pacha
revint avec toute sa flotte (19 juillet); quand, rien que
par ses forces supérieures, il eut effrayé les Grecs qui
désertèrent et se retirèrent à Hydra, l'amiral turc se
trouva assez de courage pour procéder à l'attaque contre
Samos. Sachtouris l'attendait, avec l'avant-garde de la
flotte grecque (commencement d'août), dans le détroit
qu'il faut nécessairement posséder pour pouvoir débarquer dans l'île de Samos. Une petite flottille turque,
conduisant quarante *sakolèves* et chaloupes qui trans-
portaient des troupes de débarquement d'Asie, fut dispersée (11 août), par le vice-amiral grec; les sakolèves
furent coulées.

Pendant les deux journées suivantes, Chosrev conduisit, à deux reprises, ses vaisseaux de guerre contre
Sachtouris, qui le reçut avec ses vaisseaux à l'ancre et qui,
par ses brûlots, le força deux fois à la retraite. Même
une troisième tentative, faite par les Turcs pour forcer
(16 août), avec quarante-deux vaisseaux, le passage du
détroit, fut déjouée de la même manière, après que
Kanaris seul (quatre autres brûlots ayant refusé d'attaquer
des forces aussi supérieures) eut conduit le sien contre
les Osmanlis. Un jour plus tard (17 août) eut lieu le

combat décisif. Chosrev fit doubler le cap Trogilion par une frégate et une corvette, afin d'attaquer l'aile droite des Grecs, tandis que l'escadre principale devait venir de l'autre côté et s'avancer vers l'aile gauche de la flotte grecque, en passant entre le promontoire à l'est de l'île (Kolones) et le port de Hagia-Marina. •

Kanaris allait avoir encore les honneurs de la journée. Après que les hommes de l'équipage d'un autre brûlot, destiné à attaquer la frégate principale des ennemis, eurent forcé leur vaillant chef Tsapelis à quitter le brûlot avec eux, Kanaris porta l'épouvante parmi les matelots de la frégate ; il l'atteignit dans sa fuite vers les côtes d'Asie et la fit sauter. Dans leur première consternation, les Turcs cessèrent le combat ; ce ne fut que l'après-midi qu'ils le rouvrirent en bombardant la citadelle. Mais alors les brûlots avaient repris courage ; les Grecs incendièrent encore un brick tunisien et une corvette tripolitaine, et surent maintenir leur position sans avoir perdu plus de trois hommes sur leurs brûlots. Samos, cette île toujours heureuse, était sauvée encore une fois. Les secours d'argent fournis par les philhellènes et qu'on avait alors fini par liquider avaient rendu de grands services dans cette occasion. Le gouvernement grec, souvent accusé d'avoir mal employé ces ressources, avait eu bien raison d'en appliquer une grande partie en première ligne à la flotte, cette force mobile dont les succès, plus que tous les autres, devaient toujours profiter à toute la Grèce.

Les flottes combinées de la Turquie et de l'Égypte.

La flotte turque avait perdu le goût de ces tentatives contre les îles ; elle se retira à l'île de Kos et à Halikarnassos (Boudroun). Mais sa retraite était le présage d'un danger

plus menaçant pour les Grecs : elle avait pour but sa
jonction avec la flotte égyptienne. Cette dernière s'était
rendue, sous le commandement d'Ibrahim-Pacha,
d'Alexandrie (19 juillet) sur les côtes de l'Asie Mineure,
avec le nombre de vaisseaux indiqué plus haut et en
emmenant toutes les forces de terre destinées pour la
Morée. Elle s'était arrêtée, pendant quelques jours, dans
le port de Makri sur la côte de la Karamanie; puis, après
être partie de là (10 août), elle avait été assaillie, près
de Karpathos, par les vents étésiens qui l'avaient repoussée vers l'île de Rhodos, d'où elle put enfin rejoindre
les Turcs à Boudroun, après avoir reçu les renseigne-
ments nécessaires sur la position du kapoudan-pacha
(1.er septembre).

Les flottes ainsi combinées comptaient : un vaisseau
de ligne, vingt-cinq frégates, vingt-cinq corvettes et
presque cinquante bricks et goëlettes, sans compter les
vaisseaux de guerre plus petits et la grande masse des
bâtiments de transport. Les Grecs avaient mouillé près
de l'île de Patmos. Leur flotte s'était renforcée jusqu'à
compter soixante-dix voiles et peut-être huit cents canons :
avec ces ressources elle allait faire face à des forces
d'environ cinquante mille marins et troupes de débarquement avec deux mille cinq cents canons, forces qui se
préparaient à partir pour se rendre en Morée. Partant
de Patmos (5 septembre), Miaoulis se fit précéder d'une
avant-garde de dix-huit vaisseaux et de six brûlots qu'il
suivit, à une faible distance, avec l'escadre principale.
La flotte ennemie se rangea en bataille entre Kos et
Boudroun; mais on n'en vint pas à un combat proprement dit. Les deux parties paraissaient se redouter
mutuellement; les Turcs semblaient craindre la supério-

rité virtuelle des Grecs, et ceux-ci les forces matérielles bien plus grandes de leurs ennemis. Ibrahim se sentait mal à l'aise sur mer; Ismaël-Gibraltar, qui avait beaucoup voyagé en Europe, mais qui était néanmoins resté musulman jusqu'au fond de l'âme, ne justifia pas la réputation de bon marin dont il avait joui; quant aux Grecs, ils étaient trop faibles pour entreprendre une vigoureuse attaque.

On dirigea un brûlot contre la frégate d'Ibrahim, mais sans obtenir de résultat; le vaisseau-amiral du kapoudan-pacha se retira à Boudroun, après que son grand mât eut été cassé. Ismaël-Gibraltar passa, à deux reprises, avec sa frégate, le long de la ligne des Grecs, mais hors de la portée de leurs petits canons. Il n'y eut pas la moindre énergie dans tous ces mouvements, qui n'eurent aucun succès; en outre, les opérations furent dérangées par un vent violent qui, jetant la confusion dans les deux flottes, poussa les vaisseaux amis les uns contre les autres et en endommagea ainsi un grand nombre. Les Grecs se retirèrent à Geronda (Panormos, le port de l'antique sanctuaire des Branchides dans le territoire de Miletos). Mais les Turcs, pénétrés de la nécessité de porter un grand coup à la flotte grecque, avant d'oser partir pour la Morée avec leur lourd convoi de vaisseaux de transport, résolurent d'attaquer de nouveau les ennemis avec tous les vaisseaux capables de tenir la mer; ils se dirigèrent (10 septembre), contre les Grecs, avec quatre-vingt-sept voiles déployées sur une seule ligne qui s'étendait depuis Lero jusqu'à Kalymno.

Cette fois-ci encore, la lutte ne fut que peu sérieuse et se prolongea jusqu'à midi; un brûlot psariote dut être abandonné, après qu'un boulet lui eut fracassé le mât de

misaine; trois autres se consumèrent inutilement, en
attaquant un brick égyptien qui échappa au danger,
grâce à la direction habile de marins européens. Déjà
les Grecs se retiraient découragés et leur arrière-garde
sous Miaoulis était en danger d'être coupée par l'ennemi
qui la poursuivait, lorsque Pappantonis d'Hydra et un
second brûlot, qui suivit son exemple, réussirent à
s'accrocher sur les deux flancs de la frégate de l'amiral
tunisien.

L'explosion de ce vaisseau termina le combat sans
résultat décisif, combat dans lequel, à l'exception des
capitaines de leurs brûlots, les Grecs ne s'étaient dis-
tingués ni par leur discipline, ni par leur résolution. Par
bonheur pour eux, l'union n'était pas trop grande non
plus parmi leurs ennemis; la coopération entre les
Byzantins et les Africains n'était pas bien sincère, et
Chosrev n'avait pas fait preuve d'un très-grand zèle à
l'égard d'Ibrahim-Pacha, fils de Mehmet-Ali (t. XI,
p. 194), son ancien rival. Le fier Égyptien était d'une
mauvaise humeur extrême en voyant échouer les opérations sur mer. La résistance des Grecs n'avait pas seulement déjà déjoué les projets contre les îles, mais elle
avait aussi rendu impossible une campagne de terre
pendant cette année, quand bien même on réussirait à
se transporter encore dans le Péloponèse. Le pacha préféra donc employer les dernières semaines de l'automne
à faire une nouvelle attaque contre Samos. Mais avant
qu'on eût fait une tentative sérieuse pour s'y rendre,
une tempête dispersa (27 septembre) les deux flottes,
dont la position se trouva ainsi toute modifiée, les vaisseaux ne pouvant plus opérer ensemble.

Les amiraux turcs, chassés par les gros temps vers le

Nord, se réunirent près de Mitylène, d'où le kapoudan-
pacha, abandonnant une partie de sa flotte à l'amiral
égyptien, retourna aux Dardanelles. Les Grecs se ras-
semblèrent dans les eaux de Psara et de Chios, où, par
un motif qu'on ne s'explique pas, les Psariotes sous
Apostolis se séparèrent de Miaoulis; quant à Ibrahim,
renonçant à ses projets contre Samos, il se retira à Halikarnassos. Pendant ce trajet, il rencontra les vaisseaux
ennemis près de Karabournou (6 octobre); mais, favorisé par le vent du Sud, il leur échappa et se rendit à
Mitylène. Poursuivi par les Grecs, il accepta le combat
pendant la nuit; deux brûlots lui firent sauter un brick
égyptien, et Nikodemos, le Psariote, qui, restant comme
Kanaris fidèle à la cause de la patrie commune, n'avait
pas suivi Apostolis, détruisit une corvette tunisienne.

Cependant ce jour-là, comme dans d'autres occasions
déjà, on avait sacrifié inutilement plusieurs brûlots, de
sorte que les Grecs n'en eurent plus qu'un seul lorsqu'ils
partirent pour Samos. A ce moment où, après la séparation des deux flottes ennemies, les Grecs auraient pu
s'attendre à de plus grands succès, leurs équipages,
suivant leur fâcheuse coutume, commencèrent à déserter
les navires, de sorte que l'escadre de Miaoulis fut bientôt réduite à vingt-cinq voiles. L'amiral grec se vit forcé
de laisser passer (24 octobre) devant lui, sans la mo-
lester, la flotte égyptienne qui se rendait à Boudroun;
Ibrahim y fit embarquer (8 novembre) son armée, rava-
gée par les épidémies et par les mauvais temps, pour
qu'elle passât l'hiver dans l'île de Kreta et pour qu'elle
s'y remît de ses fatigues.

Informé de ce départ par des Kassiens transfuges,
Miaoulis mit aussitôt à la voile, afin de poursuivre le

pacha. À vingt lieues seulement de Megalokastro, il atteignit (12 novembre) la flotte ennemie dont Ibrahim lui-
même commandait l'arrière-garde. Un calme complet
arrêta, pendant cette journée, toute entreprise, et le
lendemain matin (13 novembre), les Égyptiens avaient
disparu de bonne heure à la faveur d'une forte brise du
Nord; mais lorsque ensuite le vent eut sauté, les Grecs
les atteignirent de nouveau, et, après quelques heures,
ils réussirent à gagner le dessus du vent aux ennemis.
Alors Miaoulis, avec vingt voiles, se jeta sur une frégate
qui formait l'avant-garde avec des vaisseaux de guerre
et de transport plus petits; bien que deux attaques faites
par Vokos et Rhobotsis, les vaillants chefs du brûlot,
restassent sans résultat, les Égyptiens en furent néanmoins tellement effrayés que beaucoup de gens de la
frégate sautèrent à l'eau, et que les bricks et les bâtiments de transport descendirent leurs chaloupes pour se
faire remorquer par elles.

Dans l'après-midi, Ibrahim s'avança avec ses frégates, afin de couvrir les vaisseaux de transport; mais,
bien que les Grecs ne pussent remporter aucun avantage
sur lui non plus, il était cependant, lui aussi, en proie à
une confusion et à une épouvante tellement grandes que,
passant entre les îles de Kreta et de Kassos, il abandonna les vaisseaux de transport à leur sort. Plusieurs
de ces navires tombèrent (14 novembre) entre les mains
des Grecs; un certain nombre parvint jusqu'à l'île de
Kreta, d'autres se réfugièrent à Alexandrie, tandis que
quelques autres rallièrent Ibrahim, qui était retourné
aux îles de Karpathos et de Rhodos et à la baie de
Marmari (Marmoritsa).

Les maladies, les désertions et la disette forcèrent

ensuite le pacha à se retirer encore une fois à l'île de
Kreta, après que, pour son bonheur, les Grecs maltraités
par les combats, par les vents et par les mauvais temps,
furent rentrés dans leurs foyers. L'armée d'Ibrahim était
diminuée d'un tiers lorsqu'il l'embarqua (5 décembre),
afin de lui faire prendre les quartiers d'hiver à Souda. La
superbe armada égyptienne avait complétement échoué
dans sa première expédition, après avoir perdu deux
frégates, deux corvettes, deux bricks et cinquante bâtiments plus petits; elle n'avait pas même aperçu la
Morée, qu'elle avait dû subjuguer en quatre mois, et,
après une campagne de six mois, elle avait été forcée à
se rejeter sur l'île de Kreta. La flotte grecque n'avait
peut-être jamais accompli des faits d'armes moins brillants et jamais elle n'avait subi des pertes plus grandes
que dans cette année; cependant, quand on considère
l'immense supériorité de l'ennemi et l'affaiblissement de
la flotte grecque, par suite du départ de l'escadre psariote, il faut avouer que les efforts des Hellènes n'avaient
jamais été plus dignes de louanges, ni leurs succès plus
importants.

Néanmoins, leur ancienne fortune semblait être arrivée à un point culminant entouré de tous les côtés de
dangers menaçants. Dans les rencontres de cette année,
les Grecs avaient, plus que jamais, hésité à entrer en
lutte ouverte avec leurs petits bricks marchands contre
les lignes imposantes des vaisseaux de leurs ennemis.
Leur hardiesse habituelle avait assez souvent fait défaut
même aux capitaines des brûlots; en effet, ils s'étaient
aperçus qu'une meilleure direction était donnée aux vaisseaux ennemis par des marins européens, et ils avaient
vu qu'une défense plus efficace leur était opposée par

les Africains, qui dès lors allaient presque toujours à la
rencontre de leurs brûlots dans des chaloupes basses.
Il n'y eut pas moins de vingt-deux de ces instruments de
guerre d'un grand prix que les Grecs perdirent dans
cette campagne de cinq mois, et encore la plupart avaient
été sacrifiés inutilement. Ils avaient commencé à perdre
le prestige de terreur qui les avait fait paraître si redou-
tables, et les Grecs ne pouvaient espérer trouver de sitôt
une autre arme pour les remplacer.

Les luttes dans la Grèce continentale.

Les matelots grecs et les sequins des philhellènes
avaient servi à balayer la mer, à en chasser les Égyptiens et à obtenir, en même temps, que pendant la quatrième année de la guerre (1824) les Grecs pussent jouir
d'une situation relativement aussi paisible que dans l'année précédente. En effet, tout ce qu'on fit, pendant le
cours de cet été, au Nord des provinces insurgées, ne
vaut guère la peine d'être mentionné. D'après le plan
des opérations militaires des Turcs, le pacha de Skodra
avait dû envahir l'Hellade occidentale et prendre Missolonghi, pendant qu'Omer-Vrione, en traversant le Pindos, aurait conduit dix mille Albanais dans la Grèce
orientale, et que Dervich-Pacha, le nouveau roumili-
valessi, s'y serait rendu en même temps en venant de
Thessalia. Ensuite, Youssouf-Pacha avait dû renforcer à
Patras la flotte par dix mille janissaires, afin que le
général en chef égyptien, en débarquant sur les côtes du
Péloponèse, y trouvât des forces turques respectables
pour opérer conjointement avec lui.

Mais les différents chefs militaires durent croire que
tous ces plans étaient fondés sur la supposition de l'arrivée des Égyptiens, et, cette impulsion faisant défaut,

tous ces projets s'évanouirent complétement. Dervich-
Pacha parvint jusqu'à Lianokladi (fin de juin), d'où i
expédia à Salona sept mille hommes sous le commandement de Perkophtali, pendant qu'Omer-Pacha, en venant
de Karysto, devait envahir l'Attique. Panourgias attendait Dervich-Pacha à l'abri de dix retranchements qu'il
avait élevés sur la frontière phokéenne, près d'Ampliani,
à une lieue de Gravia, tandis que Gouras s'apprêtait à
recevoir Omer-Pacha sur une hauteur dans le voisinage
de Marathon. Dans leurs tentatives faites pour forcer ces
passages, les Turcs furent repoussés sur les deux points
(juillet); Omer se retira en Eubée, et Dervich-Pacha,
harcelé par les insurgés et affaibli par des désertions
dans les rangs de ses troupes, leva en automne (18 octobre) le camp de Gravia et rebroussa chemin en franchissant le Sperchios.

Le pacha de Skodra n'avait pas quitté sa position, de
même que la coopération d'Omer-Vrione à l'est avait
complétement fait défaut. Pressé par la Porte, ce dernier fit enfin irruption dans l'Akarnania et campa près de
Karvasara; en face de lui, à Ligovitsi, se trouvait Mavrokordatos (août), qui, malgré ses rapports pompeux dans
la *Chronique grecque*, restait dans la même inaction
expectante que son adversaire. On n'avait pas vu arriver
de renforts à Patras; en automne, la ville pouvait être
de nouveau investie du côté de la terre et le blocus du
golfe de Korinthos pouvait être notifié.

Jamais on n'avait encore vu les Turcs aussi inactifs
et aussi peu disposés à faire la guerre. L'épuisement de
la Porte se trahissait de toutes les façons. Il était évident
que si le secours des Égyptiens, cette dernière ancre de
salut pour la Porte, allait lui faire encore défaut, les

propres forces des révoltés leur auraient suffi pour se
maintenir contre les forces des Osmanlis. A ce moment,
où l'expédition des Égyptiens avait été rendue impossible
pour cette année-là, rien n'eût été plus facile que de
prendre les places fortes du Péloponèse et de chasser les
Turcs complétement de la Péninsule, afin d'être mieux
protégé contre un débarquement futur. Mais rien de tout
cela ne put être fait, par suite de l'état fâcheux des affaires
à l'intérieur, et à cause de la guerre civile qui venait
encore d'éclater, nouveau résultat de l'inaction des
armées et de l'absence de danger qui aurait pu menacer le Péloponèse du dehors.

Guerre civile entre les primats.

Par suite de l'installation du dernier gouvernement
grec (Cf. p. 176), il s'était produit une grande
modification dans la nature des anciennes factions. Sorti
de la lutte entre le parti civil et le parti militaire, et consolidé par la victoire remportée par les amis de l'ordre,
le gouvernement de Kontouriotis reposait peut-être plutôt
sur la base d'un parti provincial que sur celle d'un parti
formé par une certaine classe d'hommes. L'issue de la
dernière guerre civile avait été en quelque sorte une
défaite de l'influence des Péloponésiens en général, et
une victoire remportée par les intérêts des îles et de la
Grèce continentale. Cette victoire paraissait être conso-
lidée d'une manière inébranlable.

Le président Georgios Kontouriotis s'appuyait sur tout
ce qui pouvait augmenter et rehausser l'autorité du chef
d'un gouvernement républicain. Un bonheur commercial
sans exemple avait fait de sa maison une des plus riches
de la Grèce; sa famille possédait une réputation d'honneur qu'entretenait surtout le caractère irréprochable du

frère aîné, Lazaros, homme exempt de toute ambition
politique ; il se servit de l'importance d'Hydra, sa patrie,
et de celle de ses vaillants marins, et enfin il mit à profit
le succès que son gouvernement avait eu jusqu'alors dans
le département de la guerre et des finances.

Parmi ses collègues dans le gouvernement, il n'y avait
d'une importance réelle que son compatriote Botassis
de Spetsia, insulaire comme lui, et, parmi les autres, le
seul Ioannis Kolettis ; ce dernier était corps et âme Rou-
méliote. Il était né de parents valaques à Syrako, sur le
Pindos, où nous l'avons rencontré pour la première fois
(Cf. t. XII, p. 142) : ayant étudié la médecine à Padoue,
il était devenu le médecin particulier de Mouktar, fils
d'Ali-Pacha, et s'était mis en rapports de toute nature
avec les Albanais et les capitaines de la Grèce continentale. Quoiqu'il fût homme instruit et bien élevé, qu'il
connût bien les langues étrangères et qu'il dominât tout
son entourage par son intelligence et par son habileté,
il n'avait pourtant pas adopté les habitudes européennes
au même degré que Mavrokordatos. D'une taille impo-
sante, il la faisait valoir dans le costume des palikares et
en imitant le maintien de ces hommes avec lesquels il
savait vivre en très-bonne intelligence ; ce fut surtout
par son influence médiatrice que les capitaines du Nord,
tels que Gouras, le Souliote Nassos Photomaras et même
un Dorien, tel que Makriyannis d'Amphissa, furent retenus dans le parti du gouvernement.

Dans la très-grande influence que Kolettis exerçait
sur Kontouriotis, il n'avait de rival que Mavrokordatos,
qui, dès cette époque où il se trouvait dans l'Hellade
occidentale, luttait contre sa prépondérance, mais beaucoup plus encore lorsqu'il fut rappelé plus tard au siége

du gouvernement. Dans le sentiment de sa valeur, le
président croyait diriger les affaires à lui seul; on entendait cependant dire qu'il ne pouvait rien faire sans
les conseils de Mavrokordatos, dont la direction amicale
et silencieuse était plus en conformité avec son caractère plein d'abandon. Mais, bien qu'une jalousie naturelle divisât Kolettis et Mavrokordatos, ce dernier ajoutait cependant également au caractère anti-péloponésien
du gouvernement par l'attitude qu'il avait prise à l'égard
de l'Hellade occidentale et par l'inimitié mortelle qui
régnait entre lui et Kolokotronis.

Toute la force qu'à l'intérieur et à l'extérieur le
gouvernement puisait dans les ressources de l'emprunt
anglais, il la devait essentiellement à la culture intellectuelle et à l'autorité de ces hommes, ennemis des
klephtes et amis de l'ordre. Toutes les intelligences et
toutes les forces morales étaient du côté du gouvernement et lui permettaient de dominer l'opinion publique
par les organes de la presse qu'il entretenait à Missolonghi, à Athènes et à Hydra. Afin d'avoir aussi les
forces armées entièrement entre ses mains, il attacha à
son service les Rouméliotes, les Boulgares et leurs chefs,
en les payant d'une manière régulière, ou, comme disaient
ses accusateurs, d'une manière partiale et prodigue, et
en leur donnant des grades élevés. Le gouvernement
reprit, en outre, la formation d'une troupe de tacticiens,
à la tête de laquelle il mit son secrétaire Rhodios, homme
tout à fait incapable, mais qui dépendait entièrement
de lui.

Les capitaines moréotes, plus fiers que jamais de leur
résistance victorieuse, qui avait duré quatre ans, con-
testèrent d'une manière plus absolue que jamais la néces-

sité ou l'utilité de cette mesure. Ils voyaient d'un mauvais œil qu'on donnât une forte paye à ces étrangers, placés là comme une sauvegarde contre les Péloponésiens, qui ne pouvaient qu'en être blessés. Les primats civils de la Péninsule partageaient ce sentiment de jalousie, comme, du reste, la prépondérance de l'influence des insulaires et des Rouméliotes dans le gouvernement n'indisposait pas moins les archontes que les chefs militaires. Mus par un sentiment de jalousie à l'égard des insulaires, les plus puissants parmi les archontes, *les deux Andreas* avaient laissé échapper à très-bon compte leur adversaire Kolokotronis, déjà vers la fin de la dernière guerre civile, comme nous l'avons vu plus haut (Cf. p. 181). La mauvaise humeur que le gouvernement leur en avait montrée n'avait fait qu'exciter davantage le mécontentement de ces hommes à son égard; le vieux Kolokotronis, qui, dans sa retraite de Karytaina, guettait tout ce que faisait le pouvoir, était heureux de voir avec quel aveuglement on amenait ses anciens ennemis dans ses bras.

Parmi ces adversaires, Andreas Zaïmis, fils d'Asimakis, homme très-respecté, aurait dû être, d'après tout son caractère, entièrement du côté du gouvernement. Il possédait l'art de bien parler et était doué d'un esprit souple, bien qu'il ne fût pas instruit; ses sentiments pacifiques, sa charité envers des indigents, sa modération à l'égard de ses ennemis et sa crainte de tout projet audacieux et chanceux devaient nécessairement lui inspirer de l'aversion pour les hommes de guerre sauvages. Bien qu'il recherchât les honneurs avec un peu de jactance, il était pourtant entièrement exempt de toute ambition dangereuse. Malgré son maintien plein de dignité et de fierté tout asiatiques, qui faisait qu'on le comparait quelquefois à Ibrahim-Pacha, il était pourtant d'une grande aménité, et son patriotisme avait, comme on le voyait rarement chez les autres Grecs, un cachet tout à fait hellénique et non pas seulement local ou péloponésien.

Mais le gouvernement ne pouvait ou ne voulait s'attacher même un pareil homme; moins encore son cousin, Andreas Lontos, qu'on disait être le bras droit de Zaïmis, tandis qu'on appelait ce dernier la tête. Lontos s'était placé, comme intermédiaire, entre le parti civil et le parti militaire; il était vaillant et ferme, mais aussi brutal, tyrannique, rapace et adonné à l'ivrognerie. Lui et le vieux Sissinis à Gastouni furent les premiers à montrer ouvertement leur hostilité à l'égard du gouvernement. Prenant comme prétexte le siége de Patras, pour lequel ils ne faisaient cependant rien du tout, ils retenaient les revenus de leurs éparchies, et, lorsque la presse leur reprocha leur inaction, ils accusèrent le gouvernement de négliger la Morée et d'appliquer toutes ses ressources à la flotte, dont la solde, plus que ses honneurs, excitait leur jalousie. Cependant les partis imposèrent silence à leur mécontentement, qui se répandait sourdement dans le pays, jusqu'à la réunion de la nouvelle assemblée nationale, qui, après beaucoup de retards, ne fut ouverte à Nauplia qu'en automne (13 octobre). Mais son premier acte, l'élection du nouveau gouvernement (15 octobre), enleva aux Péloponésiens tout espoir d'un changement dans l'état des affaires. Kontouriotis, le président, et Botassis, le vice-président, Kolettis et Spiliotakis furent réélus : seulement, à la place de Nikolaos Lontos, on leur adjoignit un autre Moréote, Photilas de Kalavryta.

Dans cette réélection des membres du gouvernement, le parti des insulaires osa faire un usage illégal de sa prépondérance, ce qui fournit aux Péloponésiens le prétexte qu'ils cherchaient pour se révolter. Les Arkadiens refusèrent de payer les impôts et donnèrent ainsi le signal de la rupture; lorsque le gouvernement envoya (4 novembre) le ministre de la guerre, Dikaios, avec cinq cents hommes, pour les ramener à l'ordre, les adversaires du pouvoir abandonnèrent le blocus de Patras et battirent le ministre qu'ils mirent en fuite. Pendant quelque temps, l'assemblée législative avait essayé de réconcilier les deux partis; mais, à ce moment où les chefs prirent les armes et où Photilas, le seul partisan que ceux-ci eussent dans le gouvernement, abandonna son poste (20 novembre), elle se sépara avec éclat des rebelles.

Pour ne pas avoir toute la péninsule contre elle, l'assemblée remplaça Photilas dans le gouvernement par Konstantinos Mavromichalis, le frère de Petrobey; dès lors on déploya, à l'égard des rebelles, une énergie d'autant plus rigoureuse. Le gouvernement n'eut pas beaucoup de difficulté à tirer profit de l'inimitié traditionnelle entre les Rouméliotes et les Péloponésiens; Kolettis gagna Gouras et le détermina à se déclarer contre les rebelles, de même qu'il attira du côté du gouvernement les Souliotes à Salona et les Olympiens des îles de Skiathos et de Skopelos. De cette manière, la supériorité du parti de l'ordre n'était plus douteuse. Les Kolokotronis marchèrent sur Tripolitsa, afin de l'arracher au gouvernement; Nikitas, envoyé à Koutsopodi, semblait avoir pour mission de menacer Nauplia et de couper les communications de cette ville avec Tripolitsa;

Andreas Lontos et Notaras avaient reçu l'ordre d'investir Akrokorinthos.

Mais tous ces projets échouèrent. Les gardes de Tripolitsa battirent les *antartes* (23 novembre) d'une manière si décisive, que Panos Kolokotronis demeura sur la place. Les troupes réunies à Koutsopodi furent dispersées par Dikaios; celles qui avaient été envoyées contre Korinthos reculèrent devant les forces de Gouras et de Karatassos jusqu'à Hagios-Georgios, qu'elles durent ensuite évacuer (19 décembre). Le gouvernement profita de ses avantages avec une promptitude telle qu'on n'en avait jamais montré après des victoires remportées sur les Turcs. Ses troupes occupèrent l'Achaïa et l'Élis; Gouras chassa Sissinis de Gastouni. Après avoir passé le golfe de Korinthos pour se rendre à Vostitsa, les Souliotes de Salona repoussèrent les Zaïmis avec Lontos et Nikitas jusque dans l'Hellade occidentale; Karytaina fut soumise par Hadschi Christos, la Messenie par Dikaios et par Makriyannis. Accablé par la mort de son fils, Kolokotronis implora l'amnistie du gouvernement; celui-ci insista pour que le vieux chef se présentât en personne devant lui. Il se rendit, en effet, dans la capitale (11 janvier 1825), où, pendant quelques jours, il put circuler librement; mais dès que les frères Delyannis, de même que Notaras, Grivas et d'autres chefs des rebelles, furent arrivés aussi, on les transporta, au nombre de treize, dans l'île d'Hydra (18 janvier) pour les y faire garder, comme prisonniers d'État, au couvent de Hagios-Elias.

Chose curieuse, et dans laquelle on aurait pu voir une intervention miraculeuse en faveur du gouvernement! Après cette nouvelle chute de Kolokotronis, on vit tom-

ber aussitôt tous les capitaines notables des rebelles,
même dans la Grèce continentale. Sissinis, qui avait
joué, dans l'Elis, le rôle fastueux d'un pacha turc et
qui, en plaisantant, avait quelquefois exprimé le désir
d'obtenir la dignité de duc de Clarence (Klarenza), s'était
réfugié à Zante, où le peuple faillit le lapider; après
avoir été expulsé par les autorités de l'île, il n'eut plus
d'autre alternative que de se présenter à Nauplia et de
partager le sort des prisonniers à Hydra. Zaïmis, Lontos
et Nikitas s'enfuirent dans l'Hellade occidentale et invoquèrent la protection du congrès provincial que Mavrokordatos venait de réunir (29 décembre 1824) à Anatoliko, avant de se rendre à son nouveau poste, au siége
du gouvernement. Par égard pour une vieille amitié,
on les accueillit, mais en leur déclarant d'une manière
expresse qu'on devait toujours les considérer comme
soumis au pouvoir des lois.

Les hommes qu'on recevait de la sorte arrivèrent à
propos pour assister au procès qu'on faisait aux capitaines les plus importants de l'Hellade occidentale. Au
congrès d'Anatoliko, on s'était répandu en plaintes
amères au sujet des violences et des actes arbitraires
commis par ces harpies rapaces, et surtout par Makris.
Pendant qu'on débattait au sujet de cette accusation
dans l'église de la Panagia, l'assemblée fut effrayée par
un violent tremblement de terre; avec une grande présence d'esprit, Spyridon Trikoupis saisit l'occasion pour
représenter cet événement comme la voix du Dieu irrité
qui voulait délivrer les Grecs non-seulement des Turcs,
mais encore de ceux des chrétiens qui se montraient les
ennemis de la tranquillité et de l'ordre. Il ébranla l'âme
superstitieuse de ses auditeurs; Makris, pâle et trem-

blant, fut le premier à se soumettre aux demandes qu'on lui imposait.

Peu de temps après cette humiliation des chefs puissants de l'Hellade occidentale, le gouvernement fut débarrassé aussi du dictateur de l'Hellade orientale, après que son ami Negris était déjà mort (4 décembre) à Nauplia, où il s'était retiré, méprisé de tous. Odyssevs avait dû remarquer depuis longtemps qu'il avait perdu toute son ancienne autorité sur le gouvernement, sur le peuple et sur les soldats. Lorsque, pendant l'été, il avait paru près d'Ambliani, les capitaines lui avaient fait comprendre que sa présence était superflue. Le gouvernement ne lui avait pas demandé son secours pour combattre les *antartes*. Altéré de vengeance, Odyssevs entama dès lors des négociations avec Omer de Karysto; malgré la promesse donnée par tous les capitaines de l'Hellade orientale, il fit sa paix avec le sultan et, pendant que Gouras était occupé à combattre les rebelles du Péloponèse, il appela les Turcs d'Eubée dans l'Attique.

Mais à la nouvelle de tous ces événements, Gouras retourna, en toute hâte, dans l'Attique (mi-mars 1825) et sortit d'Athènes contre Odyssevs, qui se tenait, avec six cents chrétiens et quatre cents Turcs d'abord près de Chaironeia (Chéronée), d'où il se rendit ensuite à Livanatis, sa ville natale (dans l'éparchie de Talantion) (1). Enfermé dans cette ville et voyant que son entreprise commençait si mal, le fils d'Androutsos eut peur de la vengeance de ses nouveaux amis : cet homme perfide les abandonna de nouveau et se rendit à Gouras (19 avril),

---

(1) On trouve les rapports de Gouras sur cette expédition dans Σουρμελῆς, Ἱστορία τῶν Ἀθηνῶν. Αἰγίν. 1834.

en trahissant encore ses partisans chrétiens de Livanatis, qui eurent à payer aux Turcs, de leur sang, la fuite d'Odyssevs. Après sa défection, il avait mis sa famille en sûreté dans la caverne imprenable de Koryki, qu'il possédait sur le Parnès (Parnasse) et que son beau-frère Trelawney refusa de rendre.

Le misérable prisonnier fut promené encore pendant quelque temps dans le camp de Gouras; ensuite on le conduisit à Athènes, où on le traîna à travers les rues aux clameurs menaçantes du peuple; on le tortura pour découvrir ses trésors et, enfin, on le livra à la mort, avec le consentement de Gouras. On le trouva un jour (16 juillet) étendu sans vie et les membres brisés, au pied du temple de la Niké apteros (Victoire sans ailes), qui avait été sa prison : on disait qu'il avait péri en essayant de s'échapper; mais ceux qui pouvaient être bien informés étaient convaincus qu'on ne l'y avait jeté qu'après l'avoir étranglé (1). On a d'autant plus le droit de croire que le gouvernement avait pris une certaine part à cette mort d'Odyssevs que, peu de temps après, il entra même dans les propositions d'un Écossais, du nom de Fenton, lorsque celui-ci promit d'assassiner Trelawney qui occupait la grotte du Parnès (2).

L'administration de Kontouriotis.

Vers la fin de l'année 1824 et au commencement

---

(1) Odyssevs a trouvé, parmi ses compagnons d'armes, un apologiste dans Κ. Παπαδόπουλος : Ἀνασκευὴ τῶν εἰς τὴν Ἱστορίαν τῶν Ἀθηνῶν ἀναφερομένων περὶ τοῦ στρατηγοῦ Ὀδυσσέως. Ἀθην. 1837.

(2) Cet attentat devint funeste à l'assassin lui-même, qui fut tué par les gens de Trelawney. Ce dernier en fut quitte pour une blessure; mais il rendit ensuite la caverne et se retira dans l'île de Kephallène. Cf. Emerson, t. Ier, p. 275.

de 1825, le gouvernement de Kontouriotis était, de tous ceux que la Grèce avait eus jusqu'alors, le plus respecté, le plus fort et le plus généralement reconnu. La guerre civile avait été encore une fois vaincue. Les rivaux que le gouvernement avait eus en Morée étaient prisonniers dans l'île d'Hydra ; les chefs les plus puissants de l'Hellade occidentale et de l'Hellade orientale s'étaient ruinés eux-mêmes ; les capitaines les plus vaillants étaient, à ce moment, au service du pouvoir légal ; les gouvernements locaux de la Grèce continentale étaient et restaient abolis ; les ordres du président étaient partout exécutés. La campagne maritime de 1824 avait été pénible, mais glorieuse ; la guerre continentale semblait être presque terminée.

Dans le Péloponèse, Patras était de nouveau presque sur le point de se rendre et ne demandait plus, pour capituler, que la présence du président que les Turcs de cette ville appelaient le roi de Grèce. Cette considération dont jouissait le gouvernement et la confiance qu'il faisait naître s'étendaient au loin, jusque dans les pays étrangers. On n'avait pas encore entièrement épuisé le premier emprunt anglais, lorsque les agents grecs en négocièrent déjà un autre plus considérable, montant à la somme de deux millions de livres sterling.

Au moment où le gouvernement grec avait résolu de contracter cet emprunt (août 1824), on n'aurait pu guère lui prédire un résultat favorable ; car, sous l'impression encore récente de la chute de Psara, les fonds du premier emprunt étaient tombés jusqu'à 15 pour 100. Mais vers la fin de l'année, plusieurs maisons anglaises et françaises offraient à l'envi de l'argent ; on donna la préférence aux frères Ricardo, de Londres, qui, aussitôt

(7 février 1825), firent coter à la Bourse les actions du
nouvel emprunt de deux millions, qui avait été conclu au
taux de 55 1/2 pour 100 (1). Nulle part on ne sentait
d'une manière plus vive qu'à Vienne l'importance que
cette modification de toutes les affaires aurait pour la
Grèce, si sa bonne fortune pouvait seulement durer
encore quelque temps.

La dernière victoire remportée par le parti de l'ordre
traversa tous les calculs que dans la capitale de l'Autriche on avait établis sur les dissensions intestines parmi
les Grecs, et elle trompa toutes les espérances qu'à
Vienne on avait fondées sur la trahison et l'égoïsme des
klephtes. Au parti peu nombreux mais puissant des
hommes intelligents et éclairés que, dans cette ville, on
qualifiait de républicains et de révolutionnaires, cette
victoire assura toute la puissance et toutes les ressources
qui donnaient aux affaires du nouvel État l'air d'une
organisation bien réglée. On voyait à Vienne, avec la
plus mauvaise humeur et avec le plus profond dépit, cet
affermissement de l'insurrection et ce triomphe de la
révolution.

En effet, on aurait dit que le peuple grec n'avait plus
qu'un seul pas à faire pour arriver à son indépendance.
Cette époque, vers le commencement de l'année 1825,
était un moment unique de prospérité et d'espoir où les
Hellènes voyaient s'ouvrir devant eux la perspective
d'une issue victorieuse et glorieuse pour leur soulève-

---

(1) Les frais, avec les commissions, etc., montaient à 58 9/10
pour 100. En outre, en se chargeant de l'emprunt, les banquiers
avaient stipulé, dans leur traité, que la somme de 250,000 livres
sterling serait appliquée au rachat des obligations du premier emprunt.

ment; mais aussi ce n'était qu'un unique moment dans
le sens le plus littéral du mot. La fortune de la Grèce
n'était arrivée à son point culminant que pour en descendre aussitôt. De quel prix n'aurait pas été pour elle,
à ce moment, au sein du gouvernement, un homme de
guerre qui eût concentré entre ses mains vigoureuses
toutes les forces de l'autorité, de l'intelligence, de l'unité
et des ressources pécuniaires; qui eût continué l'œuvre
commencée par la flotte, en appelant au combat le dernier vaisseau et le dernier matelot; qui eût étouffé l'expédition égyptienne dans son germe, et qui lui eût disputé
tout pouvoir sur mer et à plus forte raison chaque pouce
de terrain sur la terre ferme!

Mais les hommes d'ordre sont rarement aussi des
hommes énergiques. Malheureusement, les succès des
deux dernières années et les efforts faits par les Grecs,
pendant les deux premières années de l'insurrection,
paraissaient, en outre, avoir affaibli, dans le peuple lui-
même, les forces expansives de la guerre et de la révolution. Puis la cause des Grecs reçut une atteinte presque
mortelle par suite de la mauvaise disposition des habitants du Péloponèse; dans leur méfiance à l'égard du
gouvernement, qu'ils considéraient comme composé
d'étrangers, les Péloponésiens étaient pour ainsi dire
paralysés et ne purent s'abandonner à l'élan de leur
patriotisme lorsque l'heure du danger vint à sonner.

Le président, irréprochable dans sa vie privée, n'était
pourtant pas un homme fait pour la vie publique; avec
ses sentiments plus particulièrement hydriotes qu'hellé-
niques, il déployait souvent un zèle plein d'entêtement
dans les petites affaires intérieures, mais il manquait d'é-
nergie et de résolution pour les entreprises importantes;

n'ayant pas une grande instruction, il était réfléchi et
plein de bon sens au conseil, mais lent et apathique
quand il fallait agir. Ce n'étaient pourtant pas ces qualités qui, précisément à ce moment-là, étaient nécessaires
pour gouverner la Grèce. Pendant la lutte des derniers
six mois, on avait commencé à connaître la force redoutable des Égyptiens et on avait pu savoir qu'ils ne restaient à ce moment-là dans l'île de Kreta qu'afin de
guetter le moment favorable pour se transporter dans la
Morée ; néanmoins, les Grecs ne firent pas le moindre
effort en vue de les combattre dans cette île, ni pour
empêcher leur arrivée dans la Péninsule.

Le funeste défaut national des Grecs, qui les portait
à ne pas assez estimer leurs adversaires, n'avait jamais
été poussé à un aussi haut degré que le faisait leur gouvernement à cette époque pleine de périls. Avec un peu de
prévoyance seulement, on aurait dû envoyer la flotte
dans l'île de Kreta ; détruire les magasins près de Chania, de Rhethymnon et de Megalokastro ; empêcher le
départ des bateaux de transport ; affamer l'armée réunie
sur la côte de Souda et donner aux Krétois le signal d'un
nouveau soulèvement. Dans le Péloponèse, les Turcs
avaient offert au président de lui livrer Patras, dont la
reddition aurait entraîné la chute de Rhion et d'Antir-
rhion ; mais il retarda ce voyage, simplement parce qu'il
ne voulait pas se déranger, et il perdit, par cette indolence criminelle, l'occasion favorable de faire une acqui-
sition d'une valeur aussi inestimable.

Au Sud de la Péninsule, on aurait dû faire tous les
efforts possibles pour s'emparer de Koron et de Modon,
afin de priver les ennemis de leurs places de débarquement ; on aurait dû fortifier, ravitailler, occuper et cou-

vrir par la flotte Navarin (Neokastron aussi bien que la
forteresse de Palaiokastron, si bien protégée par sa situation) ainsi que l'île de Sphaktcria, pour ne pas livrer ce
port précieux aux Égyptiens. Mais rien de tout cela
n'avait été fait, rien de tout cela n'avait été seulement
préparé ; on n'y avait pas même songé d'avance. Mais
c'était mal connaître l'adversaire auquel les Grecs allaient
dès lors avoir affaire et dont jusqu'alors ils n'avaient pas
encore eu le pareil devant eux.

Ibrahim-Pacha.

Ibrahim-Pacha, fils aîné, ou plutôt fils adoptif de
Mehmet-Ali, et âgé, à cette époque, de trente-huit ans,
laissait même aux militaires expérimentés de l'Occident
l'impression d'un homme qui était soldat par habitude
comme par inclination. Ressemblant à son père par son
ambition, sa fermeté et sa persévérance, il lui était inférieur par le savoir-faire et par le talent naturel ; il avait
moins de ruse astucieuse que Mehmet, mais il était considéré comme un homme plus sûr et comme ayant plus de
principes que lui. S'il était plus dur que son père, il
était, en revanche, moins avare que lui ; il était opposé
au système d'exactions que suivait le vice-roi, mais il
évitait soigneusement de le blâmer ouvertement.

Le peuple semblait avoir pour lui le même sentiment
de respect et de crainte que pour son père. Sa campagne
en Arabie lui avait assuré cette grande autorité personnelle, de même que sa gloire militaire ; son retour de cette
expédition avait été une marche triomphale qui lui avait
donné une haute idée de sa propre valeur. Quand il était
en campagne, il vivait aussi simplement que le moindre
de ses soldats ; il couchait sous un abri qui ne se distinguait pas de celui de ses officiers, tandis qu'au quartier

général on dressait pour lui une tente magnifique d'étoffes
de soie précieuses de Lyon et des Indes. Dans le combat,
il se montrait vaillant, recueilli et de sang-froid ; il
paraissait exiger de ses officiers les mêmes qualités,
simplement comme un accomplissement de leur devoir,
puisqu'il punissait avec la même sévérité impitoyable la
lâcheté et le manque de discipline. On disait qu'il tuait
de sa propre épée ceux qui désertaient les rangs de
l'armée ; après les malheureux combats maritimes qui
excitèrent sa fureur, il roua de coups de bâton un capitaine dont le vaisseau s'était enchevêtré dans les navires
voisins, de même qu'il fit livrer à la mort un autre qui
avait montré de l'hésitation.

Ces traits annonçaient un homme d'un caractère cruel,
caractère autant calculé chez lui que naturel. On dit que,
dès sa première jeunesse, son amusement favori avait été
de tirer sur les outres en cuir que portaient sous le bras
ou sur le dos les porteurs d'eau qui passaient sous ses
fenêtres (1) : tradition qui prouve du moins quelle était
la réputation que lui faisaient les siens. A l'époque
actuelle où il campait devant Souda, et où il frémissait
de rage en voyant échouer son expédition maritime, des
voyageurs sans préventions (2) entendaient, tous les
jours, ses officiers se plaindre de sa brutalité ; ils pouvaient même le voir assis sur l'arrière de son vaisseau ,
exhalant sa rage sur ses malheureux subordonnés, en leur
donnant des coups de pied et des coups de bâton ou en
les fusillant.

---

(1) Cf. Hold Yates : *The modern history and condition of Egypt*, t. II,
p. 171.
(2) Cf. Madden : *Travels in Turkey, Egypt, Nubia and Palestine*,
London, 1829, t. Ier, p. 175.

Il y avait d'autres Francs turcophiles qui admiraient
en lui l'homme de la civilisation et de l'humanité, et qui
injuriaient les Grecs, quand ils déclaraient Ibrahim un
barbare à peine déguisé. Car, comme tous les Orientaux,
il s'entendait parfaitement à donner à son visage les
plis nécessaires pour servir ses desseins et à maîtriser,
quand il le fallait, son tempérament irascible. Tout son
extérieur, sa taille ramassée et son embonpoint fortement
prononcé, son visage rond, son nez camus et sa barbe
d'un rouge-brun qu'il portait entière, n'annonçaient ni
de la dignité ni des talents supérieurs et ne lui donnaient
pas une expression particulière. Dans ses petits yeux
mobiles d'un gris foncé, les uns comme les autres
voyaient briller un feu sauvage à peine voilé; la plupart
de ceux qui l'observaient n'étaient pas assez bons phy-
sionomistes pour lire son caractère cruel dans ses regards pleins de bienveillance et dans sa bouche souriante.

Attentif, comme son père, au jugement des Européens,
il les trompait par sa douceur et par sa politesse et cherchait à parer toutes ses manières et tous ses procédés,
dans la politique comme dans la guerre, d'un vernis européen qui s'effaçait cependant bientôt. Plein d'un mépris
orgueilleux pour tout ce qui venait de Constantinople, il
se rendit en Grèce avec la conviction ambitieuse qu'il
accomplirait sa tâche par les succès les plus brillants; il
parlait tous les jours à ses officiers de la nécessité de
vaincre à tout prix. Il était, du reste, décidé à emporter
la victoire de haute lutte et par tous les moyens. Aussi
n'eut-il pas beaucoup de difficulté, dans les premiers
temps, à surprendre la bonne foi des étrangers, lorsque
sa politique exigeait qu'il leurrât les chefs des ennemis
par la corruption et le peuple par la bienveillance, et qu'il

fît bien comprendre à ce dernier que ses rigueurs ne
seraient que pour les rebelles, tandis qu'il traiterait en
bon père tous les gens paisibles.

Quand ces moyens ne réussissaient pas, les intelli
gences musulmanes trouvaient fort naturel que le pacha
lâchât la bride à la licence de ses soldats. Un bruit très-
répandu prêtait à Ibrahim l'intention de transporter en
Égypte tous les chrétiens de la Morée et de les remplacer
par des Arabes. Il est évident qu'une pareille résolution
ne saurait être prouvée, puisqu'un homme prudent ne
publie pas un semblable projet avant de posséder la peau
du lion qu'il veut partager, et qu'un homme énergique
l'exécute avant de l'avouer. Mais ce dessein était en
harmonie complète avec le système froid et insensible de
son père ; en effet, il avait sa source moins dans une
barbarie vindicative que dans un calcul cupide, et devait
servir à faire des Grecs laborieux et intelligents des
instruments pour enrichir et pour perfectionner la marine
égyptienne.

Les Égyptiens en Morée. La prise de Navarin.

Un homme tel que cet Ibrahim n'avait pu être décou-
ragé par les premiers revers éprouvés dans son entreprise ; ils ne pouvaient que l'aiguillonner davantage. Les
pertes essuyées par son armée ne lui causèrent pas de
soucis, puisque son père eut soin de combler immédiatement toutes les lacunes; le départ de la flotte grecque
l'encouragea à hâter les préparatifs nécessaires pour
essayer de nouveau de faire la traversée. Bien que sa santé
fût ébranlée et qu'il restât à bord de son navire, il activait
sans cesse tous ces travaux, car il avait juré qu'il ne
mettrait le pied sur terre que quand il serait arrivé
en Morée. Après avoir reçu de nouveaux renforts qui

s'élevaient à cinq mille Égyptiens, il partit de Souda, au cœur de l'hiver, pour se rendre dans la Péninsule. Il ne rencontra pas un seul navire grec pendant ce trajet.

Ce ne fut que quelques jours après l'arrestation de Kolokotronis et de ses compagnons, que la flotte égyptienne parut devant Modon (23-24 février 1825), où elle débarqua quatre mille quatre cents hommes qui assirent un camp dans la plaine. Une partie des vaisseaux retourna, sans retard, à Souda et débarqua, dans le plus bref délai, un second corps de sept mille hommes (17 mars). Aussitôt le pacha s'occupa des deux choses qui étaient les plus pressantes et les plus importantes : il avait à débloquer Patras et à assiéger Navarin. Onze vaisseaux partirent pour Patras; ils dispersèrent les quelques rares bâtiments qui entretenaient le blocus devant la place; ils ravitaillèrent et renforcèrent la garnison de la ville, tandis que le pacha lui-même purgea l'éparchie de Modon des ennemis, qu'il rétablit les communications avec Koron et qu'il prit (21 mars) une forte position devant Navarin.

Les Grecs furent complétement pris au dépourvu par cette campagne d'hiver. Leurs vaisseaux étaient tranquillement dans les ports. Les troupes à la solde du gouvernement étaient, en partie, encore dans le Péloponèse, depuis qu'elles y avaient fait leur expédition contre les rebelles; mais elles étaient complétement dispersées. A ce moment, il est vrai, le gouvernement donna ordre à toutes les troupes de se rendre en Messenia et il appela la flotte au combat; Kontouriotis lui-même annonça son départ. Mais la flotte fut retenue longtemps par des vents contraires. Le président quitta, à la vérité, Nauplia avec un cortége pompeux (28 mars); mais comme il n'avait

pas l'habitude de monter à cheval, il lui fallut trois jours
pour arriver seulement à Tripolitsa, où il tomba malade.
Enfin (mi-avril), après un long délai qu'on lui reprocha
amèrement, il se remit de nouveau en marche; puis il
s'arrêta à Skala, sur le Pamissos, loin de tout danger,
après avoir nommé général en chef des troupes destinées
à combattre les Égyptiens son ami Skourtis, marin expé-
rimenté, mais qui n'avait pas la moindre idée du service
sur terre. Cette manière d'agir fit une impression très-
fâcheuse sur l'armée et sur ses capitaines éprouvés, qui,
poussés et entraînés malgré eux, étaient accourus aux
endroits menacés par l'ennemi.

Avec ce noble élan que nous avons pu observer déjà
plusieurs fois dans les moments d'un grand danger, les
premiers chefs et les familles les plus distinguées s'exposèrent en première ligne et avec le plus grand empressement : on vit se jeter dans Neokastron (Nouveau-Navarin),
dont le Piémontais Collegno devait diriger la défense (1),
deux fils de Petrobey Georgios et Ioannis, un frère de
l'amiral Sachtouris, Makriyannis, Giatrakos et Panas,
l'Ionien, qui avait combattu à Peta. Le fort délabré de
Palaiokastron (Vieux-Navarin, l'ancienne Pylos, sur le
promontoire de Koryphasion) était couvert par l'évêque
de Modon et par Hadschi Christos avec ses Boulgares;
à deux lieues de Modon, près de Kremmydi, il se forma
un camp de cinq mille Rouméliotes, Souliotes et Macédoniens sous les ordres de Karaïskakis, de Drakos, de
Kitsos Tsavellas, de Kostas Botsaris, le simple et modeste
frère de Markos, et de Karatassos; mais ce dernier, que

---

(1) Cf. *Diario dell' assedio di Navarino*, memorie di G. Collegno.
Torino, 1857.

révoltait la nomination de Skourtis, s'éloigna, de sa propre autorité, en se rendant avec ses Macédoniens à Schinolaka.

Dans les premières rencontres avec les Égyptiens, les auspices étaient assez heureux pour les Grecs. En faisant un mouvement contre Palaiokastron, les Égyptiens attaquèrent (28 mars) le corps de troupe placé à Schinolaka et furent repoussés, bien que les Grecs, campés à Kremmydi, ne soutinssent pas les Macédoniens; même dans une seconde attaque contre le fort du Vieux-Navarin, les Arabes furent battus (11 avril). Mais peu de jours après, toutes les espérances qu'on aurait pu fonder sur ces premières rencontres s'évanouirent complétement. On venait de décider, dans un conseil de guerre tenu à Kremmydi, qu'on prendrait une autre position, afin de couper les communications entre Modon et Navarin, lorsque Ibrahim prévint ce mouvement en attaquant (19 avril) la position près de Kremmydi.

Le centre du demi-cercle, formé par les Grecs sous les ordres de Skourtis, fut forcé par une attaque à la baïonnette, attaque qui déconcerta les Grecs, par sa nouveauté et par sa vigueur, et qui jeta un éclat fatal sur les tacticiens égyptiens. Les deux ailes, commandées par Kostas et par Karatassos, résistaient encore pendant quelque temps, lorsque la cavalerie d'Ibrahim, après avoir passé par un ravin presque impraticable, prit l'aile gauche des Grecs en flanc et de revers; Kostas Botsaris, qui combattait là pendant que toute l'armée se débandait, ne put être sauvé qu'aux prix de grandes pertes dans les rangs de ses plus proches parents et de ses vaillants compatriotes de Souli. Cette défaite fit éclater tout à coup la mauvaise humeur qui avait couvé déjà dans les Roumé-

liotes au sujet du général qu'on leur avait imposé. Malgré
toutes les représentations qu'on put leur faire, ils partirent, au nombre de trois mille hommes, pour leur pays,
qui, menacé d'ailleurs à l'est et à l'ouest par les Turcs,
avait besoin de leurs bras. De la sorte, Ibrahim ne trouvait plus d'obstacles, du côté de la terre, dans ses entreprises contre Neokastron et Palaiokastron.

Le Nouveau-Navarin est situé sur la pointe d'un promontoire qui se trouve à l'ouverture méridionale du bassin
semi-circulaire, célèbre depuis l'antiquité, que ferme, à
l'ouest, l'île de Sphakteria et que protége, au nord, le
château féodal du Vieux-Navarin, séparé seulement par
un étroit canal des montagnes qui forment la pointe septentrionale de l'île. La citadelle de Neokastron était un
hexagone formé par des murs très-bas en pierre et sans
fossé ; du côté de la terre, elle était flanquée de quelques
faibles bastions et se trouvait encore plus faiblement défendue du côté de la mer. On bombarda cette forteresse
avec deux batteries ; dès que le feu fut ouvert, Ioannis
Mavromichalis tomba parmi les défenseurs sur les remparts du fort ; il était le troisième qui dans cette famille
périssait victime de son dévouement. La prise des deux
forteresses dépendait essentiellement de la possession
de Sphakteria, île qui les domine toutes les deux par
ses hauteurs. Elle était protégée par quelques vaisseaux
grecs qui, sous les ordres de Tsamados, avaient jeté
l'ancre dans le port.

Le pacha attendit donc le retour de sa flotte, partie une
seconde fois pour Souda, afin d'y aller chercher des
renforts. Depuis longtemps déjà, Miaoulis avait mis à la
voile avec dix-sept vaisseaux et quelques brûlots, dans le
dessein de traverser ces expéditions des Égyptiens ; mais

il avait été retenu longtemps par des vents contraires, et lorsqu'il arriva devant Souda (26 avril), ses faibles moyens ne lui permirent pas d'empêcher le départ de la flotte. Lorsque celle-ci doubla le cap Maleka (28 avril), Miaoulis se trouva empêché par un calme de l'attaquer, et quand le lendemain le combat s'engagea, cinq brûlots furent consumés inutilement. Il dut donc voir la flotte égyptienne, forte de plus de quatre-vingt-dix voiles, arriver (1er mai) intacte devant Navarin et débarquer des troupes et des munitions nouvelles.

Aussitôt le pacha commença ses préparatifs d'attaque contre Sphakteria, dont les Grecs ne renforcèrent qu'à ce moment la garnison en la portant au nombre de huit cents combattants. Là encore les hommes les plus considérables affluèrent à l'envi ; on vit arriver le vieil Anagnostaras, Sachtouris, Tsamados, le noble Santa-Rosa qui était venu, avec Collegno, se mettre dans les rangs sous le costume de simple palikare, et enfin Mavrokordatos, qui n'y devait pas revoir une seconde défense de Missolonghi. Miaoulis se vit empêché de les secourir, car toute la ligne des vaisseaux égyptiens était rangée en bataille contre lui (8 mai) ; en même temps, à la faveur de la fumée que causa la canonnade entretenue par la flotte, cinquante chaloupes jetèrent dans l'île un corps de débarquement qui, en moins d'une heure, s'en rendit maître.

Tsamados, Anagnostaras et Santa-Rosa tombèrent sous les épées des Égyptiens ; les quelques vaisseaux du port cherchèrent à gagner la haute mer. Le brick de Tsamados, conduit par Sachtouris, se fraya un chemin à travers trente-quatre vaisseaux ennemis, dans un combat de six heures, pendant lequel Mavrokordatos tenait son pistolet a la main pour s'épargner la honte de la captivité ; l'équipage, prêt à se faire sauter, put par son courage héroïque se sauver vivant des mains de l'ennemi ; mais, s'il l'eût fallu, le désespoir de ces hommes les en aurait délivrés par la mort.

Le misérable fort du Vieux-Navarin, bombardé du côté de la terre et de la mer, n'ayant presque pas de vivres et encore moins de munitions, ne put tenir bien longtemps. Une tentative, faite par la garnison pour se frayer un chemin à travers les ennemis, échoua et coûta la liberté à Hadschi Christos et à l'évêque de Modon ; ce dernier perdit même, plus tard, la vie ; les barbares le torturèrent d'une manière indigne, parce qu'ils rejetaient sur lui la faute du massacre de Navarin en 1821. A ce qui restait encore de défenseurs le pacha accorda le libre départ (10 mai), songeant, avec plus de prudence que n'en montraient ordinairement les Grecs, à désarmer plutôt les vaillants défenseurs des places fortes, par des capitulations fidèlement observées, qu'à les exciter à une défense désespérée.

Le courage de la garnison de Neokastron aussi, ébranlé depuis longtemps par le manque d'eau et de munitions, était complétement abattu. Un brillant coup de main, exécuté par Miaoulis, ne put que faiblement le relever pendant quelques jours. Le navarque avait fait voile pour Modon, où, à la faveur du vent du Sud, il réussit à pousser six brûlots sur les vaisseaux égyptiens, mouillés dans le port (12 mai). Les Égyptiens attaqués coupèrent leurs câbles afin de gagner le large ; mais le vent poussa leurs vaisseaux les uns contre les autres et contre les murs de la forteresse, de sorte qu'une frégate, trois corvettes, trois bricks et trois vaisseaux de transport, et de plus un magasin dans la ville, furent détruits par le feu, tandis que les brûlots ne perdirent pas un seul homme.

Cet heureux événement encouragea les assiégés à repousser les Égyptiens, qui les engageaient à se rendre; ils ne voulurent entendre parler de reddition que si on leur permettait de partir avec leurs armes et si l'on accordait la liberté non-seulement à Hadschi Christos, mais encore à l'évêque de Modon. Mais lorsque le pacha commença à bombarder la citadelle, du côté de la terre, avec six batteries, armées de cinquante-six canons et mortiers, en même temps que ses vaisseaux ouvrirent le feu du côté Nord, la défense ne fut plus possible. On signa une capitulation (18 mai) d'après laquelle la garnison, forte de onze cent quatre-vingts hommes, devait être transportée à Kalamata aux frais des assiégeants.

La sombre méfiance des assiégés fit retarder encore de cinq jours l'évacuation du fort. Mais bien qu'on accusât les soldats du pacha d'avoir été assez barbares pour faire mourir de faim quelques Grecs à Sphakteria, après les avoir bâillonnés (1), afin de se venger ainsi de ce qui s'était fait en 1821 (Cf. t. XII, p. 198), Ibrahim avait les meilleures raisons pour conclure ses traités avec modération et pour les exécuter loyalement. Et même, lorsque, sur un seul point, il agit contre la capitulation, en retenant auprès de lui Giatrakos et Georgios Mavromichalis, sous le prétexte de vouloir les échanger contre les deux pachas qui étaient encore prisonniers à Nauplia (Cf. t. XII, p. 275), il ne faut pas expliquer ce fait par la volonté arbitraire d'un vainqueur sans pitié. Il

---

(1) Cf. Prokesch : *Denkwürdigkeiten*, t. II, p. 515.

enlaçait le jeune Mavromichalis d'un réseau de propositions amicales et lui fit l'offre flatteuse de le prendre à
son école; de même, pendant qu'on négociait encore,
il avait déjà voulu déterminer le délégué Makriyannis à
entrer à son service, en le tentant par l'appât d'un brillant avenir. Il chercha ainsi à assiéger et à miner la
fidélité de ces hommes influents dès que la première
occasion s'en offrit; mais il la trouva bien défendue par
les remparts du patriotisme et par les mines de la ruse
et de la finesse.

Ibrahim espérait que le libre départ des garnisons
exercerait également une influence salutaire et calme-
rait les populations. Il lui importait peu qu'il augmentât
ainsi le nombre des défenseurs du pays. Sa flotte était
déjà de nouveau en route pour embarquer un corps de
troupes albanaises à Souda. En outre, ce qu'il avait
obtenu dans le Péloponèse, lors de son premier élan,
pouvait lui ôter toute inquiétude. Agissant tout autrement que ne le fit Dramali lors de son invasion, il s'était
emparé, par la prise de Navarin, de la clef principale de
la Péninsule; elle lui ouvrait les accès de toute la côte
occidentale, où aucune forteresse n'arrêtait plus ses progrès et où des plaines nombreuses ouvraient un vaste
champ à l'action de sa cavalerie. Il s'appuyait ainsi sur
le triangle formé par les forteresses de Modon, de Koron
et de Navarin; il possédait un excellent et vaste port,
bien pourvu de magasins abondamment garnis et de
bâtiments qui l'approvisionnaient; enfin, il avait assuré
ses communications avec Kreta et avec l'Égypte, communications qu'à l'avenir la flotte grecque ne devait
plus interrompre d'une manière efficace.

La flotte grecque.

Après son heureux coup de main à Modon, Miaoulis avait songé à détruire le reste des vaisseaux égyptiens dans ce port à l'aide de nouveaux brûlots dont il se munissait (1). Avec une sollicitude incomparable il s'appliquait, pendant tout ce temps, à remplir les devoirs que lui imposaient ses fonctions difficiles et ne quittait jamais son poste, près du couronnement du vaisseau amiral. En doublant le cap Matapan (26 mai), il rencontra la flotte d'Ibrahim qui retournait à Souda. Il put bien s'apercevoir de la consternation que causait cette rencontre aux Égyptiens, mais il eût été inutile de vouloir les attaquer ; les circonstances n'étaient pas favorables à une action des brûlots, et l'amiral grec n'avait que trente-quatre petits bricks à opposer aux cinquante voiles ennemies, parmi lesquelles on comptait onze frégates et de nombreuses corvettes.

Lorsque, après avoir observé l'ennemi pendant plusieurs jours, Miaoulis vit une brise favorable s'élever, il ordonna aux brûlots d'avancer ; mais leurs capitaines furent assez lâches pour rebrousser chemin au moment de l'attaque. Ensuite le manque de provisions de bouche força l'amiral grec à retourner dans la baie de Vathiko, de sorte que les Égyptiens arrivèrent sains et saufs à Souda. Miaoulis était sur le point d'aller les y chercher, lorsqu'il reçut, à son grand effroi, la nouvelle du départ de la flotte turque.

Chosrev-Pacha avait quitté les Dardanelles (24 mai), monté sur un vaisseau amiral neuf de soixante-six canons

_____

(1) Emerson (dans l'ouvrage cité) rapporte, comme témoin oculaire, toutes les opérations de la flotte grecque pendant cette campagne.

et suivi de la flotte byzantine, afin d'apporter le matériel
de siége nécessaire à l'armée qui opérait dans l'Hellade
occidentale. Chemin faisant, il rencontra la seconde division de la flotte grecque, commandée par Sachtouris, qui
était toujours heureux dans ses entreprises ; les Turcs la
trouvèrent d'abord (28 mai) entre les îles de Tenedos et
de Lemnos, et ensuite (1er juin) dans le canal Doro (près
du cap Kaphareus), entre l'Eubée et l'île d'Andros. Il s'y
engagea un combat de longue durée : l'aile droite des
Turcs finit cependant par être rompue ; le vaisseau amiral qui avait été déjà auparavant endommagé et que
Chosrev avait quitté, fut saisi par deux brûlots qui le
firent sauter avec huit cents hommes et avec le trésor de
la flotte ; l'aile gauche battit aussi en retraite, lorsque le
capitaine de brûlot Boutis y détruisit une corvette. La
flotte turque fut entièrement dispersée ; mais le kapoudan-pacha, s'enfuyant dans la direction Sud, s'échappa
à Souda (8 juin).

Informé de ces heureux événements, Miaoulis opéra
sa jonction avec Sachtouris, près de Phalkonera, d'où ils
partirent (5 juin) pour l'île de Milos, afin de s'y approvisionner et de faire ensuite voile pour Souda avec
soixante ou soixante-dix vaisseaux. Un bâtiment, envoyé
en observation, leur avait appris que la flotte turco-
égyptienne y était mouillée en une masse confuse au pied
de la forteresse vénitienne qui, située sur des rochers élevés, protége le golfe profond et sûr de Souda (à trois
lieues de Chania), aussi bien que la plaine environnante
qui portait jadis des arbres magnifiques, mais qui, à ce
moment, n'était couverte que des tentes grises des Arabes.

Lorsque les Grecs, retardés par le mauvais temps et
par l'indolence de leurs marins, arrivèrent devant Souda

(12 juin), ils trouvèrent la flotte, avertie probablement
par une goëlette française (1), dans une tout autre position que celle qu'on leur avait indiquée dans le rapport.
Les vaisseaux ennemis étaient rangés en quatre groupes
séparés, de sorte que si les Grecs avaient eu même les
plus beaux succès dans une attaque contre une de ces
divisions, les trois autres devaient nécessairement toujours rester intactes.

Néanmoins, profitant d'une légère brise du Nord-Est,
Miaoulis fit attaquer (14 juin) une de ces divisions,
composée de quarante bâtiments de diverse nature. Deux
brûlots s'accrochèrent à une corvette, qui fut dans un
clin d'œil enveloppée de flammes; un troisième brûlot
qui, conduit par Georgios Politis, se jeta sur une frégate
à l'entrée du port, vit cette proie s'échapper, parce
qu'il n'avait pas assez de vent. Lorsque les conducteurs
du brûlot voulurent s'enfuir dans leur chaloupe, ils furent
entourés par les ennemis, montés sur des barques armées; mais ils se frayèrent vaillamment un chemin à
travers leurs adversaires, peut-être trente fois plus forts
en nombre. Les vaisseaux turcs, faiblement poursuivis
par les Grecs, à cause du peu de vent qu'il faisait, se
retirèrent tous dans le port; mais les Grecs furent dispersés immédiatement après (17 juin) par une violente
tempête. Le cœur navré, Miaoulis dut renoncer à cette
entreprise qui avait donné tant d'espérances et qui était
d'une importance vraiment capitale.

La flotte égyptienne, forte de quatre-vingts voiles,
partit de Souda (23 juin) pour faire son quatrième voyage.
Dans le voisinage de Cerigo (Kythera), Miaoulis la ren-

---

(1) Cf. Emerson, t. 1ᵉʳ, p. 224.

contra de nouveau sur son passage. Mais d'abord le temps calme l'empêcha de faire les mouvements nécessaires, et lorsqu'il réussit à saisir un moment favorable pour l'attaque, trois brûlots se consumèrent encore inutilement; pendant ce temps, les renforts destinés à l'armée d'Ibrahim, renforts qui étaient conduits par Housseïn-Bey et accompagnés par le kapoudan-pacha, arrivèrent en sûreté à Navarin (5 juillet).

Peu de temps après ces opérations de Miaoulis, Manolis Tombazis conçut l'idée hardie de détruire les armements des Égyptiens dans le port même d'Alexandrie. Il fit son apparition devant la ville n'ayant avec lui que deux vaisseaux de guerre et trois brûlots, commandés par Kanaris, Vokos et Boutis (10 août). On l'a blâmé d'avoir négligé d'attaquer un groupe de vaisseaux placés très-favorablement pour une attaque, à l'entrée du port, d'où ils auraient facilement propagé l'incendie, et d'être, avec ses brûlots sous pavillon franc, plutôt entré tout droit dans le port pour s'approcher du palais du pacha, où se trouvaient à l'ancre le vaisseau amiral et quatre grandes frégates. Avant que Kanaris atteignît le but qui lui avait été assigné, un vent contraire, s'élevant tout à coup, déjoua ce projet, qui, s'il eût réussi, aurait mis en péril, avec la flotte ennemie et les bâtiments marchands des Francs, peut-être la ville elle-même. Kanaris dut incendier son propre brûlot, qui fut poussé contre un groupe de vaisseaux, et il s'échappa avec les deux autres, sous le feu de tous les vaisseaux égyptiens, pour rejoindre les bâtiments d'escorte commandés par Manolis Tombazis.

On aurait dit que la mauvaise fortune et la fatalité devaient dès lors s'attacher nécessairement à toute entre-

prise de la flotte grecque, dès qu'elle était dirigée contre
les Égyptiens. Tous les amis des Grecs étaient pénible-
ment surpris en voyant la tournure funeste que prenaient les affaires. On chercha, pour l'expliquer, des
raisons cachées et éloignées, bien que les véritables
causes fussent très-apparentes et qu'on n'eût pas à les
chercher au loin. Diminuée d'un tiers de son nombre
d'autrefois, la flotte grecque avait en face d'elle un
ennemi qui, déjà auparavant bien plus fort qu'elle, avait
à ce moment doublé ses forces et lui était dix fois supérieur par sa capacité stratégique, par sa discipline et par
ses approvisionnements. Grâce aux moyens despotiques
employés par la prévoyance de leur chef, les Égyptiens
ne manquaient de rien de ce qui leur était nécessaire
pour leurs opérations. Au contraire, en quatre semaines,
la flotte de Miaoulis avait dû rentrer cinq fois dans les
ports, afin d'embarquer des provisions qu'on ne trouvait
nulle part, dans les petites îles, en grandes quantités, et
qu'on commençait, à cette époque, à cacher dans le
Péloponèse, où, depuis le débarquement des Égyptiens,
de grandes étendues de terrain restaient incultes. Quand
on demandait à Miaoulis pourquoi tout à coup les succès
avaient manqué, il indiquait simplement comme cause
l'immense supériorité des Égyptiens et des Européens qui
les aidaient en disant : « Il est impossible qu'un petit
« chien lutte contre plusieurs tigres. »

Depuis longtemps on savait par expérience que la
discipline militaire d'une flotte marchande ne peut tenir
contre une marine militaire bien conduite. Les bricks
grecs, propriétés particulières de marchands, avaient
presque toujours essayé d'imposer de loin seulement
par leur nombre et par leur apparition. En effet, leurs

propriétaires prudents étaient ennemis de toute entreprise hasardée, tandis que les capitaines, qui ordinairement avaient de nombreux parents dans leur équipage,
ne voulaient pas exposer leur famille, et que les matelots eux - mêmes, suivant l'organisation démocratique
dans les îles, avaient à donner leur consentement pour
toute entreprise importante. Sous le rapport matériel,
ces navires marchands étaient beaucoup trop faibles pour
entrer en lutte avec des vaisseaux de guerre. Quant à
des navires plus grands, on n'en possédait pas, et toutes
les fois qu'on avait pu en prendre à l'ennemi, on avait
préféré les brûler; en effet, dans le premier cas de ce
genre qui s'était présenté, on avait vu qu'il en serait né
des contestations inextricables au sujet du droit de propriété sur ces prises.

C'est pourquoi tous les succès avaient été remportés
jusqu'alors exclusivement par les brûlots. On en avait
fortement augmenté le nombre, de même qu'on les avait
perfectionnés d'une manière extraordinaire, quand on
les comparait avec leur première organisation grossière.
Toute la cale était enduite d'une forte couche de gou-
dron et doublée pour ainsi dire d'ajoncs secs qu'on avait
auparavant trempés dans de la poix et dans de l'huile
et saupoudrés ensuite de soufre; le long du pont courait
une rangée d'écoutilles; au-dessous de chacune d'elles
on plaçait un baril rempli de poudre qui, en sautant,
ouvrait la trappe de l'écoutille et qui, en donnant ainsi
de l'air et une issue aux flammes, empêchait une explosion trop rapide du pont. En haut, toutes les cordes et
toutes les voiles étaient goudronnées, et au bout de
chaque vergue il y avait un crochet en osier tressé qui,
une fois enchevêtré dans les cordages d'un vaisseau

ennemi, lui rendait la fuite presque impossible. Quand
le moment décisif de l'attaque approchait, on hissait
toutes les voiles afin d'augmenter les flammes; à l'instant
même où le brûlot touchait le vaisseau ennemi, on allu-
mait l'étoupille qui liait entre elles toutes les parties du
bâtiment incendiaire, de sorte que, après avoir fait sauter
toutes les écoutilles, le feu envahissait dans un clin d'œil
tout le brûlot, depuis la proue jusqu'au tableau.

Cette arme terrible possédait, à cette époque, des conducteurs encore plus téméraires que jamais dans les
Psariotes qui venaient de perdre leur patrie; ils ne mé-
nageaient pas non plus ces bâtiments, puisqu'ils étaient
propriété de l'État et qu'ils étaient dès le principe voués
à la destruction. Néanmoins, l'expérience confirma
encore dans cette campagne maritime ce qu'on avait
déjà observé dans la campagne précédente : en face de
la discipline européenne des Égyptiens, quelque faible
qu'elle fût, l'efficacité de cette arme diminuait de plus
en plus, et le courage hardi des conducteurs de brûlots
s'affaiblissait de jour en jour devant la trop grande supériorité des forces ennemies. Par cette raison, on avait
songé à faire de grandes modifications dans la marine
grecque, à engager un amiral européen et à se procurer
des vaisseaux plus grands et principalement des bateaux à
vapeur dont l'emploi semblait surtout être indiqué par les
calmes si fréquents dans ces parages.

Dès l'année précédente, le plus dévoué et le plus
capable de tous les philhellènes au service des Grecs,
le capitaine Frank-Abney Hastings avait présenté au
gouvernement un Mémoire (1), dans lequel il avait recom-

_____

(1) Cf. George Finlay : *History of the Greek revolution*. London, 1861.

mandé d'armer un bateau à vapeur avec quatre pièces
de gros calibre, afin de relever la marine, dont la re-
nommée, la force numérique et la capacité baissaient de
plus en plus: Il avait promis d'y contribuer lui-même
pour une somme de mille livres sterling, et ce fut sur
ses vives sollicitations que le gouvernement, dès qu'il
put espérer la réalisation du second emprunt anglais
(24 août 1824), donna ordre à ses agents à Londres
d'en appliquer une partie à cette transformation de sa
flotte.

La piraterie.

Non-seulement le moment où la marine grecque devait trouver son salut à l'étranger était nécessairement
ajourné à un terme assez éloigné, mais, en outre, la
puissance maritime de la Grèce était minée, à cette
époque et dans son voisinage immédiat, par un mal qui
s'était développé depuis longtemps déjà et qui ne fut pas
une des moindres causes de sa ruine soudaine. La lutte
maritime entre les Turcs et les Grecs avait pour théâtre
les eaux de la mer Blanche, fameuses de tout temps par
les facilités que les marins y trouvent à devenir pirates
et à donner à une marine régulière des allures sauvages.
De nombreuses baies et les déchirures dans les rochers
des côtes y offrent aux barques légères des corsaires,
dans les îles sans nombre et sur l'immense étendue du
littoral des continents, autant de retraites sûres où de
grands vaisseaux armés ne peuvent les suivre, de même
que les montagnes de l'intérieur favorisaient la *kleph-
touric* par leurs hauteurs et leurs cavernes inacces-
sibles.

Sous la domination anarchique des Turcs cette piraterie
n'avait presque jamais entièrement cessé. Des hommes

hardis à tout oser, qui se familiarisaient avec les dangers
auxquels les exposaient les vents et les mauvais temps, à
mesure et à proportion qu'ils perdaient l'amitié des
hommes et qu'ils n'avaient plus à compter sur leur pitié,
s'emparaient d'un *mistik* et visitaient, en les pillant,
toutes les côtes amies ou ennemies, ou encore ils se
tenaient aux aguets dans les petites criques, derrière les
rochers, pour s'en élancer sur quelque bâtiment marchand
qu'un calme retenait immobile. Les Grecs, qui n'avaient
pas le droit de se défendre de leur autorité privée contre
ces brigands, avaient toujours mieux aimé se laisser dé-
pouiller en silence par leurs propres frères, que d'in-
voquer contre eux le secours de leurs maîtres turcs, qui
n'auraient pu, en tout cas, y apporter que des remèdes
passagers et qui n'auraient appelé sur eux qu'une vengeance plus terrible encore.

Dès la première explosion de l'insurrection (1821-1822),
ces corsaires, dont les équipages ne comptaient pas
moins d'Ioniens, de Dalmates et d'Italiens que de Grecs,
avaient commencé à infester les eaux de la Grèce en
nombre plus considérable. Cependant leurs méfaits s'é-
taient bornés à de petites déprédations commises en
secret, et bientôt ces petits flibustiers avaient été entièrement effacés par les croiseurs. Ces derniers étaient munis
de lettres patentes données par le gouvernement qui les
destinait à maintenir un blocus dès qu'il avait été notifié,
et à visiter, suivant la coutume anglaise, tous les navires
des neutres, afin de s'assurer qu'ils ne portaient pas de
contrebande de guerre pour les Turcs.

Quelle que fût l'attitude prise à l'égard de la Grèce par
leurs gouvernements, la plupart des navires francs osaient
rarement forcer un blocus efficace et observaient toujours

une grande prudence et beaucoup de mesure, quand ils prêtaient leurs services aux Turcs. Seule, la marine marchande autrichienne, dont le commerce dans le Levant avait, à cette époque, beaucoup plus d'importance que celui d'aucun autre pays, allait sous ce rapport son propre chemin, comme le faisait son gouvernement. Le prince Metternich, qui, envers les odieux rebelles, ne voulait pas maintenir l'idée de la neutralité et qui provoquait ainsi continuellement les plaintes de Canning, Metternich, disons-nous, avait formellement proclamé (1822) le principe qui n'avait jamais été généralement accepté, à savoir que les bâtiments des neutres rendaient leur cargaison neutre et la protégaient.

Comptant sur la puissance et la parole de leur gouvernement, aussi bien que sur la solidité des Chambres d'assurances à Trieste, des armateurs, des affréteurs, des capitaines et des négociants autrichiens s'étaient mis en beaucoup plus grand nombre que les sujets d'autres États au service de la Porte et s'étaient prêtés à faire des transports de munitions de guerre et de troupes pour elle, abdiquant ainsi complétement le caractère de vaisseaux neutres. C'est pourquoi les Grecs donnaient assidûment la chasse à ces navires effectivement belligérants qui, avec le principe proclamé, n'auraient pu être protégés que par la force ouverte et par une puissance considérable. Mais cette dernière faisait entièrement défaut à la marine militaire de l'Autriche, dont les marins anglais parlaient avec le même mépris que des forces maritimes de la Turquie. Les commandants de l'escadre autrichienne osaient rarement employer la force, parce qu'ils craignaient que leurs ressources ne fussent pas suffisantes ; c'est pourquoi l'internonce recommandait souvent avec instances, mais toujours en vain, de faire respecter d'une manière rigoureuse le système qu'on avait adopté ou bien d'y renoncer.

Lorsqu'en 1824 des navires européens venaient en si grandes masses aider l'Égypte dans ses armements, le gouvernement grec, cédant à un mouvement d'amertume, publia ce décret du 20 juin (cf. p. 243) qui menaçait de destruction tous les bâtiments saisis avec de la contrebande de guerre à leur bord. Du côté du gouvernement anglais, il suffit d'un avertissement sérieux du lord haut-commissaire des îles Ioniennes (6 septembre) et des conseils amicaux donnés par les philhellènes anglais pour déterminer le gouvernement grec à remplacer le décret en question par un autre, proposé par Mackintosh et plus en harmonie avec les règles adoptées par les nations occidentales. Même sans cela les officiers de la marine anglaise avaient toujours moins de peine à protéger leur commerce légitime, tandis que, dans leur désir de se venger, les Grecs se tournaient avec d'autant plus de fureur contre la faible marine autrichienne.

Depuis la seconde moitié de l'année 1824, souvent excités et souvent repoussés par les Anglais jaloux, qui en voulaient à la puissance impériale, des croiseurs munis de lettres patentes et des pirates, étrangers à toute discipline, avaient pillé les bâtiments marchands autrichiens. Ils leur avaient fait d'autant plus de mal que le commerce lucratif dans le Levant était devenu plus considérable et qu'il occupait à cette époque peut-être de sept à huit cents navires autrichiens, au lieu de cent bâtiments seulement qui autrefois naviguaient dans ces mers.

En se mettant en contradiction ouverte avec le prin-

cipe adopté par l'Autriche, les commandants des stations
de l'escadre militaire durent s'abaisser à porter plainte
auprès du gouvernement grec (mai 1825). Bien qu'on
ne le reconnût pas, on le rendit cependant responsable
des actes commis par les pirates sans lettres patentes
contre lesquels l'Autriche, si elle était restée fidèle à sa
propre théorie, aurait dû avoir recours à la répression de
la Porte. Lorsque, après des négociations restées stériles,
on en vint à des actes de violence, le gouvernement
grec déclara que les Autrichiens agiraient comme ils
l'entendraient, que les Grecs feraient la même chose,
mais qu'on ne devait plus venir leur parler de droit.

Dès lors les dangers auxquels la marine marchande
de l'Autriche se trouvait exposée augmentèrent d'une
manière tellement excessive, que le cabinet de Vienne se
vit obligé de l'exhorter à de plus grandes précautions.
Effectivement, à cette époque, les choses en étaient déjà
venues à un tel point, que même les efforts réunis des
gouvernements de la Grèce et de la Turquie n'auraient
plus été en état de dompter cette hydre, la piraterie,
sans l'assistance commune des puissances franques.

Depuis l'apparition de l'Égypte sur le théâtre de la
guerre, depuis la réduction de l'île de Kreta et depuis la
chute de Psara et de Kassos, le désespoir s'était emparé
de tous les insulaires, chassés une seconde fois par les
Turcs : tous les réfugiés de Chios, de Kydonia, des
contrées de l'Olympos et de la Thessalia, qui, depuis trois
ans, avaient traîné une misérable existence, furent poussés
par la détresse dans les bras des pirates. Les Psariotes,
qui mouraient de faim dans les îles de Syra et d'Aigina,
y avaient dépouillé, comme une nuée de sauterelles, tous
les arbres de leurs feuilles pour avoir de quoi manger;

la misère la plus affreuse pénétra jusque dans les îles, autrefois si riches, qui avaient eu l'hégémonie de la mer.

Il est vrai qu'à l'est et à l'ouest on raillait amèrement et qu'on maudissait l'égoïsme grossier des matelots qui, dans les moments où la patrie courait les plus grands dangers, se refusaient à prendre la mer sans avoir reçu de solde. Mais que pouvaient faire ces malheureux, en proie au désespoir, quand leurs femmes et leurs enfants les entouraient en leur demandant du pain à grands cris, et quand, en partant, ils ne pouvaient rien leur laisser pour leur subsistance? Dès que ces moyens de pourvoir à leur existence leur manquaient, les matelots entraient dans les rangs des forbans, et enlevaient ainsi à la flotte les cœurs et les bras des hommes les plus téméraires. Bientôt la désertion fut poussée à un tel point que les capitaines se séparèrent de la flotte en escadres entières, afin de faire des excursions de corsaires pour leur propre compte.

Sur les rochers de Grabousa, situés près de la côte orientale de l'île de Kreta, et dont dix-sept Kretois, venant de Kythera, s'étaient emparés pendant l'été de 1825, on vit se réunir des milliers de pirates qui exécutaient les expéditions les plus audacieuses et qui entassaient dans cet îlot des valeurs et des trésors énormes. Leurs succès aiguillonnaient la cupidité de tous ceux qui manquaient du nécessaire et enfin même celle des honnêtes gens. Les Olympiens, dans les Sporades, se procuraient du bois des hauteurs du Pelion et forçaient les constructeurs de navires à leur faire des barques de corsaires.

Les vaisseaux d'habitants notables d'Hydra et de Spetsia, à l'exception de ceux de quelques rares hommes d'honneur, exerçaient ce métier aussi impudemment

qu'aucun conducteur de *mistik* l'avait jamais fait auparavant. En effet, un esprit de désordre sauvage s'empara
dès lors même de la population de ces îles et se manifesta
dans plus d'une occasion. C'est ce qu'on vit dans les
scènes qui se produisirent à Spetsia lorsque la fameuse
Bobolina fut tuée d'un coup de feu dans une émeute
(juin 1825), ou encore dans l'île d'Hydra, lorsque, dans
une abominable boucherie, on massacra tous les Turcs
de l'île, pour les punir de ce qu'un Turc prisonnier, afin
de se venger, avait fait sauter le vaisseau d'Athanasios
Kriëzis.

Cet esprit se montra aussi d'une manière tout à fait
générale dans la brutalité et dans l'indiscipline de plus
en plus grandes des capitaines, dont les navarques ne pouvaient pas plus arrêter les progrès qu'ils ne savaient faire
cesser les désordres causés par les pirates. Tout l'Archipel
se remplit de ces hardis corsaires. Le théâtre principal
de leurs exploits était la partie de la mer comprise entre
l'île de Tenedos et les Dardanelles, de même qu'entre les
îles de Kypros et de Rhodos. En 1825, on croyait pouvoir compter environ quatre-vingts corsaires bien armés
et ayant à bord à peu près trois mille hommes. Le voyage
le plus court par mer était dangereux ; bientôt les Grecs
étaient aussi peu ménagés que les ennemis et les étrangers, et en peu de temps les choses en vinrent à un tel
point, que les barques n'étaient plus même en sûreté dans
le port de la ville où siégeait le gouvernement.

Le commerce du butin restait dès lors la seule branche
d'industrie lucrative. Les pirates, qui pillaient de la
manière la plus éhontée les navires francs, avaient le
front d'aller, sous pavillon russe, à Constantinople, afin
d'y jouir des fruits de leur brigandage. Un autre marché

s'ouvrit pour eux à Smyrne, pendant que l'île de Syra devenait une espèce de rendez-vous du commerce neutre, où, un an après l'arrivée des Psariotes réfugiés, s'éleva, à la place de leurs premières baraques sales, une nouvelle ville, Hermoupolis, qui est maintenant une place de commerce florissante et la seconde ville de l'État grec. On aurait pu croire que les anciens temps de la piraterie de Cilicie étaient revenus, temps où les rochers escarpés de Korakession servaient à la même industrie que Grabousa à l'époque qui nous occupe, et où Delos la Sainte, dont le proverbe disait : « Aborde, marchand ; décharge : tu « vendras tout! » jouait le même rôle que Syra au moment actuel.

Plus les affaires grecques s'embrouillaient, dans la suite, et prenaient un caractère sauvage, et plus aussi le nœud de cette anarchie confuse devenait inextricable. Moins les événements qui s'accomplissaient sur le théâtre de la guerre laissaient d'espérances, et plus les Grecs désespérés se sentaient entraînés à ramasser tout ce qu'il était possible de sauver encore dans cette ruine générale. Plus Canning devenait hostile à la politique suivie par l'Autriche en Orient, et plus les marins anglais se montraient indulgents envers ces désordres causés par les pirates. Plus la cour d'amirauté à Malte usait de ménagements à leur égard, en relâchant les corsaires capturés, et plus on semblait considérer cette excroissance de l'insurrection grecque comme un prétexte plausible pour une intervention en faveur des Grecs, précisément parce que la piraterie était ce qu'il y avait de plus hostile aux Francs dans tout ce soulèvement. Les Grecs, du moins, disaient eux-mêmes, avec la plus grande franchise, « que plus « ils se livreraient à la piraterie en grand, et plus l'An-

« gleterre serait disposée à agir pour leur liberté, et à
« le faire promptement, comme elle l'avait fait en Amé-
« rique ».

Irruption des Égyptiens dans l'intérieur du Péloponèse.

Le gouvernement grec regardait faire ces corsaires,
qui ruinaient sa marine, sans leur opposer la moindre
résistance ; mais il faut dire aussi que, vu l'état des
choses dans la Grèce continentale, il n'aurait pu rien y
changer. Tout ce qu'il pouvait faire, c'était de résister à
sa propre ruine. Depuis que les Rouméliotes avaient
quitté le Péloponèse, tout l'espoir du gouvernement reposait sur Petrobey, qui avait été nommé commandant
en chef de l'armée, bien qu'il ne fût pas homme de
guerre, et sur les Maïnotes, bien qu'on ne pût compter
sur eux que dans leurs montagnes.

Les milices, formées par les bourgeois et par les
paysans de la Morée, n'avaient confiance qu'en leurs
capitaines et leurs primats, à la captivité desquels elles
attribuaient la cause des succès des Égyptiens, succès
que, dans leur mécontentement, elles considéraient
comme une punition bien méritée pour le traitement
infligé à leurs chefs. C'est pourquoi il arrivait au gouvernement, de tous les côtés, des pétitions demandant
la mise en liberté de Kolokotronis, qui, en attendant sa
délivrance à Hydra, se laissait pousser la barbe. Mais
le gouvernement ne s'en montra que plus acharné à
tenir ces ennemis sous bonne garde, et il expédia à
Missolonghi l'ordre d'envoyer à Nauplia aussi les deux
Andreas et leurs compagnons, qu'on avait confinés dans
l'Hellade occidentale. Cependant le capitaine Tsonkas,
sous la garantie personnelle duquel ils avaient été placés, était plus fidèle à ses amis de longue date qu'aux

hommes de cabinet dans le gouvernement, et les laissa
s'enfuir à l'île de Kalamos; de là ils passèrent en Morée,
où, cachés dans le voisinage de Lala, ils offrirent leurs
services à l'assemblée législative.

Le gouvernement, qui venait de recevoir tout récemment (21 avril), la somme de 60,000 livres sterling,
provenant des deux emprunts contractés à Londres, crut
encore, à ce moment où il s'appuyait sur ses ressources
pécuniaires, pouvoir conserver sa puissance de parti politique, et ordonna, par conséquent, qu'on s'emparât de
ses adversaires opiniâtres. Mais les malheurs du pays
et les dangers qui le menaçaient donnaient à l'opinion
publique une force supérieure qui subjugua d'abord l'assemblée législative, de sorte qu'elle fut obligée de forcer,
à son tour, le gouvernement à montrer un esprit de con-
descendance et de réconciliation.

On proclama une amnistie générale (30 mai); les
primats de Vostitsa et de Kalavryta rentrèrent dans leurs
foyers; les prisonniers d'Hydra furent relâchés, et Kolokotronis, reçu à Nauplia avec des honneurs et avec des
démonstrations de joie, fut nommé général en chef. Les
habitants de la capitale avaient été sur le point de fouiller
la terre pour chercher des trésors enfouis; le vieux klephte
répondit aux discours avec lesquels ils l'avaient reçu,
qu'en revenant dans le pays il avait jeté à la mer toutes
ses rancunes. « Faites de même, dit-il; enterrez vos
« vieilles haines : ce sera le véritable trésor que vous
« déterrerez ! (1) »

A son appel, des milliers d'hommes armés accou-

---

(1) Cf. Graf Pecchio : *Gemaelde von Griechenland im Jahre* 1825.
— Deutsch hinter Belloc : *Bonaparte und die Griechen*, Leipzig, 1827.

rurent aussitôt. Il fit la proposition énergique de suivre,
pour les opérations militaires contre les Égyptiens dans
toute la Morée, la même politique efficace qui avait si
bien réussi à l'égard de Dramali, dans l'Argolis ; il con-
seilla de ne pas leur laisser un seul « nid » pour refuge,
de détruire Tripolitsa, cette « étable » inutile, et de
réduire les ennemis par la famine partout où ils se mon-
treraient. Mais ces terribles résolutions n'étaient que peu
goûtées à ce moment où Ibrahim était encore très-loin ;
où Dikaios, le ministre de l'intérieur, menaçait, avec
mille hommes, près d'Arkadia (Kyparissia), le flanc
gauche de l'ennemi, et où Petrobey, à Kalamata, pouvait attaquer le flanc droit. Afin de dégager les derrières
de son armée, Ibrahim marcha avec deux colonnes
d'abord sur Arkadia : l'une d'elles, longeant la côte,
prit la ville sans coup férir ; l'autre, commandée par le
pacha lui-même, suivit dans l'intérieur des terres un
chemin de la montagne, par Skarminka, où elle rencontra Dikaios, qui était retranché près de Maniaki, au
pied de la montagne de Hagia-Kyriaki.

Cet hétairiste d'un grand mérite (1) qui, dans la
guerre pour la patrie, avait renoncé à ses fonctions
sacerdotales pour se consacrer au métier des armes, qui
était davantage de son goût, combattait ici sur le sol
même de son pays, la Messenia. Ceux qui le connaissaient personnellement aimaient à le comparer à Alcibiade, à cause du mélange particulier qu'on trouvait en
lui de qualités brillantes et équivoques, de bravoure et

(1) Son véritable nom était Gregorios Phlessas ; le surnom de
Dikaios lui était resté depuis son séjour au couvent, pendant sa jeunesse.

de luxure, de noblesse de cœur et de débauche, d'une grande facilité à supporter les privations et d'un grand penchant pour la folle dépense. Dans l'opinion publique, cependant, l'aversion qu'inspiraient ses mœurs dissolues l'emportait sur l'estime ; néanmoins il expia tous ses défauts par la mort glorieuse qu'il trouva à cet endroit.

Abandonné par son avant-garde maïnote, qui s'enfuit honteusement à l'approche des Égyptiens, et entouré de trois cents hommes seulement, il imita le noble exemple des Georgakis et des Diakos, qui avaient préféré une mort honorable à une fuite honteuse. Pendant neuf heures, il soutint (1er juin) une lutte à la baïonnette et au sabre, lutte qui coûta la vie à six cents Égyptiens, jusqu'à ce qu'il succombât lui-même, avec Kephalas, avec deux parents de Petrobey et avec tous ses compagnons. « Quel « dommage qu'un tel guerrier ait péri ! » dit le pacha en baisant la tête de ce brave qui venait de tomber.

Sans s'arrêter, Ibrahim tourna à droite ; il parcourut, en la dévastant, la vallée du Pamissos (9 juin) jusqu'à Kalamata, ville qu'il brûla avec d'autres endroits du voisinage ; puis, en profitant promptement de ses victoires, il se prépara à pénétrer dans l'intérieur du pays et à s'avancer, par Leontari, jusqu'à Tripolitsa. Kolokotronis, qui était accouru à Leontari, fit occuper, à droite et à gauche de cet endroit, Tsami et le défilé de Makryplagi ; mais les Égyptiens, conduits partout dans leur marche rapide et sûre par des guides corrompus qui connaissaient bien la localité, le prévinrent et firent une attaque contre son flanc gauche, en occupant Poliani.

Kolokotronis, qui était à portée, puisqu'il se trouvait à Akovon, hâta l'arrivée de ses troupes, qui s'avançaient à sa suite, et plaça Giatrakos, qui arriva le premier avec les Lakoniens, près de Dirachi. Ceux qui venaient ensuite, sous les ordres de son fils Gennaios et de son beau-frère Koliopoulos, furent postés par lui dans les ravins des alentours. Une lutte très-vive s'engagea (18 juin) d'abord avec ces derniers, sans que le corps principal des Grecs, qui redoutait les cavaliers et les obusiers de montagne du pacha, y prît la moindre part.

Giatrakos, qui quitta sa position pour se porter à leur secours, fut battu et reçut une blessure. Gennaios tint ferme jusqu'à la nuit; mais le lendemain les Égyptiens mirent d'abord les Arkadiens en fuite (19 juin), puis ils envoyèrent leur cavalerie dévaster le pays jusqu'à Leontari, et culbutèrent partout les Grecs, qui se retirèrent dans la direction de Karytaina. Le pacha ne trouva plus d'obstacles dans sa marche sur Tripolitsa. Kolokotronis y envoya l'ordre de mettre le feu à la ville; mais le vainqueur, que rien ne pouvait arrêter, était déjà trop près d'elle.

A peine eut-on commencé à exécuter les ordres du chef klephte, qu'Ibrahim atteignit la ville (22 juin). Mais là encore il ne permit pas à ses troupes de se reposer, et s'avança sans délai dans la direction de Nauplia. Lorsqu'en arrivant dans les environs du village aux Moulins (Myloi) il mit le pied sur les hauteurs qui dominent le golfe d'Argos, il s'écria, plein de confiance et rempli de joie à la vue des îles, en étendant la main dans la direction de l'île d'Hydra : « Ah! petite Angleterre, combien de temps m'échapperas-tu encore! »

C'était un moment pareil à celui où Dramali était arrivé à Argos, et où il menaça le château et les moulins de Lerna. Au moment qui nous occupe, de même qu'à cette époque-là, Ypsilantis, qui avait été relégué au second plan, se plaça au premier rang de ceux qui voulaient sauver la ville. Muni de barques pour la retraite, et accompagné de Makriyannis et de Konstantinos Mavromichalis, avec trois cents hommes à peine, il se jeta dans le village aux Moulins, où il y avait de grands magasins de blé dont l'ennemi ignorait heureusement l'existence.

De Rigny, dont les vaisseaux étaient mouillés dans le golfe d'Argos, se rendit à Lerna, pour détourner cette poignée d'hommes d'une défense qui ne pourrait qu'attirer la ruine sur eux. « Eh bien ! alors nous mourrons ! » dit Ypsilantis à l'amiral. De Rigny resta pour assister à cette lutte, qui le remplit d'admiration. La petite troupe repoussa avec intrépidité les trois colonnes d'Égyptiens qu'on lança contre elle, et enleva ce jour-là au pacha sa réputation d'homme invincible, réputation que lui avaient conservée jusque-là ses cavaliers, ses baïonnettes et ses obusiers.

Ibrahim, qui était parti pour Argos, envoya de là (27 juin) une partie de sa cavalerie pour faire une reconnaissance dans le voisinage de Nauplia, la capitale, qui, privée de conseils, pleine de confusion, mal gardée et regorgeant de gens sans aveu et sans discipline, semblait devoir succomber inévitablement dès la première attaque hardie. Néanmoins, Ibrahim se retira à Tripolitsa sans avoir même tenté la fortune de ses armes. Cette conduite était pour tout le monde une énigme que toutes les explications ne suffisaient pas à expliquer. Était-ce que, dépourvu d'artillerie de siége et de bâtiments pour bloquer la ville, et avec son armée réduite, il reculât devant ce siége, comme devant une entreprise hasardeuse et par trop téméraire? ou avait-il espéré que des traîtres viendraient à son secours et hésita-t-il, lorsqu'à

leur place il rencontra une troupe de cavaliers boulgares et serbes qui firent une sortie contre lui, et qu'il
apprit qu'un philhellène français, le colonel Fabvier,
avait été chargé de la défense de la ville? Ce qui le décida, c'étaient des faits et des bruits d'une tout autre
nature et qui lui faisaient redouter la présence de combattants philhelléniques d'un tout autre genre à Nauplia.

La veille du jour où il commença sa retraite, le com-
modore anglais Hamilton était venu le voir dans son
camp. Le commandant de l'escadre anglaise en station
dans ces parages avait jusque-là toujours pratiqué avec
une grande humanité la neutralité qui lui avait été pres-
crite; par cette conduite, il s'était conservé l'estime égale
des deux parties belligérantes, bien que partout où il
avait été en contact avec les Grecs il se fût montré pour
eux un ami généreux, sincère et toujours fidèle. Le
peuple, avec une confiance aveugle, l'adorait comme son
idole; les chefs l'écoutaient comme un oracle et plus
encore qu'un Blaquière et un Byron. Connaissait-il ou
pressentait-il seulement la politique encore indécise de
Canning? Était-il porteur d'instructions plus précises et
en harmonie avec cette politique, ou se les donnait-il à
lui-même? N'avait-il, comme le supposait Metternich,
que des instructions vagues, auxquelles il donnait, de
sa propre autorité, une interprétation hasardée? Personne ne le savait. Mais son attitude montrait un tact si
fin, qu'on l'entourait de respect comme la personnifica-
tion de la politique et de la puissance de l'Angleterre
présente en Orient.

Or ce fut cet homme-là qui, au moment du plus
grand danger dont Nauplia était menacée, avait mysté-
rieusement fait annoncer sa visite à Mavrokordatos, et

qui ensuite était entré dans le port avec deux frégates et une corvette (20-22 juin). Sa seule apparition était une consolation ; ses conseils, donnés ouvertement, étaient un encouragement ; ses avertissements vagues et secrets, le salut. On se disait qu'il avait consenti à arborer, dans le cas d'un danger extrême, le drapeau anglais à Nauplia et dans les îles. C'est ce que Prokesch manda dans son rapport adressé à la cour de Vienne (17 juillet). Ibrahim apprit qu'on recueillait dans la ville des signatures pour un document en vertu duquel la Grèce se plaçait sous la protection de la Grande-Bretagne. Cette démarche équivalait, aux yeux du pacha, fils de l'Orient, à un fait déjà accompli. En effet, d'après ses idées, il n'aurait pas su comprendre que l'Angleterre pût refuser ce qui lui était offert spontanément, tandis que lui, Ibrahim, était prêt à employer toutes les ressources que lui offrait son pays pour l'obtenir par la force des armes.

Peu de jours après avoir reçu ces informations (29 juin), le pacha revint au point central, à Tripolitsa. Kolokotronis l'y entoura d'un vaste réseau de corps armés, dans le dessein de renouveler les scènes de 1821, de l'enfermer dans cette capitale et de le réduire par la famine. Les Kalavrytiniens, commandés par Nikitas et les Andreas, campaient près de Levidi ; les Karytainiens, sous les ordres des Kolokotronis, étaient placés à Chrysovitsi ; les habitants d'Argos se trouvaient à Tsipiana, au pied du Malevo (Artemission), et Ypsilantis occupait Vervena avec les Lakoniens. Le vieux Kolokotronis, qui. était à Chrepa, y provoqua le combat trop précipitamment, en poussant en avant, sur les hauteurs du Trikorpha, son fils Gennaios qui avait pris position entre son père et Koliopoulos à Valtetsi.

On y engagea la lutte (5 juillet); mais elle n'eut pas la même issue que la bataille de Valtetsi, en 1821. Lorsque les Égyptiens attaquèrent le centre sur le Tri-korpha, Koliopoulos descendit, à la vérité, dans la plaine, pour porter secours à son neveu Gennaios; mais la cava-lerie ennemie balaya ses gens. Malheureusement, comme autrefois à Valtetsi, les troupes restèrent à Vervena sans faire le moindre mouvement, ce qui permit à Ibrahim de jeter ses forces, sans les diviser, sur ce seul endroit.

Dans un combat brillant qui dura neuf heures, Gen-naios défendit ses retranchements, lorsque enfin les enne-mis tournèrent son aile gauche et attaquèrent les Kala-vrytiniens, qu'ils mirent en fuite. Quatorze capitaines notables tombèrent dans cette bataille, après laquelle les Péloponésiens n'osèrent plus paraître devant Ibrahim en rase campagne. Une terreur panique s'empara de toute la Péninsule. Renforcé par de nouvelles troupes que lui amenait son beau-frère Housseïn-Bey, Ibrahim se jeta ensuite, en premier lieu, sur les Grecs, com-mandés par Kolokotronis. Il les atteignit dans leur fuite près d'Alonistena, et les repoussa jusqu'à Magouliana, où il atteignit de nouveau l'armée grecque, qu'il dispersa complétement. Ensuite il se jeta sur le corps de troupes commandé par Ypsilantis et placé près de Vervena. Près de Doliana, où, quatre ans auparavant, Nikitas avait cueilli ses premiers lauriers, un unique bataillon, qui arriva le premier (8 août), commença à faire battre le tambour; à ce bruit, les Lakoniens et les Maïnotes se débandèrent aussitôt et rentrèrent tous dans leurs pays.

Ce fut un moment de désespoir général, comme dans la première année, lorsque les Grecs avaient été dispersés à Karytaina. Les Égyptiens n'avaient plus qu'à se montrer.

pour que les Grecs tout éperdus prissent aussitôt la fuite. De retour à Tripolitsa (27 août), Ibrahim fit de cette ville, la torche en main, des excursions jusqu'à Monem-vasia, à Mistra et à Marathonisi, et plus tard même en Messenia (septembre-octobre). Partout il était suivi de Kolokotronis, qui rôdait autour de lui avec ses guerillas, et qui fit entourer encore une fois, de tous les côtés, la ville de Tripolitsa, afin de l'attaquer avec toutes les forces réunies; mais rien ne réussit plus aux Grecs. Lontos songea à prendre par un coup de main cette ville, en agissant conjointement avec Fabvier, qui devait venir de Nauplia; mais le jour où il allait exécuter ce projet (18 septembre), ses gens refusèrent de le suivre.

Georgios Mavromichalis, qui avec Giatrakos avait été échangé contre les pachas, retenus prisonniers à Nau-plia, avait pendant sa captivité ébloui Ibrahim par l'es-pérance chimérique que le Maïna allait se soumettre. Rendu à la liberté, il continuait à entretenir cette illusion dans l'esprit du pacha, et il lui envoya une lettre par Chrysanthopoulos qui devait l'assassiner. Mais on n'admit ce messager qu'après lui avoir ôté ses armes, et il dut s'en revenir sans avoir obtenu de résultat. Tous les pro-jets des Grecs furent ainsi déjoués. Pour la première fois, la griffe du conquérant resta enfoncée dans cette proie du Péloponèse, même après la fin de la campagne et pen-dant tout l'hiver.

L'Hellade orientale et occidentale.

Comme les Égyptiens dans la Morée, les Turcs aussi tenaient, cette fois, leurs griffes enfoncées dans la Grèce continentale du Nord. On vit s'y répéter, avec quelques modifications, les mêmes projets de campagne que dans les années précédentes. Seulement c'était un autre rou-

mili-valessi qui dirigeait, cette fois-ci, l'entreprise principale. C'était le vaillant Rechid-Mehmed-Pacha qui, par
la victoire de Peta, avait commencé sa carrière remarquable dans laquelle il allait s'élever peu à peu jusqu'à
la position de ministre, et obtenir une puissance telle
qu'aucun serviteur de la Porte n'en avait possédé depuis
les temps des Kœprili.

Chrétien de naissance, fils d'un prêtre géorgien, ayant
embrassé l'islamisme dans son enfance, lorsqu'il était
encore esclave, et étant parvenu dès sa jeunesse à un
grade élevé par la faveur de Chosrev, Rechid avait combattu jusqu'à la chute d'Ali, devant Ianina, sous les
ordres d'Ismaël-Pacha. Puis il était devenu pacha de
Kioutahieh, d'où lui venait le nom de *Kioutachi* par
lequel les Grecs le désignent ordinairement. Depuis que
les Turcs avaient échoué dans le premier siége de Missolonghi, Rechid n'avait pas été employé contre les Grecs.
Mais au moment actuel, où l'on avait commencé à connaître la réserve égoïste d'Omer-Vrione et l'incapacité
des autres pachas, on fit passer Omer d'Ianina à Saloniki,
et l'on nomma Rechid roumili-valessi, en lui donnant les
pouvoirs les plus illimités.

Dans le désir ambitieux de se signaler au sein de la
Grèce continentale, et en face des Égyptiens, par des
exploits dignes d'être comparés à ceux d'Ibrahim, la
Porte avait mis toutes ses ressources à la disposition de
cet homme qui, ambitieux lui-même, entreprenant, actif
et persévérant, était un adversaire des plus dangereux
pour les Grecs. Homme plein de dissimulation, tel qu'on
en voyait rarement, il cachait, sous des manières enga-
geantes et sous des traits pleins d'esprit et de bienveillance, le caractère sauvage naturel à ces races ; mais,

dans ses accès de colère, il brisait tous les freins qu'il s'imposait d'ordinaire.

Malgré sa sévérité et sa rigueur, Rechid était aimé de ses soldats; il avait fourni autrefois des preuves de sa bravoure et de la hardiesse impétueuse avec laquelle il exécutait ses entreprises. Son caractère plein d'énergie lui avait donné la trempe nécessaire pour bien supporter les fatigues du corps, et pour résister même aux séductions morales des favoris et des femmes. Lorsque, à la surprise de tous, il ouvrit, de si bonne heure, la campagne de cette année, il le fit pour se conformer aux mouvements exécutés, pendant l'hiver, par Ibrahim.

Dès le commencement de l'année, il s'était rendu, avec des caisses bien remplies, à Larissa et de là à Ianina, afin d'apaiser les troubles dans l'Epeiros. Après avoir attiré à lui les chefs les plus influents des Albanais, il avait, au printemps (commencement d'avril), traversé les défilés du Makrynoro, chassant devant lui les éparchiotes de Valtos et de Xeromeros, qui s'enfuirent pleins d'épouvante dans les montagnes ou dans l'île de Kalamos. Les troupes expédiées pour défendre les gués de l'Acheloos prirent la clef des champs, de sorte que Rechid parut devant Anatoliko et Missolonghi (23-25 avril), sans avoir trouvé la moindre résistance.

Il concentra dès lors tous ses efforts contre cette dernière ville, qui aurait succombé déjà après les premiers travaux d'investissement faits par lui, si les forces imposantes d'Omer-Vrione n'avaient pas neutralisé ses opérations. On ne lui avait donné sa place qu'avec ces paroles significatives : « Ou Missolonghi tombera, ou ta tête! » C'est pourquoi rien ne put le déterminer à quitter la place pendant tout le cours de l'été. Il se contenta seulement d'appuyer les opérations dans l'Hellade orientale avec quinze cents Arnautes, qui, par des chemins où jusqu'alors personne n'avait encore passé, devaient maintenir ouvertes les communications avec les Turcs qui opéraient dans cette contrée.

Après avoir traversé la Lokris, ces Arnautes, comme s'ils venaient de tomber du ciel, parurent (29 avril) près de Sergoula, d'où ils se rendirent à Kravvara, pour se replier ensuite sur Malandrino. Ils brûlèrent Vitrinitsa sur le golfe de Korinthos, et répandirent au loin la plus grande consternation par la prise de Salona, parce qu'on avait été bien loin de pressentir une attaque de ce côté-là. Au contraire, Gouras, qui, à ce moment, avait encore affaire à Odyssevs et qui avait laissé une petite troupe devant Livanatis (Cf. p. 266), surveillait la vallée du Kephissos dont s'approchait Abbas-Pacha en venant de Zitouni. Gouras le combattit avec succès (19-23 avril) à Davlia et à Tourkochori, au moment même où Salona fut occupée par les Albanais de Rechid. Gouras se replia ensuite sur Distomo, où il fut rejoint par les Rouméliotes, qui, après être partis de Kremmydi, avaient quitté le Péloponèse en franchissant le golfe à Loutraki.

De cette manière, les communications qu'on avait voulu établir entre l'Hellade orientale et occidentale se trouvèrent de nouveau interrompues, et les Albanais furent négligemment bloqués par les Grecs à Salona. Cependant Gouras, qui avait reçu de grandes sommes d'argent pour sa solde et d'énormes quantités de vivres, ne fit pas la moindre tentative pour soulager Missolonghi dans sa situation pénible, bien que précisément l'expédition des Albanais eût dû lui suggérer cette glorieuse entreprise. Il y eut, pour ainsi dire, un arrêt dans la guerre de l'Hellade orientale, où l'on finit même par laisser partir spontanément les Arnautes de Salona (6 novembre), qui rentrèrent dans leurs foyers. La campagne dans la Grèce continentale se restreignit donc essentiellement au siége de Missolonghi.

Second siége de Missolonghi.

Il y avait dans cette ville, sans compter les habitants en état de porter les armes, à peu près trois mille défenseurs armés, parmi les chefs desquels Makris, Tsonkas, Stournaris et le vieux Notis Botsaris étaient les plus connus. Depuis que Byron avait été à Missolonghi et qu'il s'était occupé de la défense de la ville, on en avait augmenté un peu les fortifications sous la direction du brave ingénieur Kokkinis; le rempart en terre et revêtu de pierres avait été garni de bastions, de tours et d'ouvrages à tenailles; mais tout était imparfait. L'artillerie avait été augmentée, de sorte qu'on possédait quarante-huit canons en fer, outre un petit nombre de mortiers et d'obusiers; encore après le commencement du siége, on établit, en dehors du fossé, un chemin couvert, protégé par un glacis. Les premiers travaux d'investissement ne purent être faits que d'une manière imparfaite et nonchalante, parce qu'il fallait apporter l'artillerie de siége de Patras et de la flotte du kapoudan-pacha.

Dirigé par des ingénieurs européens, le seraskier semblait vouloir d'ailleurs entreprendre le siége d'après toutes les règles de l'art des Francs (1). Il fit enrôler de force des ouvriers chrétiens pour ouvrir les tranchées (7 mai) vis-à-vis du bastion *Botsaris* qui formait le centre de la ligne de défense; puis il fit tirer, à une dis-

---

(1) Cf. A. Favre : *Histoire du siége de Missolonghi*. Paris, 1827.

tance de cinq cent quatre-vingts mètres, la première
parallèle sur toute la longue étendue du rempart de la
ville. Vers l'époque (commencement de juin) où, à la
moitié de cette distance, on avait achevé aussi la seconde
parallèle, le pacha reçut un peu de matériel de siége ; il
put alors ouvrir le feu avec huit canons et avec quatre
mortiers et obusiers qu'il dirigeait surtout contre les
deux bastions principaux, contre le *Botsaris* au centre et
contre le *Franklin* qui, sur la ligne ouest, était le plus
rapproché du bastion central dont il n'était séparé que
par la tour *Koraïs*.

Pendant que les Turcs avaient été occupés par leurs
travaux de terrassement, les assiégés avaient élevé à
l'intérieur une seconde ligne de remparts ; ensuite ils renforcèrent les fortifications du côté ouest par deux nouvelles
batteries et répondirent avec vivacité au feu des ennemis,
bien qu'ils ne fussent que faiblement pourvus de munitions et qu'ils n'eussent pas du tout la certitude de recevoir
de nouveaux approvisionnements. Le seraskier, au contraire, était toujours en communication directe avec
Patras, d'où on lui envoyait continuellement des munitions fraîches. Ses approches avançaient rapidement vers
le bastion *Franklin* et vers la lunette *Orange ;* cette dernière était située du côté est des fortifications et à peu
près à la même distance du *Botsaris* que le *Franklin* à
l'ouest.

Or, à côté de ce dernier, vis-à-vis de la batterie *Nor-*
mann et à la distance de cent cinquante-cinq mètres,
Rechid-Pacha, joignant aux procédés employés dans les
siéges par les modernes les arts grossiers des anciens
Perses sous Harpage, commença à établir une énorme
levée de terre, de six à neuf mètres de large ; les assiégés

la croyaient d'abord destinée à servir de batterie de
brèche, mais peu à peu elle devenait un monticule aux
formes lourdes et massives, monticule qui, au milieu de
sa longueur, faisait un coude vers le bastion *Franklin*
contre lequel il paraissait être surtout dirigé. Pendant ces
travaux préparatoires énormes et de longue haleine, les
assiégés avaient été assaillis par des impressions toujours
nouvelles et changeantes qui étaient déterminées par ce
qui se faisait en dehors des murs.

Avec une inquiétude craintive, ils attendaient les approvisionnements et les secours que devait leur porter la flotte
grecque ; mais elle ne vint pas. Le retour de ces Rouméliotes de la Morée releva un peu leur courage ; mais les
occupations que ces derniers trouvèrent devant Salona
enlevèrent de nouveau aux défenseurs de Missolonghi
tout espoir d'être secourus par eux. L'apparition d'une
petite escadrille hydriote, commandée par le capitaine
Nengas (10 mai), venait de remonter un peu leur courage ;
mais aussitôt la nouvelle de la chute de Navarin le fit
tomber bien bas. Cependant cet événement fut compensé,
plus tard, par la victoire navale que remporta Sachtouris
au cap Doro : il annihila, comme il était dit dans la
proclamation fanfaronne du gouvernement grec, avec les
navires détruits, cinq cents canons, vingt mille boulets
et quinze cents barils de poudre, le tout étant destiné pour
Rechid-Pacha.

L'arrivée de quelques renforts du Péloponèse, sous les
ordres de Mitsos Kontoyannis et de Lampros Veïkos,
servit aussi à encourager les défenseurs de la ville.
Cependant les assiégeants continuèrent leurs travaux in-
terminables de terrassement, sans se lasser jamais. Plus
ils duraient et plus il était difficile de deviner quel était

le but principal de leurs efforts. Rechid entoura de ses
parallèles toutes les fortifications qu'il bombardait de tous
les côtés. Une fois, il fit une tentative vaine (20-21 juin)
pour prendre.par un coup de main les batteries *Sachtouris* et *Kyriakoulis* qui, à l'extrême ouest, fermaient la
ligne des fortifications sur la rive et dans l'île de Mar-
maros ; une autre fois on pouvait croire que les Turcs en
voulaient, du côté est, à la lunette *Orange*, de même
qu'aux batteries *Makris* et *Rhigas* dont elle était flanquée.
Tantôt on aurait dit que les ennemis menaçaient surtout
le *Franklin*, jusqu'à l'avant-fossé duquel la levée de terre
s'était avancée, à cette époque, malgré une sortie heureuse
des assiégés (2-3 juillet) ; tantôt tout semblait indiquer
que Rechid méditait une attaque générale contre toute la
longue ligne des fortifications.

Mais plus que par tous ces préparatifs, la position de
Missolonghi fut mise en péril par l'arrivée de la flotte
turque sous les ordres du kapoudan-pacha, qui, dans la
dernière traversée de Souda à Navarin, y avait amené
Housseïn-Bey. Arrivé de cette dernière ville devant
Missolonghi (10 juillet), il chassa aussitôt la petite escadrille hydriote qui stationnait devant la place. La flotte
avait apporté aux assiégeants une grande abondance
d'argent et d'objets nécessaires pour le siége, tandis
qu'elle menaçait les assiégés d'une privation complète de
tout ce dont ils avaient besoin. Youssouf-Pacha à Patras
avait ajouté encore à la flotte trente-six bateaux plats qui,
de l'autre côté du fort Vasiladi, entrèrent dans les
lagunes et bombardèrent la ville aussi du côté de la mer,
dès qu'ils s'en furent approchés jusqu'à l'île de Schylla.

Heureusement ce petit succès, obtenu par les Turcs
qui, en approvisionnant le seraskier, avaient pu atteindre

le but immédiat qu'ils s'étaient proposé, les aveugla
tellement que la plus grande partie de la flotte s'éloigna
de nouveau et ne laissa qu'une petite escadre devant
Missolonghi. Mais les Grecs, restés maîtres du fort
Vasiladi et protégés par les batteries du littoral contre
les bateaux plats, maintenaient du moins leurs communications ouvertes avec Anatoliko. Cependant le danger qui
les menaçait du côté de la terre devenait d'autant plus
pressant.

Grâce à l'artillerie de siége qu'il venait de recevoir,
Rechid put élever, à l'est, une nouvelle batterie de pièces
de soixante. La levée de terre s'approchait déjà de très-
près du bastion *Franklin*, dont les ennemis commençaient
à combler les avant-fossés (14 juillet), à l'époque même
où ils avaient terminé la troisième parallèle devant le
rempart est, et où, couverts par des sapes volantes, ils
s'avançaient vers le glacis du chemin couvert. Avant
qu'on eût entièrement achevé les préparatifs en voie de
progrès pour l'assaut, Tahir-Abbas, l'ancien serviteur
d'Ali, parut à Missolonghi (23 juillet) avec des propositions de capitulation. Lorsque celles-ci furent brièvement
repoussées, les assiégeants firent sauter une mine devant
le bastion *Botsaris* (28 juillet) et donnèrent assaut par
la brèche qu'ils venaient de pratiquer ; mais ils furent
repoussés ce jour-là aussi bien que le lendemain.

Ensuite les Turcs firent (30-31 juillet) de nouvelles
propositions pour reprendre les négociations; de nouveaux combats d'attaque et de défense s'ensuivirent
(2 août), combats envenimés par les bravades avec
lesquelles les ennemis s'irritaient d'un côté et de l'autre.
Comme les Grecs avaient un peu tardé à répondre à la
dernière proposition des Turcs, le seraskier y avait vu

une certaine disposition à l'accepter; il leur avait donc
fait proposer de lui livrer d'abord une porte et deux
batteries; mais bientôt Veïkos tira Tahir-Abbas de son
erreur et lui envoya, par dérision, quelques bouteilles
de rhum pour les porte-drapeau qui donneraient l'assaut.
Une mine, sautant sous le *Franklin*, fut le signal de
l'assaut qui fut donné aussi, de la même manière et au
même moment, au *Botsaris* dans le centre de la ligne et
à la batterie *Makris* à l'est, de même qu'à l'ouvrage à
tenailles *Montalembert* qui fermait les fortifications à leur
extrémité orientale, comme le faisait à l'ouest la batterie
Sachtouris. Cette fois encore, après un combat de deux
heures et demie, les Turcs furent repoussés avec une
perte de cinq cents hommes.

Cependant tous ces succès étaient, comme ceux de
Pyrrhus, des victoires dangereuses pour les vaillants
Rouméliotes, qui, par leur brillante défense de cette ville
« sainte », faisaient honte aux Moréotes qui avaient
montré tant de pusillanimité dans leur résistance contre
Ibrahim. Les combats que les défenseurs de Missolonghi
avaient à livrer, pour repousser les attaques des Turcs,
absorbèrent complétement leurs faibles munitions. Après
le dernier assaut, il ne leur resta plus que deux barils de
poudre. Si une attaque pareille avait été renouvelée, la
ville aurait succombé. A ce moment parut devant Missolonghi la flotte grecque, comme si elle allait la sauver
par un miracle. Pour tirer profit de la position périlleuse
et désespérée de leurs frères, les matelots barbares
d'Hydra et de Spetsia avaient refusé de s'embarquer, si
on ne leur payait d'avance, pour deux mois, le double
de leur solde, qui avait été déjà portée à 6 ou 7 écus
par mois.

A ce moment même, un autre versement de l'emprunt était arrivé bien à propos (20 juillet) et le patriotisme des insulaires put être acheté et payé. Miaoulis et Sachtouris avaient paru dans les eaux képhaloniennes (29 juillet) avant le dernier assaut donné par les Turcs; dans la nuit qui suivit le lendemain de l'assaut (3 août), ils gagnèrent le dessus du vent à l'escadre ennemie devant Missolonghi, et le matin ils dispersèrent une division de la flotte, mouillée tout près de la côte; puis, vers midi, ils attaquèrent la flotte principale, rangée en bataille.

Les défenseurs de Missolonghi assistaient à ce spectacle dans une attente fiévreuse. Trois brûlots, les uns après les autres, essayèrent de s'accrocher au vaisseau-amiral. Ils n'eurent pas de succès immédiat; mais le kapoudan-pacha fut saisi d'une telle épouvante après cette attaque hardie, que non-seulement il ne recommença pas le combat, mais qu'il partit avec la flotte et qu'il ne s'arrêta dans sa retraite qu'après avoir atteint le port d'Alexandrie. Pourvus de nouveau de tout ce qui leur était nécessaire et dégagés du côté de la mer, les assiégés, dont le courage venait de renaître, songèrent à se faire jour aussi du côté de la terre. Ils s'entendirent avec Tsavelas et Karaïskakis, les chefs des Rouméliotes devant Salona, qui s'étaient, à ce moment, rapprochés un peu de l'ouest; ils concertèrent avec eux une attaque et une sortie à faire en commun contre le camp de Rechid-Pacha et en même temps contre les bateaux plats de Youssouf-Pacha dans les lagunes.

Sur un signal convenu d'avance, les Rouméliotes, au nombre de cinq cents hommes, descendirent, pendant la nuit, de la montagne, et tombèrent sur le camp des ennemis (6 août). En même temps, mille combattants de Missolonghi, sortant du centre et des ouvrages de la ligne orientale des fortifications, pénétrèrent dans les retranchements occupés par les Turcs, qu'ils chassèrent de quatre batteries. Ces fuyards effrayés n'avaient pas encore fini de se concentrer au camp, dont les soldats avaient été éveillés en sursaut, lorsque d'autres troupes de fugitifs, couverts de sang et de boue, accoururent en toute hâte du rivage. En effet, les bateaux de la flotte grecque, après avoir traversé le canal de Vasiladi, étaient tombés sur les chaloupes turques dont ils avaient capturé cinq; quant aux autres chaloupes, les équipages les avaient tirées sur le rivage pour se sauver ensuite au camp, en passant par l'eau et la vase.

Le seraskier voulut se venger de cet échec en exécutant le coup principal et décisif qu'il avait préparé depuis longtemps. A cette époque, le rempart de terre, que Kokkinis, faisant allusion à la digue construite par Alexandre à Tyr, avait baptisé « la digue de l'Union », se trouvait, dans le voisinage immédiat du *Franklin*, élevé à une telle hauteur, qu'il dépassait les parapets de l'ouvrage et que, par conséquent, il dominait complétement ce dernier. Les Turcs prirent donc, dès ce moment, position dans le bastion qu'on ne pouvait plus défendre; mais derrière sa gorge ils rencontrèrent de nouveaux fossés, de nouveaux remparts et de nouveaux ouvrages dont l'artillerie, réunie à celle des batteries des deux côtés, balayait non-seulement la plate-forme du rempart des Turcs, mais encore leurs gabions.

Sous une pluie continuelle de balles, à la faible distance de quelques mètres seulement, on fit dans cet endroit, pendant quinze jours, des efforts inouïs pour se

dépasser de côté et d'autre en rehaussant les remparts et
en établissant de nouveaux ouvrages d'attaque et de
défense. Les Grecs réussirent à se rendre maîtres des
travaux de leurs ennemis en faisant sauter, sous la
pointe des galeries turques, une mine chargée de trois
bombes du plus fort calibre (31 août) ; dans une sortie
faite avec toutes les forces concentrées, ils s'emparèrent
de tous les travaux exécutés derrière le *Franklin,* aussi
bien que de ce bastion lui-même, et ils occupèrent même
la pointe antérieure de la digue de l'*Union.*

Mais le courage du seraskier n'était pas encore abattu.
Il fit fortifier sa levée de terre par de nouveaux travaux
et établit, vis-à-vis de la courtine, située entre la tour
Koraïs et le *Franklin,* une nouvelle levée de terre dans
la direction du flanc gauche de ce dernier bastion ; puis
il prit ses dispositions pour un nouvel assaut. Dans l'armée turque, qui était visitée par des épidémies et qui
avait à supporter toute espèce de revers et de fatigues,
le découragement était plus grand que dans l'âme du
seraskier lui-même. Les Albanais, peu disposés, suivant
leur ancienne habitude, à entreprendre quelque coup
décisif, avaient, depuis longtemps, commencé à mur-
murer et à déserter ; ils apprirent avec une grande
inquiétude qu'à Valtos on menaçait de couper les communications sur les derrières de l'armée.

Le général dut retarder l'assaut. Les Grecs, renforcés
par l'arrivée de nouvelles troupes sous les ordres de
Kitsos Tsavelas, de Georgakis de Valtos et de Kostas
Photomaras (19 août), résolurent de le prévenir. Ils
avaient disposé une forte mine devant le *Franklin*, pour
attaquer ainsi le nouvel ouvrage des Turcs; une fougasse devait, par son explosion, donner le signal du

combat et attirer l'ennemi au-dessus de la véritable mine
qu'on avait préparée pour lui. Lorsque la fougasse
joua (21 septembre), les Turcs, s'attendant à une sortie,
coururent en grand nombre aux avant-postes ; sur quelques points on donna inutilement l'assaut ; mais ce ne
fut que l'après-midi que les Grecs atteignirent leur but
en attirant les ennemis sur le terrain de leur mine, qui,
en jouant, fit sauter le devant de la levée de terre et un
grand nombre de Turcs.

Bientôt après (13 octobre), les assiégés détruisirent,
par une nouvelle mine, presque les derniers débris de
la grande levée de terre. Ces échecs terminèrent le siége
de cette année. Une division d'Albanais, qui se trouvait
devant Anatoliko, partit de sa propre autorité ; les épidémies prirent un caractère plus grave et éclaircirent les
rangs des Turcs ; la superbe armée du scraskier avait
été tellement réduite qu'elle ne comptait plus la moitié
de ses soldats. Cependant la menace du sultan obligea
Rechid à rester pendant l'hiver, avec les troupes dociles
d'Asie, devant les remparts de la ville ; les Turcs se retirèrent jusque dans l'extrémité des retranchements, où
ils s'enterrèrent si bien, que les Grecs n'osèrent pas les
y attaquer. Si ces derniers avaient pu deviner quel zèle
le sultan déployait pour réduire leur forteresse et combien il y tenait, ils auraient peut-être fait les derniers
efforts pour chasser entièrement leurs ennemis.

Plein d'inquiétude au sujet de l'issue de cette entreprise qui venait d'échouer, le sultan fit venir à Constantinople l'ancien silichdar d'Ali-Pacha, Ibrahim-Bey,
afin de se faire renseigner exactement par lui sur les
raisons qui avaient fait manquer son projet, et surtout
sur la cause des mauvaises dispositions des Albanais.

Ibrahim-Bey répondit aux questions du sultan, que la seule chose par laquelle les Albanais se laisseraient déterminer à faire des sacrifices, serait le rétablissement des deux petits-fils d'Ali-Pacha qui étaient élevés sous les yeux du sultan.

La Porte semblait chercher un moyen qui la dispensât d'avoir recours à l'assistance, si odieuse pour elle, de l'orgueilleux Égyptien, pour réduire enfin Missolonghi; mais le moyen indiqué par Ibrahim-Bey, qui conseillait de laisser grandir l'engeance de l'un des deux rebelles, pour éloigner celle de l'autre, ne parut pas plaire à la Porte. Elle expédia des commissaires afin d'installer Ibrahim-Pacha dans ses fonctions de gouverneur général de la Morée, d'aplanir les différends entre lui et le pacha à Patras et d'apaiser les jalousies qui régnaient entre le général égyptien et le seraskier. En outre, on continua, pendant tout l'hiver, à se servir de toutes les forces de terre et de mer dont disposaient la Turquie et l'Égypte pour dompter l'insolente ville de Missolonghi.

FIN DU TOME TREIZIÈME

TABLE DES MATIÈRES

VII. — INSURRECTION ET RÉGÉNÉRATION DE LA GRÈCE (Suite)

3. — SOULÈVEMENT DES GRECS (SUITE)

C. — Première période des négociations diplomatiques au sujet des différends entre la Russie et la Porte

L'ultimatum russe communiqué aux puissances.   1

L'empereur Alexandre.   6

L'Autriche et l'Angleterre. 16

Situation des négociations à Constantinople. 33

L'Autriche se rapproche davantage de la Russie. 42

L'intermède à Constantinople. 52

Les rapports de l'Angleterre avec la Porte. 61

Lord Strangford. 67

Le cinquième article russe, la pacification. 74

L'empereur Alexandre aux conférences de Vienne et au congrès de Vérone. 85

Changements à Constantinople. 93

Le prince Metternich et l'art diplomatique de l'Autriche. . 98

Nouveau revirement à Saint-Pétersbourg et à Constantinople. 106

Troisième série de demandes russes. 115

Quatrième série de demandes russes 122

Dernières démarches de lord Strangford. 128

La pacification dans la cinquième série des demandes russes. 133

D. — Troisième année de la guerre. — Épuisement réciproque

Commencement de la lutte des partis à l'intérieur. . . . 140

Assemblée nationale à Astros. 143

Plans de campagne des Turcs. 152
La flotte turque. 155
L'Hellade orientale. 156
L'Hellade occidentale. 160
Siége d'Anatoliko. 165
La flotte grecque. 170
La guerre civile dans le Péloponèse. 172
Victoire du parti civil. 177
Coup d'œil rétrospectif. 181

4. — LES PHILHELLÈNES ET LES ÉGYPTIENS

A. — Sympathies de l'Occident pour la cause des Grecs

Premiers commencements du philhellénisme. 187
L'Allemagne. 194
L'Angleterre. 199
Lord Byron. 206
Les philhellènes anglais dans le camp du parti klephte. . 218

B. — La guerre dans les années 1824 et 1825

Mehmet-Ali. 227
L'île de Kreta. 230
Les Égyptiens dans l'île de Kreta. 233
Armements de l'Égypte contre la Morée. 238
Chute de Psara. 242
Les flottes combinées de la Turquie et de l'Égypte. . . 249
Les luttes dans la Grèce continentale. 256
Guerre civile entre les primats. 258
L'administration de Kontouriotis. 267
Ibrahim-Pacha. 272
Les Égyptiens en Morée. La prise de Navarin. 275
La flotte grecque. 284
La piraterie. 291
Irruption des Égyptiens dans l'intérieur du Péloponèse. . . 299
L'Hellade orientale et occidentale. 308
Second siége de Missolonghi. 312

PARIS. — IMPRIMERIE POUPART-DAVYL ET Cᵉ, 30, RUE DU BAC.